# 中国法律外交

## 理论与实践

王晓鑫◎著

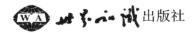

世界知识出版社

**图书在版编目（CIP）数据**

中国法律外交：理论与实践／王晓鑫著.--北京：
世界知识出版社，2025.3. --ISBN 978-7-5012-6847-4

Ⅰ.D99；D82

中国国家版本馆 CIP 数据核字第 2025RP2073 号

责任编辑　蒋少荣
责任出版　赵　玥
责任校对　张　琨

书　　名　**中国法律外交：理论与实践**
Zhongguo Falü Waijiao：Lilun Yu Shijian
作　　者　王晓鑫

出版发行　世界知识出版社
地址邮编　北京市东城区干面胡同 51 号　（100010）
网　　址　www.ishizhi.cn
电　　话　010-65233645（市场部）
经　　销　新华书店
印　　刷　北京盛通印刷股份有限公司
开本印张　787 毫米×1092 毫米　1/16　14½印张
字　　数　214 千字
版次印次　2025 年 3 月第一版　2025 年 3 月第一次印刷
标准书号　ISBN 978-7-5012-6847-4
定　　价　78.00 元

# 序

　　法律外交虽由来已久，但在 21 世纪才作为一个概念被正式提出。1978 年 12 月党的十一届三中全会胜利召开，中国开始实行对内改革、对外开放的政策，积极融入国际体系，国际地位和影响力日益提升。冷战结束后，国际体系发生重大变迁，国际力量对比加速调整，国家间的身份、角色重新建构，和平与发展成为时代主题，经济全球化、政治多极化、国际关系民主化成为发展潮流。如何处理中国与国际体系的关系，如何根据国家角色确定对外政策，是中国外交的重要课题之一。在此背景下，以法治思维、法律手段、法律程序为基础的法律外交，成为实现国家外交政策、维护国家利益正当性与合法性的必然选择和客观需要。但是可以看到，中国的法律外交在不同时期呈现出不同的特点，甚至在同一时期的不同案例中也呈现出不同的表现。本书将从法律外交与国家角色互动的视角，探讨中国国家角色转型发展对开展法律外交的影响问题。

　　国家角色是一个国家发展外交关系、实行对外政策的重要依据。中华人民共和国成立后，中国的国家角色不断丰富和完善，大致经历了社会主义国家、发展中国家和负责任大国三次定位。从国家性质来说，中国是社会主义国家。1949 年 6 月，为庆祝中国共产党建党 28 周年，毛泽东在《人民日报》上发表了《论人民民主专政》，将即将成立的中华人民共和国的性质阐述为人民民主专政。1953 年，中国开始进行社会主义工业化建设和对农业、手工业与资本主义工商业的社会主义改造，逐步由新民主主义向社会主义过渡。1956 年，中国基本建立了社会主义制度，进入社会主义初级阶段。从发展水平来说，中国的经济总量自加入世界贸易组织后出现了大幅提高，自 2010 年后稳居世界第二位，但人均收入水平与发达国家依然存在较大差距。同时，中国人口众多，国土面积大，城乡经济发展不平衡，创新能力相对薄弱，想要达到发达国家水平还有很长的路要走。这些都表明，中国仍然无疑是最大的发展中国家。从国际形象来说，和平、开放、合作、和谐、共赢是中国的主张、理念、原则和追求，负责任大国是中国在日渐融入国际体系过程中的新国家角色。党的十七大报告明确提出："中国将始终不渝走和平发展道路。这是中国政府和人民根据时代发展潮流和自身根本利益作出的战略抉择。中华民族是热爱和平的民族，中国始终是维护世界和平的坚定力量。""中国反对各种形式的霸权主义和强权政治，永远不称霸，永远不搞扩张。""中国将始终不渝奉行互利共赢的开放战略。""中国坚持在和平共处五项原则的基础上同所有国家发展友好合作。""我们将继续积极参与多边事务，承担相应国际义务，发挥建设性作用，推动国际秩序朝着更加公正合理的方向发展。"

上述三次国家角色定位变化对新中国外交政策产生了深远影响，也是开展法律外交的重要依据。法律外交是指以法律为内容、手段、途径，来实现国家对外政策的外交行为。具体来说，就是通过法律手段解决外交纠纷、通过法律规范处理外交事务、通过法律程序处理外交问题、通过法律适用实现国家利益的外交手段。本书重点研究冷战后，特别是进入 21 世纪后，中国国家角色的三重属性，并以此为基础，论述中国法律外交的实践、发展与效果。本书的主要观点是：首先，国家角色定位是法律外交开展的前提和依据。法律外交在很大程度上是国家角色的产物，尤其是在国际社会中占据主导地位的国家角色的产物，因而是发展变化的。在国家角色相对单一、稳定时，法律外交的特色比较鲜明；但在国家角色出现交替、融合或多元化时，法律外交则相应呈现出不同的表现形式。国家角色本身作为一种规范，对法律外交的预期、国家利益的内容都具有塑造和制约作用。其次，国家利益是法律外交的基本出发点，通过法律外交，国家实现了与国际体系的互动，巩固、丰富和调整了国家角色，进而对国家利益与法律外交政策形成回馈，又推动了法律外交的发展。社会主义国家角色、发展中国家角色和负责任大国的国家角色，对于中国的法律外交具有不同的影响：社会主义国家角色定位，强调了中国的社会主义国家本质，具体体现在社会主义制度与西方主导的国际司法体系和西方国家司法制度之间的政治矛盾，这一国家角色决定了中国的法律外交要反对西方国家通过司法手段干涉中国的内政，侧重以司法手段维护中国的政治利益；发展中国家角色定位，强调中国要通过融入西方主导的国际经济体系来发展自己，决定了中国的法律外交要通过司法手段维护中国的经济利益；负责任大国的国家角色定位，强调中国在国际体系中的责任和担当，决定了中国要通过法律手段维护国际多边体系及联合国的作用、维护地区和周边和平与安全，在制定国际组织的规则方面发挥中国的作用，维护中国在国际体系中的大国利益。最后，近期以及未来相当长一段时期内，法律外交将被全面应用和实践，随着全球化、多极化的快速深入发展，新一轮国际秩序深刻调整，中国在国际体系和国际社会中的地位越来越重要，中国法律外交的内容将不断拓展丰富，成为维护国家利益的优先和重要手段，这也有助于推动国际体系更好地认识、了解和理解中国国家角色。

习近平总书记强调，加强涉外法治建设既是以中国式现代化全面推进强国建设、民族复兴伟业的长远所需，也是推进高水平对外开放、应对外部风险挑战的当务之急。新时代新征程，坚持和完善中国特色社会主义法治体系、提高国家治理体系和治理能力现代化水平、推进和拓展中国式现代化，必须加强涉外法治建设，做好涉外法治工作，建设同高质量发展、高水平开放要求相适应的涉外法治体系和能力，为中国式现代化行稳致远营造有利法治条件和外部环境。加强涉外法治建设，应当遵循法治规律，反映我国对国际秩序和法律规则的认识和要求，理解和把握法律外交工作开展的逻辑和内涵，把坚决捍卫国家主权、安全、发展利益的导向体现到涉外法治体系和能力建设的全过程、各方面。这也是本书最重要的立足点。

# 目　录

# 导　言

　　"法者，天下之准绳也。"外交的目的在于维护本国利益①，法律的生命在于付诸实施②。外交活动的开展，离不开国际法的指引、规范和约束。国际法是外交得以开展的基础，外交是国际法予以适用的方式，二者有着天然密切的联系。美国国际法学家亨金有句名言："在国家间关系中，文明的进步表现为从武力到外交，又从外交到法律的运动。"③传统国际关系理论两大对立流派——现实主义和理想主义对国际法的地位以及作用的认识截然相反，各国在外交实践中对国际法的认识相差甚远，对法律的理解和适用也由于意识形态、法系的不同而显得难以沟通。然而，随着法律全球化进程不断深入，国家间"弱肉强食"的丛林法则已被时代抛弃，遵守国际规则、实现公平正义、展示国际道义已经成为共识。20 世纪 70 年代，国际关系的新自由主义学派提出了国际机制理论，与国际政治的权力逻辑强调主权国家不受任何约束的单边行动逻辑不同，国际机制理论强调通过国家间的合作来达成目标，而合作过

---

　　①　参见钱其琛主编的《世界外交大辞典》中对外交的定义："外交是国家以和平方式通过正式代表国家的行为在对外事务中行使主权，以处理与他国关系，参与国际事务，是一国维护本国利益及实现对外政策的重要手段。"钱其琛主编《世界外交大辞典》（下卷），世界知识出版社，2005，第 2045 页。

　　②　2017 年 1 月 18 日，习近平主席在联合国日内瓦总部关于共同构建人类命运共同体的演讲中指出，法律的生命在于付诸实施，各国有责任维护国际法治权威，依法行使权利，善意履行义务。法律的生命也在于公平正义，各国和国际司法机构应该确保国际法平等统一适用，不能搞双重标准，不能"合则用，不合则弃"，真正做到"无偏无党，王道荡荡"。

　　③　王铁崖：《国际法引论》，北京大学出版社，1998，第 3 页。

程要稳定化，就必须设计出一套共同的机制，来约束、规范和协调合作各方的预期与行动。① 在此基础上形成的"国际关系法律化"② 的概念，主张从义务性、精确性、授权性三个要素对国际关系法律化程序进行测量，有效地软化了传统国际关系理论对国际法非此即彼的刚性判断，逐渐被许多国际法学者和国际关系学者认可和应用。

相较而言，国内法学界与国际关系学界对此现象与趋势反应仍然不尽如人意。作为一个现代法律制度的后发国家，我国在法律制度和法治发展方面长期依靠移植，对国际法的理论和实践缺乏本土化的自觉。近代国际法在欧洲蔚然成风时，国际法在中国并不为人所知。曾出使英国、法国、意大利、比利时等多国的近代中国著名外交家薛福成写道："中国与西人立约之初，不知万国公法为何书，有时西人援公法以相诘责，秉钧者尝应之曰：我中国不愿入尔之公法，中西之俗，岂能强同，尔述公法，我实不知。"③ 国际法传入中国后，中国逐渐融入国际社会，以不平等条约为表现形式，被迫接受国际法律秩序和规则。④ 中华人民共和国成立后，中国成为国际社会中有主权的、独立的一员，在和平共处五项原则的基础上与各国开展对外交往，积极融入并推动建立国际政治经济新秩序。一方面，对传统国际法的原则规则和制度加以审查，分别予以承认或沿用，对其中一些原则和规则加以重申和强调，在国际关

---

① 泮伟江：《法律全球化的政治效应：国际关系的法律化》，《求是学刊》2014 年第 3 期，第 43 页。

② 国际关系的法律化最早由美国学者肯尼思·W. 阿博特等在《法律化与世界政治》一文中提出，随后被广泛接受并应用。参见 Kenneth W. Abbott, "International Relations Theory, International Law, and the Regime Governing Atrocities in Internal Conflicts," *The American Journal of International Law* 93, no. 2 (1999), p. 341.

③ 薛福成：《论中国在公法外之害》，载丁凤麟、王欣之编《薛福成选集》，上海人民出版社，1987，第 414—415 页。

④ 在中华人民共和国成立之前，国际法在中国对外关系中的作用是极其有限的，对外关系所使用的规则主要是不平等条约。当时整个国际法体系及其规范，主要是由所谓的文明国家所制定，主要用于规范所谓的文明国家之间的关系，而中国并不在所谓的文明国家的范畴之中。参见奥本海：《奥本海国际法》（上卷第一分册），王铁崖、陈体强译，商务印书馆，1972，第 33—34 页。

系中适用和维护国际法；另一方面，积极参与国际法的制定，对国际法的发展作出贡献。① 改革开放后，我国逐渐与相关国家开展以法律为内容的合作与交流，广泛参与国际立法和国际规则的制定过程，参加了多个政府间国际组织，探索利用法律武器维护国家主权和经济利益，运用法律和条约妥善解决了一些历史遗留问题和国际争端。中国政府始终高举国际法旗帜，倡导践行和平共处五项原则，坚决维护以联合国宪章宗旨和原则为核心的国际法体系，坚定支持多边主义，积极履行国际责任，成为公认的世界和平的建设者、全球发展的贡献者、国际秩序的维护者。② 2014 年 6 月，习近平总书记提出了应该"共同推动国际关系法治化，推动各方在国际关系中遵守国际法和公认的国际关系基本原则，用统一适用的规则来明是非、促和平、谋发展"。③ 党的十八届四中全会，明确提出了"全面推进依法治国"的总目标和重要任务，作出了全面推进依法治国、加快建设法治国家、推进法治中国建设的重大战略部署，标志着中国法治建设进入了新的历史时期。党的十九大宣布：经过长期努力，中国特色社会主义进入了新时代。与此相应，中国特色大国外交进入了推动构建人类命运共同体的新时代。④ 这一系列开创性的宣示和举措，展现了我国负责任、守法治的大国形象，同时也对我国开展外交工作提出了新的要求。

---

① 赵劲松：《初论新中国对国际法发展的主要贡献》，《北京青年研究》2006 年第 3 期。

② 《杨洁篪出席改革开放 40 周年国际法工作座谈会并发表主旨讲话》，中国外交部网，www.fmprc.gov.cn，访问日期：2019 年 12 月 15 日。

③ 《习近平在和平共处五项原则发表 60 周年纪念大会上的讲话》，《人民日报》2014 年 6 月 29 日。

④ 《中国特色大国外交进入新时代》，中国共产党新闻网，www.cpcnews.cn，访问日期：2019 年 12 月 10 日。

## 第一节  溯源

冷战结束以来，国际关系发生了重大变化，以美国为首的西方力图倚仗实力优势，强行推行其价值观和法律制度，通过创设、修改和更新国际规则，强化其主导的"游戏规则"的执行，并试图扩大国际法的管辖范围，限制和削弱国家主权，建立起对西方更有利的国际秩序。中国等新兴大国的快速崛起，引发了国际新秩序的论争。应当看到，近年来，围绕朝鲜半岛局势、伊朗核问题、安理会改革、南海争议、中美贸易摩擦等热点和难点问题，国际博弈中的法律战呈现白热化趋势，利益各方均注重以法律为手段和武器谋划应对，抢占法理与道德高地。即使特朗普政府大肆推行单边主义贸易保护措施，表面上也打着维护世贸组织"公平贸易体制"的旗号，打出"法律牌"。法理之争成为塑造国际秩序、赢得制度性权力、占领道德高地的重要手段，国际立法、国际司法对国际关系的影响力不断上升，外交与法律的关系比任何时候都更加密切。但是也要看到，和平与发展仍是当今国际关系的主流，多极化仍是世界总的发展趋势，现存国际秩序的基本法律框架不会发生根本的动摇，主权平等、互不干涉内政、和平解决国际争端等现行的国际关系准则并不会失去法律效力。我国是联合国安全理事会常任理事国，也是最大的发展中国家，在国际社会居于十分独特且重要的地位。为应对更为复杂的国际关系局面，维护国家利益，我国开展外交的手段和方式不断创新，不再局限于传统的国家主体间外交，而向非传统外交和各种主题外交拓展。国际法与外交融合所产生的法律外交，是现代外交的高级形态。① 法律外交为依法化解外交纠纷、转变外交方式方法、开辟外交工作新局面提供了一个崭新的选择，是当前我国开展外交活动的有力补充，是开展法律合作、促进与外国关系、提升我国整体外交水平、增强国家软实力的有效武器。

作为一种外交方式，法律外交比传统的国际法视域下的国际关系涵盖范围更广，涉及领域更多，内容更为丰富，是对国际关系法律化的再认识和再创新。法律外交是一门新的交叉学科，对其进行全面深入的研究具有理论和实践的重要意义。从具体实践上来看，法律外交分为官方外交和民间外交。前者包括以法律为主要对象和内容的外交活动，以及运用法律手段和体现法律因素的外交活动，后者包括各种民间对外法律交流活动。② 通过回顾新中国成立后中国外交的发展脉络，特别是冷战后中国的法律外交案例，不难发现，中国的法律外交在不同历史阶段、不同的案例上存在明显的不同。第一，从时间上看，20 世纪 50 年代的法律外交带有强烈的意识形态特点，而 80 年代的法律外交则侧重于服务经济发展、参与世界多边经济体系，21 世纪初的法律外交更加具有主动性和主导性。是什么原因导致了这一变化？第二，从开展法律外交的对象上看，在对中国国家承认的问题上，中国对英国的态度非常坚决，采取了"逆承认"的法律外交选择，但在与苏联签订的《中苏友好同盟互助条约》中，却在中长铁路、旅顺口和大连问题以及贷款、空军支援等问题上作出了明显的让步。为什么会有这样的差异？第三，从作用的发挥层面上看，同样是参与国际会议或国际组织，中国在 50 年代参加日内瓦会议和万隆会议与 21 世纪中国主导的上合组织、亚投行等国际组织中对规则的制定、规则的主导有着明显的区别。第四，从其他国家

---

① 黄慧康：《中国特色大国外交与国际法》，法律出版社，2019，第 2 页。
② 徐宏：《法律外交理论和实践创新恰逢其时》，载江国青、许军珂主编《法律与外交（第一期）》，世界知识出版社，2016，第 5 页。

开展法律外交的状况来看，同样是社会主义国家的越南和朝鲜，或者同样是发展中国家的印度，为什么没有市场经济地位问题？第五，从中国开展法律外交的具体案例上看，有的时候中国对国际规范进行了反对，比如说反对 WTO 规则中对中国市场经济地位的认定；有的时候又积极融入国际体系，比如利用《联合国反腐败公约》开展追逃追赃工作；有的时候发挥维护国际秩序的作用，比如积极倡导各国遵守《巴黎协定》。上述这些法律外交行为为什么会出现这些差异？造成不同时期甚至同一时期中国法律外交差异的主要原因是什么？这些将是本书重点讨论的问题。

本书认为，为了更好地研究中国法律外交理论与实践，探索中国特色社会主义法律外交的发展趋势和实现路径，必须搞清楚中国国家角色定位，这是研究法律外交的重要关联问题。国家角色是影响国家对外政策的一个变量，不仅可以用于描述对外政策，也可以用于分析国家对外政策。[①] 战后主流国际关系理论是以权力和国家利益为其研究起点的，国家角色因素长期被忽视。而事实上，国家角色不仅是影响一个国家外交行为的出发点，还是建构并决定外交行为的主要变量。国家利益是由国家的角色所决定的，对法律外交政策的制定和实践有着不可忽视的影响。国家角色是理解国家利益以及由此所决定的法律外交政策和实践的决定性因素，对法律外交的研究具有重要意义。

霍尔斯蒂指出，"国家角色包含外交政策制定者对适合本国的一般性决策、责任、规则和行动的自我确定，以及对国家在国际体系中应该持续地行使某种职能的认识和判断"。[②] 冷战结束后，地缘政治格局和国际体系发生重大变化，国际力量对比加速调整，和平与发展成为时代主

---

① 张清敏：《对外政策分析》，北京大学出版社，2019，第 224 页。

② K. J. Holsti, "National Role Conceptions in the Study of Foreign Policy," *International Studies Quarterly* 14, no. 3 (1970), pp. 245-246.

题，经济全球化、政治多极化、国际关系民主化成为发展潮流。从中国
自身来说，改革开放以来，中国经历了持续的高速经济增长，国家综合
实力大幅提升，取得了令世界瞩目的成就，中国的国际地位发生很大变
化，国家角色也不断丰富融合。国家角色需要"围绕着国家在国际体系
中的角色的再定位"① 而不断变化。通过界定自我角色，国家设定相应
的利益目标，并据此明确相应的权利义务，这些权利义务和利益目标是
外交政策形成的基本依据，也是国家外交行为的基本指针。② 因此，中
国的法律外交实践不仅要求以国家角色为依托，着眼于实现清晰、明确
的利益诉求和目标定位，而且包括对国际关系法治化进程的认知以及在
国家角色实践中对法律外交行为的修正。这也是本书研究的目的和意义
所在，本书将通过法律外交与国家角色互动的视角，探讨冷战后中国国
家角色转型发展对开展法律外交的影响，从而探寻中国开展法律外交的
具体路径。

# 第二节　意义

具体来说，对冷战后中国法律外交与中国三重国家角色进行理论辨
析和实践研究，具有以下意义。

首先，法律外交是新时代外交的必然产物，是适应国际形势、符合
国家定位的战略需求。随着国际规则日臻完备，其对各国的约束力也不

---

① Philippe G. Le Prestre, *Role Quests in the Post - Cold War Era: Foreign Policies in Transition* ( McGill Queen's University Press, 1997), p. 3.

② 马荣久：《论中国在朝核问题上的国家角色》，《延边大学学报》（社会科学版）2018 年第 2
期，第 20 页。

断增强。从外层空间到大洋底土，从南极科考到北极合作，从气候变化到环境保护，国际规则几乎无所不在，深刻影响着我们的生活。[①] 我国作为快速崛起的重要国际力量，对外交往日益密切，既要维护国家主权、安全、经济利益，也面临着周边领土和海洋权益的复杂争端。大力推动法律外交，可以为外交决策提供法律依据，为外交活动提供法律保障，实现中国的外交决策和行动，在政治上有利，道义上有理，法律上有据。[②] 正是因为如此，法律外交在国家外交战略中的地位日益凸显，既是服务外交战略的排头兵，也是维护国家利益的利器，是维护国际和平与安全、促进经济发展、保障社会进步的重要手段，对国家总体外交水平的提升发挥着重要作用。

其次，国家角色是一国根据本国在国际体系中所处位置而作出的自我认知，从国家角色的视角对中国法律外交进行梳理，有助于掌握法律外交行为的本质和特点，从而增加开展法律外交的预见性，避免引发猜忌和怀疑，甚至引发不必要的法律冲突。明确国家角色与法律外交之间的关系，有助于中国和国际社会对法律外交行为作出合理预期，并保持相对稳定的状态，不仅有利于保护中国的国家利益，也有利于维护国际体系的稳定。同时，国家角色是法律外交的行动指南。法律外交离不开国家角色的定位和发展，它对中国开展法律外交起到重要的导向作用，影响着中国法律外交政策和相应的发展路径。国家通常通过国家角色的确定，进行法律外交政策的制定，从而开展法律外交工作。法律外交的成果会进一步巩固国家角色，也会对国家角色不断进行宣示和修正。这种以角色定位为基础、外交行为为表现的互动过程，有助于推动法律外

---

① 王毅：《中国是国际法治的坚定维护者和建设者》，《光明日报》2014 年 10 月 24 日，第 2 版。

② 马新民：《中国法律外交的使命是什么？——外交部条法司副司长在厦门国际法高等研究院国际法研修班开幕式上的致辞》，2016 年 7 月 4 日。

交和国家角色理论的发展，促进国际关系学科和法学学科的深度融合。

最后，法律外交是依法治国的必然要求，是中国特色大国外交的重要组成部分。一个大国能否具有地区和全球影响力，首先体现在理念创新能力上，即在一个不断变革的世界面前，能否及时提出应对世界和地区形势的变化及其带来的种种挑战，促进世界和平、发展与社会进步的理念和指导思想。① 目前是国际法规则日臻完备、世界各国的法治意识不断增强、法律全球化蓬勃发展的机遇期，法律外交的生动实践，对创新和发展大国外交理论、构建法律外交战略具有重要的意义。参与国际规则制定，推进全球治理规则法治化，是负责任大国外交面临的现实课题。法律外交的重要职责和使命之一，就是向国际社会准确传递中国的国际法规则意识和国际法政策主张。通过法律外交推介中国的国际法实践，阐释依法治国政策理念，对国际法的发展发挥引领作用，以利于在国际法治维度内构建中国话语体系，有效提升话语权，进一步提升我国的国际地位，强化中国的国家角色定位，推动全球治理体系改革和建设，推动国际秩序朝更加公正合理的方向发展。

诚然，当前我国的法律外交工作还存在很多需要改进的地方，对外交流方式、合作内容和程序还在探索和不断完善之中。在工作层面，涉外的法律交流合作由外交、政法等多个部门分别开展。从理论研究来看，相当长的一段时间，由于具体操作部门在立法、司法和执法机关，专业性要求较高，对法律外交的研究也多由法学专家进行。随着法律外交工作的不断开展，如何使法律外交真正为实现国家利益服务，为实现国家对外政策服务，为国家整体外交服务成为日益凸显的问题，需要从国际关系的角度对法律外交进行研究，给法律外交理论研究注入新动力。

---

① 钱文荣：《2015 年中国外交的国际影响力》，新华网，2016 年 1 月 5 日，http://news.xinhuanet.com/world/2016-01/05/c_128593713.htm，访问日期：2019 年 10 月 22 日。

# 第三节 概念

本书在论述过程中，还需要使用国家利益、国家角色认知、角色预期等概念，特别在此作如下解释。

**国家利益：**国家利益是指民族国家追求的主要好处、权利或受益点，反映了这个国家的全体国民及各种各样利益集团的需求与兴趣，既包括诸如领土完整、经济实力、军事力量等客观上的利益，也包括形象、自尊等主观上的利益。[1] 从性质上说，国家利益既是目的，也是手段。国家利益是国际政治的核心概念之一，是一国外交行为的基本动因，也是处理国际关系的核心要素。在实践中，国家利益"不仅仅是一种政治必然，也是一个道德义务，它是国际交往的一盏指路明灯、一则思维标准、一个行动准则"。[2] 按内容，国家利益可以分为政治利益、安全利益、经济利益和文化利益。按重要性，国家利益可以分为核心利益、重要利益、主要利益和一般利益。[3] 国家利益的基本次序是民族生存、国际承认、经济收益、主导地位、世界贡献，这五种利益从基础利益向高层利益逐次升级。[4]

实现国家利益是法律外交的目的，国家角色是法律外交的基本出发点。通过法律外交，国家实现了与国际体系的互动，巩固、丰富或调整了国家角色，进而对国家利益与法律外交政策形成了回馈，推动了法律

---

[1] 王逸舟：《新视野下的国家利益观》，载王缉思编《中国学者看世界·国家利益卷》，新世界出版社，2007，第20—21页。

[2] Hans J. Morgenthau, *In Defense of the National Interest* (New York: Alfred A. Knopf, 1951), p. 242.

[3] 阎学通：《国际政治与中国》，北京大学出版社，2005，第24—25页。

[4] 阎学通：《国际政治与中国》，第38页。

外交的发展。

**国家角色认知**：国家角色认知是决策者对本国发展方向，在国际、区域体系中所应占据的地位、履行的责任与义务的判断，是建立在一定角色规范基础上对本国行为的规划。这一概念从主观角度出发，强调决策者自身的主观能动性。基于本书将决策者、领导人的主观认知均视为国家行为，在本书中国家角色认知指国家作为理性行为体对自身角色的规划、设想和定位。国家角色认知是国家角色的内部根源。

**角色预期**：角色预期是指其他国家对一国合适位置和功能的构想，也包括对行为国国家角色的预期，如国际体系的结构、体系共享的（系统范围的）价值以及一般的法律原则、规则、习俗，以及他者在国际和地区组织中表达的预期、世界舆论等。① 这是国家角色的外部根源。从国家角色的概念中可以看出，国家角色是国家角色认知和角色预期之间的协调和互动塑造的。

通过对既有研究成果的回顾和分析可以看出，目前无论是国内还是国外，对于法律外交的研究并没有引入国际关系的理论框架，也没有将法律外交作为国家角色实践的规范性研究，对于中国法律外交的研究多侧重在具体实践中分析具体问题。在整理研究资料的过程中，笔者心中也产生了一系列问题：中国不同时期的法律外交重点为什么会有不同？比如，20 世纪 50 年代的法律外交不同于 80—90 年代的法律外交，而 21 世纪初的法律外交又不同于 20 世纪 50 年代和 90 年代的法律外交。为什么会有这个不同？主要原因是什么？法律外交的变化与国家角色的定位有什么关系？法律外交实践与国家角色定位是否会产生冲突？这种冲突是个例还是会对今后的法律外交选择造成影响？随着国家实力的变化，面对复杂的国际形势，中国在短期内是否还会面临国家角色的转变？国

---

① Michael A. Brittingham, "The 'Role' of Nationalism in Chinese Foreign Policy: A Reactive Model of Nationalism & Conflict, " *Journal of Chinese Political Science* 12, no. 2 (2007) , p. 150.

家角色的融合协调和冲突矛盾是否会造成法律外交实践的根本改变？本书将带着这些问题，试图通过理论辨析和对案例实践的研究去寻找答案。

## 第四节　思路

本书的研究思路是，首先对法律外交和国家角色的概念和内涵进行初步阐释，依据法律外交的目的，寻找法律外交和国家角色之间的连接点，即实现国家利益，进而阐明法律外交和国家角色之间的关系。理顺这一理论问题后，通过对中国国家角色及法律外交历史发展变化的梳理，确定冷战后中国国家角色的三重重要属性。接下来，分别进行法律外交与社会主义国家角色、法律外交与发展中国家角色、法律外交与负责任大国角色的案例分析和理论论证。最后，立足于崛起的中国所需要面对的国际环境以及三重国家角色的需求，对新时期中国开展法律外交的战略和政策作出路径建议。

为更好地进行深入分析，本书对研究的时间、空间和对象作出如下设定。

一是限定研究时间维度。本书将从新中国成立后的国家角色变迁开始进行研究，通过新中国成立初期、20 世纪 70—80 年代、冷战后三个历史阶段，完成对中国国家角色的自我认知和定位的研究。在此期间，中国的法律外交实践也随之发展变化。之所以选择这三个时期，是因为这三个历史时期是新中国国家角色特点鲜明、融合发展的形成期。冷战后，中国的三重国家角色基本形成，研究法律外交实践的理论条件已经具备，便于通过冷战后三重角色的相互作用和法律外交的特点入手，进行分析研究。本书的重点也将放在冷战后中国法律外交与中国三重国家角色的互动关系上。

二是限定研究对象。本书将国家角色作为自变量，中国的法律外交实践作为因变量和研究对象，层次限定为国家层次。对于国家角色而言，假定领导人与国家意志相一致，不考虑阶层和个人意志的分歧。对于法律外交而言，政府的外交决策和领导人的决策均可视为国家行为。这样的限定避免了在论述过程中存在过多变量和需要考虑的因素，目的是尽量使理论分析趋于清晰，使法律外交和国家角色的关系更加明了。

# 第五节　方法

本书将主要采用历史分析法、案例分析法和交叉研究法进行研究。

## 一、历史分析法

本书将通过总结分析可以查找的史料，梳理已有的文献成果，在探讨中国三重国家角色的历史演变，冷战后社会主义国家角色、发展中国家角色和负责任大国国家角色的融合发展等相关问题时采用这一方法。将通过分析史料和已有文献成果，还原当时中国自身的实力情况和社会地位，分析得出各个阶段中国的国家角色定位。还将通过还原法律外交案例的过程，结合当时的国家角色定位，分析相应法律外交行为的合理性。

## 二、案例分析法

在分析冷战后中国法律外交的相关问题时，本书将主要采用案例分析法的方式进行写作。在回顾中国法律外交的历史渊源和中华人民共和国成立后中国法律外交的历史发展中，力求做到每个历史阶段都有代表性的案例实践。在具体分析中国法律外交的实践与社会主义国家角色、发展中国家角色、负责任大国三重国家角色的互动关系时，均采用具体的法律外交案例加以印证，争取做到对案例选择有特点、有代表性、有说服力。通过法律外交具体案例的分析研究，探讨中国三种国家角色定位中的互动和冲突，最后提出有关法律外交在三重国家角色的影响下，应该如何发展才能实现国家利益的路径建议。

### 三、交叉研究法

各学科的交叉是目前社会科学发展的大方向。法学与国际关系学的相互融合早已有之，也已成为当前国际关系和国际法学研究的潮流和重点，具有广阔的理论研究前景。本书以国家角色为理论框架，通过对法律外交实践的研究，寻找国际关系学科和法学学科的公约数。通过引入"国家角色"的理论框架，借助国际关系的一些研究成果为中国开展法律外交提供解决方案，期待为中国法律外交的研究提供新的视角。

## 第六节　结构

除序、导言和结语外，本书将分五个章节展开论述。

第一章对法律外交和国家角色进行理论辨析。主要阐述法律外交和国家角色的概念及理论，通过介绍法律外交概念提出的背景、中国开展法律外交的历史渊源，厘清法律外交的概念及内涵，分析其性质和特点，探讨中国法律外交的目的。同时，通过国家角色概念界定，明确判断国家角色的因素，确定国家角色与法律外交的关系，建立法律外交和国家角色的理论研究框架。同时，对中国发展中国家、社会主义国家、负责任大国三重国家角色的发展进行解读。

第二章回顾中国法律外交的发展历史。本书将中国法律外交划分为三个阶段，第一个阶段是中华人民共和国成立至改革开放前夕，中国的法律外交主题是反对帝国主义、殖民主义、霸权主义与支持被压迫民族争取独立解放的民族革命。第二个阶段是改革开放至冷战结束前，中国法律外交的主题是和平与发展。在此过程中，由于国际形势和国内局势的变化发展，中国法律外交的政策出现一些微调，但独立自主的和平外交政策、和平进步的根本目标和爱国主义与国际主义相结合的根本原则等，始终没有改变。第三个阶段则是冷战后。由于具体的案例将在第三章至第五章中展开，这里重点阐释中国对负责任大国的理解和认知。

第三章考察冷战后中国法律外交与社会主义国家角色的互动。社会主义国家角色带有明显的意识形态特征，对于西方资本主义国家而言，基于对中国社会主义国家的角色认知，在法律外交层面必然会选择较为激进的做法。本章将通过中国"市场经济地位"之诉、中国驻南斯拉夫联盟共和国大使馆被炸事件以及美国涉台法案问题3个案例，阐述其他国家在中国社会主义国家角色的角色认知下，通过粗暴的法律干涉，对中国进行遏制和打压的行为。

第四章考察了冷战后中国法律外交与发展中国家角色的互动。本章第一节讨论了在世界贸易组织（WTO）的制度规则视角下，中国坚持发展中国家地位的重要现实意义。第二节中的反腐败追逃追赃国际合作则是中国政府主动履约、积极适约，通过国际条约和公约开展法律外交的典型案例。可以看出，国家角色是以国家利益为基础的，国家利益决定了国家法律外交所采取的政策和行为，维护国家利益是法律外交的基本动因，也是法律外交的目的。

第五章考察了冷战后中国法律外交与负责任大国国家角色的互动。负责任大国最显著的特征即体现在参与全球治理、在多边体制框架下解决问题。因此，本章第一节通过对中国"一带一路"倡议的研究考察国际社会对中国负责任大国形象的认知和反馈；第二节从美国近年来滥用其国内法的"长臂管辖"做法讲起，分析了中国采取的法律外交手段，体现了中国维护国际经贸秩序的责任担当；第三节通过中国在《巴黎协定》中发挥的作用，展现了中国广泛参与全球治理、构建人类命运共同体的负责任大国担当。在负责任大国角色下，中国的法律外交既体现出对国际秩序和国际规则的维护、改善，也体现出创新、主导和积极主动的特点。负责任大国的国家角色认知，既是中国与国际社会互动的产物，也是中国自身创造性自我认知的结果，更是未来影响中国法律外交行为的新变量。

## 第七节　观点

本书的核心观点是：法律外交是国家角色的有效实践，国家角色是研究中国开展法律外交政策和实践的有益方法和重要的自变量。维护国家利益是确保国家生存和社会发展的必要条件，是开展法律外交的基本动因，也是法律外交的目的，具体如下。

首先，国家角色定位是研究中国法律外交开展的重要变量，也是一种有益的研究方法。法律外交在很大程度上是国家角色的产物，尤其是在国际社会中占据主导地位的国家角色的产物，因而是发展变化的。在国家角色相对单一、稳定时，法律外交的表现形式特色比较鲜明，但在国家角色出现交替、融合或多元化时，法律外交也相应呈现出不同的表现形式。国家角色本身作为一种规范，对法律外交的预期、国家利益的内容都具有塑造和制约作用。

其次，国家利益是法律外交的基本出发点，通过法律外交，国家实现了与国际体系的互动，巩固、丰富或调整了国家角色，进而对国家利益与法律外交政策形成了回馈，推动了法律外交的发展。国家角色认知与角色要求可能存在的差异会造成法律外交的效果偏差，这也是实践中一些法律外交没有取得预期效果的原因。

最后，近期以及未来相当长一段时期内，法律外交将被全面应用和实践，随着全球化、多极化的快速深入发展，新一轮国际秩序深刻调整，法律外交的内容将不断拓展、更加丰富，将成为维护国家利益的优先和重要手段，有助于推动国际社会更好地认识、了解和理解中国国家角色。

本书的创新点一共有三。首先，采用新视角。本书将采用国家角色的视角，探讨冷战后国家角色定位对中国开展法律外交的影响。以往研究中国法律外交的成果多从国际关系法律化、法律对政治的影响、内政与外交互动的角度来分析，或者以案例形式就中国采取的某一法律外交行为进行分析。这些成果多采用单一的法学研究视角或国际关系视角，并未从理论层面对两者进行联系和研究，两个学科有关法律外交的研究尽管不少，但基本处于脱节的状态。在论述国家角色与外交行为实践的时候，有的研究会提及法律外交的内容，但都是零星与分散的。因此，对法律外交与国家角色的基本关系、国家角色的定位、法律外交与国家角色的互动等进行系统的研究，无论对于国际法学，还是国际关系理论来说，都是一个全新的尝试。

其次，选取新案例。基于本书所选取的研究时间维度是冷战后，处于中国三重国家角色基本形成、法律外交实践内容丰富的阶段，这一时期的法律外交案例呈现出领域众多、特色鲜明、复杂多变的特点。在案例的选择上，本书不仅选取了有代表性的案例，更注重选取较新的案例，以更有利于体现法律外交实践的时代性特点。

最后，得出新结论。本书建立了法律外交的独特评价体系，就是是否符合国家角色定位，是否实现国家利益。本书认为国家角色定位是法律外交开展的前提和依据，强调中国国家角色是一个变化、多元的概念，在分析和研究法律外交时，必须将它与当时的国家角色重心进行比较，得出法律外交实践是否合理的结论。在国家角色相对单一、稳定时，法律外交的表现形式特色比较鲜明，但在国家角色出现交替、融合或多元化时，法律外交也相应呈现出不同的表现形式。相对于国际法视角下单纯对法律外交行为的法理分析，由于理论框架的不同，可能得出对法律外交行为效果不同的评价。

综上，本书试图站在交叉学科的角度，运用国际法与国际关系交叉分析的方法，以国家角色为理论框架，理顺法律外交与国家角色的关系。在此基础上，立足于冷战后中国的法律外交实践和三重国家角色的需求，对中国法律外交的态度以及策略、方法作出分析，以期为法律外交的开展寻找理论支撑，增强法律外交的可预期性，使法律外交更好地服务国家外交大局。这正是本书写作的理论与现实意义。

由于学术研究的倾向与视角不同，有关中国法律外交问题仍有不少研究空白，值得研究者继续发掘。

# 第一章

# 中国法律外交和国家角色理论辨析

本章主要阐述法律外交和国家角色的概念及理论，通过法律外交概念提出的背景、中国开展法律外交的历史渊源，厘清法律外交的概念及内涵，分析其性质和特点，探讨中国法律外交的目的。

外交活动的开展，离不开国际法的指引、规范和约束。法律外交是指国家以法律为内容、手段、途径，来实现国家对外政策的外交行为。具体来说，就是国家通过法律手段解决外交纠纷，通过法律规范处理外交事务，通过法律程序处理外交问题，通过法律适用实现国家利益。

## 第一节　法律外交理论辨析

### 一、法律外交的历史渊源

在中国古代，"外交"的概念与现代外交相去甚远。一是指人与人之间的交往。如《春秋谷梁传·隐公元年》中所记载的："寰内诸侯，非有天子之命，不得出会诸侯；不正其外交，故弗与朝也。"《礼记·郊特牲》曰："为人臣者无外交，不敢贰君也。"上述"外交"的概念是指人臣私见诸侯。"外交"还有重意思是指与朋友、外人的交往。如《墨子·修身》曰："近者不亲，无务求远；亲戚不附，无务外交。"明朝刘基《拟连珠》曰："绝外交则可以守淡泊，专内视则可以全淳精。"二是指与"外国"的交往，但大多含有贬义，如《韩非子·有度》中的"忘主外交，以进其与"，《史记·苏秦列传》中的"夫为人臣，割其主之地以求外交，偷取一时之功而不顾其后"，陈奇猷《韩非子集释》中的"谓释其国法而私与外国为交也"，均意指与外国私相交往，勾结。再如，《国语·晋语八》中所记载的"彼若不敢而远逃，乃厚其外交而勉之，以报其德，不亦可乎？"，明朝何景明在《何子·策术》中的"赍宝玉以亲外交，市土地以厚与国"，《续资治通鉴·宋英宗治平四年》中的"朕以家世用卿，卿当谨家法。人臣病外交阴附，卿宜自结主知"，《三国志·魏志·蒋济传》中记载的"今外所言，辄云中书，虽使恭慎不敢外交，但有此名，犹惑世俗"，均意指依附于朝廷中的某种势力。

但是，早在春秋战国时代，各国之间就互通使节，缔结条约，订立同盟，出现了小国外交、超限制外交、结盟观念等现象，并且各国制定了关于战争的规则。① 西周以礼治天下，周礼涵盖了社会生活的方方面面，对天子和诸侯、百姓的关系，以及诸侯国之间的关系作出了规范。春秋时期的诸侯大族仍然高度重视礼的作用，强调用礼维护社会运行，但是随着历史的发展进步，有识之士越来越认识到，单纯通过礼已经很难维持社会秩序了，急需通过新的治理方式达到社会的稳定和谐。法在春秋时期的重要作用不断凸显，各国希望通过颁布法律约束百姓，实现社会稳定。与"礼"不同的是，"法"更加强调平等，要求在同一个标

---

① 参见叶自成：《中国崛起——华夏体系 500 年的大历史》，人民出版社，2013。

准下进行裁决。① 因此，法的这一特征顺应了当时私有土地主希望缩小贵族和平民之间的尊卑贵贱区别的要求。鲁昭公六年，"三月，郑人铸刑书"，杜预注解认为，"铸刑书于鼎，以为国之常法"。② 子产将法律公之于众，并铸在鼎上，"盖有两层含义：一为晓谕民众刑律的不可篡改，不易毁灭，刑律以国家强制力作为保障加以实施；二则将罪刑具体对应公布于众，以使民众知晓何种行为违背刑律及相应的制裁方法"。③ 子产铸刑书的目的非常明确，即维护和稳定当时郑国的社会秩序，在大国争霸战中拯救郑国于水火之中。

秦始皇统一中国后，在长达 2000 多年的中国封建王朝时代，只承认"天朝"是国家，认为"溥天之下，莫非王土，率土之滨，莫非王臣"，并且"视远夷为蛮夷，责万国以臣属"，与周边邻国的交往不是平等交往关系，而是"宗主国"与"藩属"的关系，或"朝贡"的关系。④ 明代之后，清朝政府采取了闭关锁国政策，不但限制了与外部世界的通商和贸易，也阻止了文化交流和国际法的传入。因此，当 17 世纪以《威斯特伐利亚和约》为标志的近代国际法在欧洲形成和发展时，

---

① "'礼'是讲上下尊贱之别的，是不能在所谓一个标准之下来'齐'的。然而'法'却不然。'法'是要讲一个标准的。所谓'范天下之不一而归于一'，所以礼在于'别'，而法在于'齐'。"参见侯外庐：《中国思想通史》，人民出版社，1957，第 589 页。

② 杜预：《春秋左传集解》，上海古籍出版社，1997。

③ 王秋月：《传承与变革：春秋子产事功述论》，硕士学位论文，东北师范大学，2011。

④ 西方史学家布罗代尔说过："如果不谈奴隶，不谈附庸性经济，欧洲史是不可理解的。同样，如果不谈其国内的未开化民族和国外的藩属，中国也是不可理解的。"西方学者认为，中国"处理国际事务时，基本上仅承认纳贡关系"。日本学者中山治一提出，朝贡关系体制其实是"以'中华帝国'为中心，周围夷狄各国接受册封（授予外交文书，承认其地位），后者向前者朝贡，前者羁縻（牵制）后者……它虽然是若干国家的联合体制，但其中各国相互之间不发生直接关系，而是完全由对'中华帝国'的直接关系规定的一元化上下秩序构成的"。参见布罗代尔：《15 至 18 世纪的物质文明、经济和资本主义》，顾良译，生活·读书·新知三联书店，1993，第 117 页；斯塔夫里阿诺斯：《全球通史》，吴象婴等译，北京大学出版社，2005，第 364 页；信夫清三郎等编《日本外交史》（上册），天津社会科学院日本问题研究所译，商务印书馆，1980，第 12—13 页。

国际法在中国还鲜为人知。① 1839 年，林则徐奉清廷之命到广州查禁鸦片期间，委托美国人翻译了瑞士法学家瓦特尔所著的《国际法》中关于战争、封锁和扣船等内容，这是中国对西方国际法最早的接触。② 1861 年，清朝政府成立总理各国事务衙门（简称"总理衙门"，1901 年改组为外务部），这是中国历史上第一个专管外交的中央部门。1864 年，清政府将美国法学家惠顿所著的《国际法原理》修订后题名为《万国公法》，由京都崇实印书馆正式刊印问世，中国才有了第一本国际法译著。③

从法律外交的实践来看，尽管伴随着国际法的传入，中国开始逐步融入国际社会，但从鸦片战争开始至 20 世纪上半叶，中国的主权和独立受到严重破坏，作为半殖民地半封建社会的中国，一直受到帝国主义列强的欺凌，对外关系所适用的规则只有一个个不平等条约。"当西方国家来到中国时，它们首先用武力压下中国的抵抗，然后将中国置于不平等条约制度之下。与中国的一切关系都是按照这些条约进行的，而不适用在它们之间适用的国际法。"④ 这期间，中国法律外交的主要实践就是执行不平等条约。列强通过一系列不平等条约，在中国割地，获取租界和赔款，攫取治外法权、内河航运权等特权，严重损害了中国的主权。以香港为例，1842 年的中英《南京条约》，造成了香港被割占的历

---

① 一般认为，作为具有独立体系的国际法始于 17 世纪初的欧洲社会，以 1648 年欧洲三十年战争（1618—1648 年）结束后所签订的《威斯特伐利亚和约》和"国际法之父"格劳秀斯的著作《战争与和平法》为标志。三十年战争是欧洲几百年来宗教和国际政治各种矛盾的总爆发，彻底摧毁了中世纪神圣罗马帝国的一统天下，产生了众多具有平等地位的独立主权国家，形成了以领土主权为基础的近代国际社会，确立了国际关系中的国家领土、主权与独立等原则，从而为近代国际法的发展提供了土壤和条件。参见 Peter H. Wilson, *The Thirty Years War: Europe's Tragedy* (Harvard University Press, 2011)。

② 王维俭：《林则徐翻译西方国际法著作考略》，《中山大学学报》（社会科学版）1985 年第 1 期。

③ 邹振环：《京师同文馆及其译书简述》，《出版史料》1989 年第 2 期。

④ 王铁崖：《中国与国际法——历史与当代》，载中国国际法学会主编《中国国际法年刊（1991）》，中国对外翻译出版公司，1992，第 44 页。

史状况；1860 年的中英《北京条约》，中国割让了南九龙半岛；1898 年的《展拓香港界址专条》，英国强租新界 99 年。1844 年的中美《望厦条约》，是清朝政府与美国签订的第一个不平等条约。在缔约谈判中，美方采用诡诈、胁迫的手法，软硬兼施，逼迫中方谈判代表屈服，攫取了领事裁判权，获得了"一体均沾"的片面最惠国待遇。在很多外交事件中，清政府也援引了近代国际法，但是西方列强因利益所在，蛮不讲理，尽管清政府据理力争，也没有结果。如对美国《排华法案》的外交交涉，1880 年中美《安吉利条约》明确美国可以限制华人入境，但不能完全禁止，但 1882 年，美国国会制定了《排华法案》，禁止华工入境；1888 年《斯科特法案》进一步扩展了《排华法案》的适用范围，禁止华人离开美国后返回。上述两项法案明显违反了中美相关条约，清政府也曾不断对美国迫害华人的行为提出抗议。但是，美国政府要不干脆置之不理，要不以不能干预地方事务为由推脱责任。由于国力悬殊，清政府无力维护合法权利，更不敢采取反制或报复措施。[1]

当然，在中国近代法律外交实践中，也存在极少数成功的案例，如普鲁士拿捕案和秘鲁华工保护案。普鲁士拿捕案是近代中国捍卫国家内水管辖权的一个成功案例。1864 年，普鲁士政府驻华公使李斯福乘坐一艘名为"羚羊"号的普鲁士军舰抵达天津大沽口，李斯福声称其此行是"欲自津由水路进京"赴任。逗留期间，发现中国内海大沽口拦江沙外有三艘丹麦商船。此时，丹麦正与普鲁士处于战争状态，李斯福立即指示军舰扣留了这三艘丹麦商船，并准备没收。清廷总理衙门上奏同治皇帝，指出普鲁士军舰拿捕的水域属于中国的"内洋"，该处所"实系中国洋面，并非各国公共海洋"，"外国持论，往往以海洋距岸十数里外，

---

[1] 1943 年，《排华法案》被废除；2011 年，美国参议院全票通过法案，为《排华法案》等歧视华人的法律致歉；2012 年，美国众议院全票通过道歉法案。至此，长达百年的排华耻辱得以洗脱。

凡系枪炮之所不及，即为公共之地，其间往来占住，即可听各国自便"。① 依据《万国公法》第二卷第四章第六节："各国所管海面，及澳港长矶所抱之海，此外更有沿海各处，离岸十里之遥，依常例归其辖也。盖炮弹所及之处，国权亦及焉，凡此全属其管辖，他国不与也"，② 清朝政府当即向普鲁士提出了抗议，指出普鲁士的军舰是在中国的洋面对丹麦商船进行的拿捕，"显系夺中国之权"，③ 并提出若违反国际法将不予接待普鲁士公使，最终普鲁士释放了两艘丹麦商船，并对第三艘予以折款抵偿。

秘鲁华工保护案属于更典型的法律外交案例。鸦片战争后，清朝政府签订了一系列不平等条约，其中一项内容是允许华工出洋做工，但却对我国在外华工的保护并未提及。秘鲁是掳掠、虐待华工的主要国家之一，总理衙门曾接到在秘华工的求援禀文。1874 年，中国与秘鲁订立通商条约时，在中方的坚决要求下，条约中加入了保障华工待遇的条款，规定中国派员到秘鲁调查华工状况，华工在秘鲁享受该国其他外侨的一切权利，受到雇主虐待可向当地政府或法院控告，等等，并规定相互适用最惠国待遇。④ 1909 年，秘鲁突然颁布法令，规定"入境华人每名须有英金五百镑呈验，始得入口"。清政府即刻委派驻美国公使伍廷芳进行交涉，并要求依据中秘商务条约，适用最惠国待遇，不得对华工进行收缴，最终迫使秘鲁取消了上述法令。当时，美国、加拿大也有华人入境缴纳费用的先例，在这种情况下，清朝政府援引双边条约，用法律外交维护了国家的海外利益。

---

① 《筹办夷务始末》第 26 卷，第 30 页，转引自王铁崖：《国际法引论》，北京大学出版社，1998，第 271 页。

② 《万国公法》卷二，第 67、69、70 页。

③ 蒋廷黻：《国际公法输入中国之起源》，《清华政治学报》1932 年，第 61 页。

④ Documents of the United Nations Conference on International Organization ( San Francisco, 1945), 3, Document 1302; 8, Document 1151; 9, Documents 203, 416, 507, 536, 571, 792, 795, 848.

　　20 世纪初，随着国内民族主义运动和革命运动的开展以及国际形势的变化，国家主权和主权平等概念逐渐为国人所知，反对不平等条约取得了一些进步。1919 年的巴黎和会上，中国政府代表第一次整体提出了修改不平等条约的问题。[①] 1924 年，国民党一大召开，把废除不平等条约作为其政纲。[②] 1928 年 6 月，南京国民政府发表宣言，称应当"遵正当之手续，实行重订新约，以副完成平等及相互尊重主权之宗旨"。[③] 为此，有关国家纷纷作出回应，与中国先后分别订立了新约，均有限度地放弃了在中国的部分特权。1941 年太平洋战争爆发后，中国的废约进程进一步加速。1942 年 10 月，美国、英国作出声明，放弃了在中国的领事裁判权。1943 年，中美、中英同时订立条约，取消了美国、英国在中国的治外法权。此后，比利时、挪威、加拿大、瑞典、荷兰、法国、瑞士、丹麦、葡萄牙等国也与中国订立了类似条约。[④] 1949 年《共同纲领》第五十五条明确规定："对于国民党政府与外国政府所订立的各项条约和协定，中华人民共和国中央人民政府应加以审查，按其内容，分别予以承认，或废除，或修改，或重订。"根据这一规定，任何旧条约在未经中华人民共和国政府承认之前，外国政府不得以此为由向中华人民共和国政府提出任何权利主张和要求，更不得据此要求任何特权。至

---

　　① 　早期维新派就提出了废除或修改不平等条约的要求。如清末外交家马建忠提出，"据公法以争之"，修改不平等条约中的商约。理论家郑观应进一步提出应当对领事裁判权、协定关税、最惠国待遇等予以修改。参见杨云鹏、孟于群：《中国废除不平等条约的理论与实践》，《云南大学学报》（法学版）2013 年第 4 期。

　　② 　1928 年，南京国民政府发表宣言："遵正当之手续，实行重订新约，以副完成平等及相互尊重主权之宗旨。"有关各国对此作了一些反应，分别与中国订立了有限度地放弃在华特权的新约。1928 年，中美订立《整理中美两国关税关系之条约》，承认中国关税"完全自主"；中比重新订立《友好通商条约》，比利时同意有条件放弃在华领事裁判权；1942 年，英美两国声明放弃在华领事裁判权。此后，比利时、挪威、加拿大、瑞典、荷兰、法国、瑞士、丹麦、葡萄牙等国也相继与中国签订了类似的条约。参见洪钧培编《国民政府外交史》（第一集），华通书局，1930，第 44 页；王建朗：《中国废除不平等条约的历程》，江西人民出版社，2000，第 308—324 页。

　　③ 　洪钧培编《国民政府外交史》（第一集），第 44 页。

　　④ 　参见王建朗：《中国废除不平等条约的历程》，第 308—324 页。

此，废除了一切不平等条约。同时，作为第二次世界大战东方战场的主力军，中国的国际地位有所提高，为联合国的建立作出了重大贡献，最终取得了联合国安理会常任理事国的席位，对战后国际秩序作出了重大贡献。1944 年 8 月 21 日至 10 月 7 日，中国、美国、英国、苏联四个联合国发起国在美国首都华盛顿召开"关于国际和平与安全组织的华盛顿对话会"，草拟《关于建立一个普遍性的国际组织的提案》（也就是《联合国宪章草案》）。会上，中方代表提出了 7 条补充建议，其中的"处理国际争端应注重正义和国际公法原则""国际公法之发展与修改应由大会倡导，以有利于推进符合国际公法原则的安全""经济及社会委员会应促进教育及其文化合作事业" 3 条建议得到了与会各方的认同，最终写入了《联合国宪章草案》。1945 年旧金山制宪会议正式通过了宪章，这是新中国成立前法律外交最为突出的成果和实践。

1949 年，中华人民共和国成立，开启了中国独立自主和平外交的新时代。尽管中国社会性质发生了根本性变化，但国际法主体的资格没有改变，因而不发生国家继承问题，只发生政府继承问题。中华人民共和国有权继续享有历届中国政府的一切合法国际权利，但对旧政府承担的国际义务则另当别论。湖广铁路债券案是新中国处理国家债务继承问题的一个代表性案例。新中国认为旧政权为进行内战而举借的债务，属于国际法上的"恶债"，不应属于继承的范畴。[①] 1979 年 11 月，美国人杰克逊等 9 人在美国联邦地方法院亚拉巴马州北区东部分庭对中华人民共和国提起诉讼，要求赔偿中国清朝政府于 1911 年发行的"湖北铁路五厘利息递还金镑借款债券"（即湖广铁路债券）本利 1 亿美元外交逾期

---

① 《中华人民共和国外交部关于湖广债券案的备忘录》（1983 年 2 月 2 日），载中国国际法学会主编《中国国际法年刊（1984）》，中国对外翻译出版公司，1984，第 482—483 页；傅铸：《美国法院对"湖广铁路债券案"的审判严重违反国际法》，《人民日报》1983 年 2 月 25 日，第 7 版。

利息和诉讼费用。① 地方法院受理后，向中华人民共和国发出了"传票"，并于中国政府拒绝接受后作出了"缺席判决"，"命令、判处、指令"中华人民共和国赔偿原告等损失 41515038 美元，外加利息和诉讼费。② 彼时中美刚建交不足一年，此案引起了巨大的社会反响。审理过程中，中国政府始终坚持"恶债不予偿还""主权豁免原则"，多次照会美国政府，提出外交交涉，申明中国享有主权豁免，不应受外国法律司法管辖，明确指出"恶债不予继承是国际法久已公认的一项原则"。"所谓湖广铁路债券案是丧权辱国的清朝政府为维护其反动统治和镇压人民，勾结在华划分势力范围的帝国主义列强，加紧压迫和掠夺中国人民的产物。对于这类旧外债，中国政府理所当然地不予承认。"③ 1983年 8 月，中国政府委托美国律师到原审法院提出管辖权异议抗辩。1984年，法院裁决撤销案件后，原告上诉至美国联邦上诉法院。1986 年 7 月25 日，上诉法院裁定维持地方法院 1984 年的判决。1987 年 3 月，美国最高法院作出最终裁定，驳回复审请求，撤销了不利于中国的判决。该案是新中国通过法律外交手段捍卫国家利益的重要案例，为此后一些旧债券持有人在不同国家对我国提出诉讼，起到了很好的司法判例效用。到目前为止，没有一起类似的债券诉讼案起诉方获得胜诉，这也体现了法律外交的权威性和可预期性。

---

① 1911 年，清朝政府与德国、英国、法国、美国四国银行达成了借款协议，发行"湖北铁路五厘利息递还金镑借款债券"600 万金英镑。该债券利息从 1938 年起停付，本金 1951 年到期未付。

② 陈体强：《国家主权豁免与国际法——评湖广铁路债券案》，载中国国际法学会主编《中国国际法年刊（1983）》，中国对外翻译出版公司，1983，第 31 页。

③ 《中华人民共和国外交部就"湖广铁路债券案"给美国国务院的备忘录》，载《国际私法资料选编》编写组编《国际私法资料选编》，法律出版社，1984，第 126—127 页。

## 二、国内外研究情况

### （一）国外研究方面

法律外交研究是一个新的跨学科研究领域。称为新学科，并非否认国际关系与国际法在传统理论研究上的密切关系。事实上，国际法学是与外交学联系最为密切的学科。① 传统的理想主义（也称"自由主义"）国际关系理论标榜国际法在国际关系中的地位，认为国际关系理论"可以说萌芽于法律"。② 理想主义学派代表人物国哲学家伊曼努尔·康德 1795 年出版的《永久和平论》中，蕴含着深刻的国际法理论，认为政治、法律与道德的最终融合是实现永久和平的基础，③ 政治、法律最终将服从于道德的规约，对于国内法来说如此，对于国际法和世界法来说，也是如此。④ 康德这种将道德（善）作为基础和目的的认识，也与传统的自然法学派不谋而合，因此也被称为"法制-道德主义"学派。

传统理想主义国际关系理论的另一位代表人物伍德罗·威尔逊⑤认为，国际法的实质"不是制裁，而是理念、默认和习惯"，"其目的是以博爱取代粗暴"，"以有秩序的关系和公认的义务取代引发战争的放纵、

---

① 张清敏：《国际法视野下的外交——兼谈国际法在中国外交实践中的运用》，载江国青、许军珂主编《法律与外交（第一期）》，第 108 页。

② J. C. Baker, *International Law and International Relations* (Continuum, 2000), p. 70.

③ K. Hutchings, *International Political Theory: Rethinking Ethics in a Global Era* (Sage Publications, 1999), pp. 7–10.

④ S. Besson and J. Tasioulas, *The Philosophy of International Law* (Oxford University Press, 2010), Chapter 2.

⑤ 美国总统，也是美国历史上从政的著名学者。对于威尔逊的看法存在截然不同的观点，有人认为他是理想主义者，也有观点认为他是现实主义者，这是由于他就职总统后在外交实务中总是"假理想主义之名，行现实主义之实"。下文所采用的论述为其在普林斯顿大学讲授国际法课程时的观点。

无序和对权利的侵犯",国际法的法律性应当从属于其道德性,国家应像"道德人"一样去行使主权。① 然而,在威尔逊当选美国总统后,美国政府仅将国际法作为一种外交手段,通过对己有利的单边解释,对美国的对外行为提供合法性辩护。② "学者威尔逊"和"总统威尔逊"的不同角色,也生动诠释了美国当时言语上宣扬理想主义价值观,行动上却秉承现实主义外交政策的矛盾局面。

二战结束以后,世界进入了冷战时期,现实主义学派兴起,并逐渐成为主流至今。现实主义学派批判理想主义学派法制至上的理念,认为国际法在国际关系中的地位十分有限。由于国际社会处于无政府状态,在"弱肉强食"的国际社会,一国只有采取"安全第一"的现实主义策略才能生存。这种"唯权力论"带来的必然结果就是,认为国际法只是权力的随从,不可能成为维护世界秩序的关键因素。国际法只是有可能为国家利用的各种自助手段提供一种非传统的方法,③ 当任何国际法律义务与国家的根本利益相冲突时,国际法将被弃之不顾。④ 1939 年,英国学者爱德华·卡尔在《20 年危机(1919—1939):国际关系研究导论》一书中,对国际法进行了充分的论述,他承认国际法是国际社会得以存在的必要条件,因为国际法保证了国际社会的稳定性、规律性和延续性,⑤ 但是,他还认为法律既反映人类的正义和社会道德,又需要依

---

① H. Notter, *The Origins of the Foreign Policy of Woodrow Wilson* ( Russell & Russell, 1965) , pp. 54, 360.

② 徐崇利:《传统主义国际关系理论与国际法原理》,载江国青、许军珂主编《法律与外交(第一期)》,第 35 页。

③ 卡伦·明斯特:《国际关系精要》(第三版),潘忠岐译,上海人民出版社,2007,第 190 页。

④ K. W. Abbott, "International Relations Theory, International Law, and the Regime Governing Atrocities in Internal Conflicts, " *American Journal of International Law* 93, no. 2 ( 1999 ) : 365.

⑤ 余意:《爱德华·卡尔国际关系思想研究》,九州出版社,2008,第 87 页。

靠权威加以有效实施,① 法律的最终权威来源于政治,② 因此,遵守国际条约和国际法主要不是基于道德的要求,而是基于政治的要求,只有当国际政治稳定的时候,国际法才可以发挥其效用。

现实主义学派"教父"摩根索也有着深厚的国际法学术背景,其博士论文《国际司法功能的特性和局限》就探讨了为什么司法程序不能用以解决所有国际争端的问题。③ 1940 年,他在《美国国际法学刊》上发表了《实证主义、功能主义与国际法》一文,从基本的法理学站位来论述现实主义国际法理论,对国际法分析实证主义理论进行了批判,认为国际法的成文化只是涉及国际法规则的"似乎"有效,而不是"实际"有效。④ 摩根索主张,法律应当贴近现实,寻找决定法律规则实际内容和运作的政治、经济、社会以及心理等方面的力量,要建立这些社会力量与法律规则在功能上的联系。⑤ 随着二战的爆发,摩根索的现实主义倾向日趋增强,仅在非常有限的程度内承认国际法在国际政治中的地位和作用,他甚至说,"在国家之间关系中真正起作用的不是国际法,而是国际政治"。⑥ 1948 年,摩根索在关于现实主义理论的集大成者《国家间政治:权力斗争与和平》一书中,指出"承认国际法的存在,并不等于断言它是像国内法律制度一样有效的法律制度,特别是不能说它能

---

① 爱德华·卡尔:《20 年危机（1919—1939）:国际关系研究导论》,秦亚青译,世界知识出版社,2005,第 192 页。

② 爱德华·卡尔:《20 年危机（1919—1939）:国际关系研究导论》,第 203 页。

③ 当时的国际法学者主张把国际争端分为法律争端和国家间利益冲突争端,摩根索反对这种二分法,认为在法律争端和国家间利益冲突争端中,都可能存在涉及国家核心利益的政治争端,冲突双方都不会愿意将这类争端用司法方式进行解决。参见 O. Jutersonke, *Morgenthau, Law and Realism* (Cambridge University Press, 2010)。

④ H. J. Morgenthau, "Positivism, Functionalism, and International Law," *American Journal of International Law* 34, no. 2 (1940): 260–284.

⑤ 徐崇利:《传统主义国际关系理论与国际法原理》,载江国青、许军珂主编《法律与外交（第一期）》,第 54 页。

⑥ H. J. Morgenthau, "An Intellectual Autobiography," *Society* 15 (1978): 65.

够有效地控制和约束国际舞台上的权力斗争".① 也就是说，与权力政治这一"铁律"相比，国际法只不过是"软法"。

20世纪70年代末，国际关系的新自由主义学派开始兴起。1977年，罗伯特·基欧汉与约瑟夫·奈合著的《权力与相互依赖》一书问世，指出国家间相互依赖是国际机制生成的重要基础。所谓"相互依赖"（interdependence），是"以国家之间或不同国家的行为体之间相互影响为特征的情形",②"国际机制"（International Regime）是指"一系列围绕行为体预期所汇聚到的一个既定国际关系领域而形成的隐含的明确的原则、规范、规则和决策程序。原则是指对事实、因果关系和诚实的信仰；规范是指以权利和义务方式确立的行为标准；规则是指对行动的专门规定与禁止；决策程序是指流行的决定和执行集体选择政策的习惯".③ 新自由主义学派的国际机制理论对现实主义的基本内容进行了肯定，但更强调通过国家间的合作来实现外交目标，同时认为需要有一个共同的机制来约束、规范和协调各方的预期及行动。④ 国际机制理论顺应了全球化运动的发展，与全球领域蓬勃发展的各种政治、经济、文化交流与合作相契合，对国际关系理论的影响逐渐扩大。

冷战结束后，国际社会逐渐重视通过多边、双边协定来开展合作，出现了许多新的国际组织，如世界贸易组织、国际海洋法法庭、国际刑事法院、欧盟法院等。这些组织都具有高度的法律化特征，为全球化进程提供了国际规范和规则。在实证研究的基础上，美国学者肯尼思和基

---

① 汉斯·摩根索:《国家间政治：权力斗争与和平》（第七版），徐昕等译，北京大学出版社，2006，第657页。

② 罗伯特·基欧汉、约瑟夫·奈:《权力与相互依赖》（第三版），门洪华译，北京大学出版社，2002，第9页。

③ 罗伯特·基欧汉:《霸权之后：世界政治经济中的合作与纷争》，苏长和等译，上海人民出版社，2006，第57页。

④ 泮伟江:《法律全球化的政治效应：国际关系的法律化》，《求是学刊》2014年第3期，第43页。

欧汉在《法律化与世界政治》一书中提出了"国际关系的法律化"这一概念，以表明法律和政治是如何通过一系列宽泛的制度形式相互缠绕在一起，并为国际关系法律化理论建立了初步的分析框架。[1] 他们认为，通过义务性、精确性和授权性的不同组合，法律化不仅能够为国际交往提供值得信赖的规则、完善交往所需信息、减少交易成本，而且不会过多侵入国家内部事务，为国家自主性与国际准则之间的平衡留下了足够的空间。[2] 这一理论的产生，为国际关系和国际法研究提供了共同的背景和假设，正式开启了国际关系与国际法作为交叉学科的研究，[3] 受到了国际关系学者和国际法学者的认可，也使这一领域的研究得到了快速的发展。

综上所述，国际关系与国际法的学科交叉经历了"合—分—合"的曲折历程，[4] 国际法在国际关系理论的发展过程中占据着突出的地位。那么，本节前面所言的"法律外交研究是一个新的跨学科研究领域"，其新在何处呢？那是因为，"法律外交"作为对一个国家实施对外政策的专门手段，至今还没有人对其进行系统的研究和论述，缺乏有影响力的著作。1970 年，雷蒙德·科南使用了"Legal Diplomacy"这一表述，并对法律外交进行了广义和狭义的界定。他指出，法律外交可以狭义地界定为各国基于国际法的现有原则和新建议应用权利要求和主张，也可

---

① Kenneth W. Abbott et al. , "The Concept of Legalization," in *Legalization and World Politics*, eds. Judith L. Goldstein et al. (The MIT Press, 2001) , pp. 17–35.

② 张川华：《世界政治法律化理论：兴起背景、成就以及局限》，载《国际关系与国际法学刊》第 2 卷，厦门大学出版社，2012，第 85 页。

③ 关于国际关系与国际法跨学科研究的历史脉络，参见 Anne–Marie Slaughter Burley, "International Law and International Relations Theory: A Dual Agenda," *American Journal of International Law* 87 (1993): 205; Anne–Marie Slaughter, Andrew S. Tulumello and Stepan Wood, "International Law and International Relations Theory: A New Generation of Interdisciplinary Scholarship," *American Journal of International Law* 92 (1998): 367–397; 刘志云：《现代国际关系理论视野下的国际法》，法律出版社，2006。

④ S. D. Krasner, "International Law and International Relations: Together, Apart, Together?" *Chicago Journal of International Law* 1 (2000): 94.

以被更广泛地定义为同样包括旨在影响国家的法律权利和义务的战略的执行。① 除此以外，很难找到以"法律外交"为表述的文献，现有文献大都以法律和外交政策的关系为论述对象，而非将其作为一个整体外交战略来考量。比如路易斯·亨金的《国家如何运行：法律和外交政策》② 一书认为法律是政治的最有效和最直接的表达方式，国际法的制定和遵循对外交政策有着极其深远的影响。再如美国学者卡尔·Q. 克里斯托尔的《国际法和美国的外交政策》③ 一书，从美国的移民政策、石油政策以及反恐问题、环境问题和国际事务等多个具体问题入手，指出了美国外交政策必须尊重国际法，并加以运用，从而实现国家利益的最大化。可以看出，即便在国际关系理论发展完备的西方世界，法律外交理论也是一片未曾开辟的荒原。

## （二）国内研究方面

通常的观点认为，对于中国来说，国际法是西方的"舶来品"。这种观点，受到了近代独立主权国家、近代国际关系起源于 1648 年《威斯特伐利亚和约》的观点的影响，有意识或无意识地否定了中国春秋战国时期国际关系研究的主体性。④ 事实上，中国春秋战国时期就出现了丰富的国际关系、外交学的思想、实践甚至理论。这一点，也被很多西方学者认可。沃尔兹指出，真正的国家出现于 1648 年是"仅就欧洲的国家体系而言"，并不适用于全世界，在中国的战国时期出现的国际

---

① Raymond W. Konan, "The Manhattan's Arctic Conquest and Canada's Response in Legal Diplomacy," *Cornell International Law Journal* 3, no. 2 (Spring 1970): 190.

② Louis Henkin, *How Nations Behave: Law and Foreign Policy* (New York: Columbia University Press, 1979).

③ Carl Q. Christol, *International Law and U.S. Foreign Policy*, 2nd edition (University Press of America, 2006).

④ 叶自成：《中国崛起——华夏体系 500 年的大历史》，人民出版社，2013，第 9 页。

政治的本质和形式"依旧惊人地保持未变"。① 叶自成教授在《中国崛起——华夏体系 500 年的大历史》一书中，以齐国、楚国、吴国、越国、魏国、赵国、秦国等大国的兴衰为主要线索，分析了华夏体系 500 年间出现的小国外交、超限制外交、结盟观念等现象，对华夏体系中的国家与外交观念、国家利益观进行了深入的阐释，从中不难探寻到当前中国特色大国外交的理论和思想起源，具有很强的现实意义。

经过漫长的封建社会时期，1840 年鸦片战争后，中国在西方列强的胁迫下，签订了一系列不平等条约，这是中国在近代历史上与国际法的首次相逢。由于 19 世纪的中国在政治、经济、社会、文化等方面均处于衰退阶段，因此"对国际法持一种半信半疑、敬而远之态度，具体表现为国际法对中国的负反馈和中国国际法知识和能力的不足"。② 20 世纪 20 年代以后，出现了一大批国际法研究的著作，如 1924 年张心澂的《春秋国际公法》、1931 年徐传保的《先秦国际公法之遗迹》、1934 年陈顾远的《中国国际法溯源》以及 1939 年洪钧培的《春秋国际公法》。这些著述试图将国际法与中国先秦、春秋时期的历史相联系，其中很多成果也被今日研究中国国际法史的学者所继承。20 世纪 30 年代以后，特别是二战爆发以后，中国参与了世界新秩序的设计和重建，《开罗宣言》《波茨坦公告》都有中国的参与。在《联合国宪章》拟定过程中，中国的国际地位得到了进一步的重视，中国成为联合国创始会员国和安理会常任理事国之一。尽管如此，中国始终处于国际法体系的边缘，并不会使用国际法这一参与国际治理的手段，对于国际法和国际关系的研究也始终停滞不前。

---

① 肯尼思·沃尔兹：《国际政治理论》，胡少华等译，中国人民公安大学出版社，1992，中文序第 4 页。
② 何志鹏、孙璐：《中国的国际法观念：基于国际关系史的分析》，载刘志云主编《国际关系与国际法学刊第 5 卷（2015）》，厦门大学出版社，2015。

改革开放以后，在国家领导人的倡导下，中国国际法学会成立，第一部统编的国际法教材出版，《中国国际法年刊》问世，① 中国的国际法和国际关系理论研究逐步走上了正轨。由于研究起点低，长期仰仗西方理论的引领，在实践方面也缺乏相应的经验，因此整体水平与西方发达国家相去甚远。党的十八大以来，习近平总书记创造性地提出了一系列外交思想，提出中国的大国外交要有中国特色、中国风格、中国气派，② 指出中国的外交思想和外交政策应当兼具使命意识、时代精神、创新思维和战略意识。在中国特色大国外交理念的指引下，中国的国际关系理论和外交学理论迎来了新的发展机遇期。其中，刘志云主编的《国际关系与国际法学刊》多方位、多角度地对国际关系与国际法进行跨学科领域的研究，是国际关系与国际法理论研究的前沿刊物。

就法律外交理论而言，1993 年，冯予蜀发表了《"法律外交"小议》一文，对我国与发达国家开展贸易过程中的博弈进行了分析，认为各缔约方在关贸总协定（GATT）中的获利程度不仅取决于一国的"实力外交"——经济实力的强弱，而且还取决于其"法律外交"——如何运用关贸总协定法规进行多边贸易谈判。③ 这是当前可查证的中国最早关于法律外交的表述。但文章较短，仅使用了法律外交这一名词，并未作系统的解释和说明。2010 年，著名法学家张文显对法律外交的概念作了说明。④ 2013 年，上合组织成员国司法部部长会议的召开受到了国家主席及中央领导的高度肯定，法律外交这一词汇也正式出现在官方工作表述中。2014 年，国家社科基金项目课题指南将我国的法律外交发展战

---

① 何志鹏、孙璐：《中国的国际法观念：基于国际关系史的分析》。

② 习近平总书记在 2014 年 11 月中央外事工作会议上的讲话《打造中国特色大国外交》，人民网，2014 年 12 月 29 日，http://expo.people.com.cn/n/2014/1229/c112656-26289429.html，访问日期：2018 年 5 月 12 日。

③ 冯予蜀：《"法律外交"小议》，《开放导报》1993 年第 1 期，第 44 页。

④ 2010 年 7 月，张文显在中国法学会第二次全国外事工作会议上正式提出法律外交概念。转引自谷昭民：《论法律外交》，博士学位论文，吉林大学，2015，第 6 页。

略列为重点研究问题，也体现了对该领域学术研究的重视。外交部条法司的官员也通过刊发文章、参会发言等多种形式，传递了大力开展法律外交的强烈信号。如时任外交部条法司司长徐宏发表了《法律外交理论和实践创新恰逢其时》一文，① 时任外交部条法司副司长马新民在厦门国际法高等研究院国际法研修班开幕式上作了题为《中国法律外交的使命是什么?》的致辞。这些官方支持和肯定，使法律外交研究迎来了理论发展的春天。

当前，对法律外交研究较全面的学者是法学家张文显和中国法学会对外联络部主任谷昭民。他们联合发表的《中国法律外交的理论与实践》《中国法律外交实践与探索》，对法律外交的概念和性质进行了界定。谷昭民先后发表了《论法律外交与中国软实力的提升》《中国开展法律外交的现状与发展趋势研究》，并形成了其博士学位论文《论法律外交》。他认为"法律外交是与政治外交、经济外交、文化外交、军事外交等并行的概念，指以法律为内容、机制和媒介的外交活动，即把法律观念贯穿在外交活动中，将某些外交问题转化为法律问题，以合法的程序和行为处理外交事务，依法化解外交纠纷，转变外交方式方法，开辟外交工作新局面"。② 法律外交的表现形式多样，既包括以法律为基础、以法律为形式、以法律为内容的外交，也包括以法律为目的和手段的外交。③ 上述这些研究，对法律外交相关概念、性质、内容等情况进行了初步梳理，为法律外交理论和实践的再探索打下了基础。

2010 年，厦门大学法学院设立了国际关系与国际法跨学科研究中心，并创办了《国际关系与国际法学刊》，将国际关系与国际法跨学科

---

① 徐宏：《法律外交理论和实践创新恰逢其时》，载江国青、许军珂主编《法律与外交（第一期）》，第 5—12 页。本文也是徐宏 2015 年 6 月 12 日在外交学院举行的"法律外交的理论与实践"研讨会上的发言。

② 谷昭民：《中国开展法律外交的现状与发展趋势研究》，《现代法学》2013 年第 4 期。

③ 谷昭民：《论法律外交》，博士学位论文，吉林大学，2015，第 46—58 页。

研究从知识互通引入方法互用，开启了跨学科研究的新篇章。2014 年 12 月，外交学院成立了中国外交理论与实践协同创新中心，明确将法律外交作为重要研究方向之一。在此基础上，2015 年成立了外交学院法律外交研究中心，该中心成为我国首个专门研究法律外交理论与实践的研究机构。在中心主办的《法律与外交》① 杂志中，已经涌现了不少对法律外交理论的深入探讨和对具体案例的分析。例如，徐崇利教授的《传统主义国际关系理论与国际法原理》，通过对国际关系理论两大学派中的国际法观念的对比，总结了国际法与国际关系的发展历史。张清敏教授的《国际法视野下的外交——兼谈国际法在中国外交实践中的运用》，总结了外交与国际法的紧密关系，指出"外交与国际法同出一源，在实践上相互依存、协同发展，在学科上互相渗透和互相包含"。② 何志鹏、魏晓旭的《国际关系中的人道考量——兼论道德对武力的约束可能》，分析了国际人道法与国际政治之间的相互作用。这些基础理论研究，有利于法律外交理论向深层次发展，具有很高的参考价值。

同时，对法律外交实践案例的分析，也如雨后春笋般涌现。联合国世界粮食计划署中国办公室官员艾吉昌的《中国的联合国外交——历程、挑战与建议》、王姝的《"恩丽卡·莱克茜号"案的外交与法律博弈》、高智华的《"一带一路"国家间打击网络犯罪国际执法合作初探》、王鹏的《投资法律外交：中国国际投资协定的政治逻辑》、贾子方的《论 21 世纪海上丝绸之路海外安保中的法律外交》等论文③均从具体的外交案例入手，分析其背后的国际政治理论和法律外交逻辑，对国际

---

① 学术集刊《法律与外交》由外交学院法律外交研究中心主办，世界知识出版社出版，截至目前已经出了三期。本段下述文章均出自该刊。

② 张清敏：《国际法视野下的外交——兼谈国际法在中国外交实践中的运用》，载江国青、许军珂主编《法律与外交（第一期）》，第 108 页。

③ 上述论文均刊于《法律与外交（第一期）》或外交学院法律外交研究中心主办《法律与外交 2017. 总第 2 期》，世界知识出版社，2017。

关系法律化的可行性、法律外交手段的有效性进行了论证。一些学者更将法律外交与其他形态的外交进行比较研究，试图研究法律外交与其他同层次外交相结合，进而服务国家外交大局的可行性，如丛立先的《论首脑外交与法律外交的关系》① 等。

还有一些研究，致力于探索中国法律外交的发展路径。有从中国古代外交思想入手的，如朱海梦的《从韩非的外交术中探索法律外交路径》②、钱锦宇的《中国国家治理的现代性建构与法家思想的创造性转换》③；有从全球化发展和中国在国际治理中的地位与作用角度分析的，如张华的《国际货币体系新秩序与人民币国际化的法律路径思考》④；还有从国家外交政策的角度，对法律外交在国家总体外交中的定位和发展进行分析的，如何志鹏、孙璐的《法律外交的中国道路》⑤。

可以看出，国内学者对于法律外交理论和实践的研究，正处于热情高涨、佳作频出的阶段。但是，国际关系学者和法学学者对法律外交的概念和内涵并未形成共识，法律外交更深层次的理论研究与当前我国法律外交面临的国际形势相比，与法律外交实践的需求相比，与创新中国特色大国外交理论的要求相比，还存在较大的差距。因此，对法律外交理论的科学化、规范化、系统化研究势在必行，应当成为下一步研究的重点。

---

① 丛立先：《论首脑外交与法律外交的关系》，《国际论坛》2015 年第 5 期，第 52—56 页。
② 朱海梦：《从韩非的外交术中探索法律外交路径》，《今日湖北（下旬刊）》2015 年第 9 期，第 20、24 页。
③ 钱锦宇：《中国国家治理的现代性建构与法家思想的创造性转换》，《法学论坛》2015 年第 3 期，第 15—23 页。
④ 张华：《国际货币体系新秩序与人民币国际化的法律路径思考》，载江国青、许军珂主编《法律与外交（第一期）》，第 222—256 页。
⑤ 何志鹏、孙璐：《法律外交的中国道路》，载江国青、许军珂主编《法律与外交（第一期）》，第 79—107 页。

### 三、法律外交正式提出的背景

法律与外交的关系随着国际关系的发展而发展，并且越来越密切。中华人民共和国成立后，中国与印度、缅甸共同倡导的和平共处五项原则反映了《联合国宪章》的宗旨和原则，推动《联合国宪章》发展完善。近年来，特别是冷战结束以来，国际关系中的法律因素明显增加，外交中的斗争越来越激烈。全球治理体系和国际秩序变革加速推进，传统安全与非传统安全交织，恐怖主义、难民危机等非传统安全问题甚嚣尘上，国际竞争从传统陆地区域向海洋、太空、网络蔓延，气候变化谈判进入关键转折期。经过不懈努力，中国参加了几乎所有政府间国际组织，加入了 600 余项国际公约，运用法律和条约搭建广泛领域的合作平台；运用和发展国际法，妥善解决历史遗留问题和国际争端，恢复对香港、澳门行使主权，通过和平谈判与周边邻国解决陆地边界和海洋划界问题；引领气候变化国际合作，积极推动和平解决国际和地区热点问题；积极运用法律规则，开展反恐怖主义、反腐败追逃追赃国际合作，积极维护海外利益，取得了举世瞩目的成就。[①] 与此同时，中国的法律外交实践也经历着重重考验。台湾问题、人权问题、南海问题、"一带一路"倡议问题、中美贸易摩擦、中国与国际组织的关系问题等，都亟待研究解决。

法治兴则国家兴。党的十一届三中全会提出健全社会主义法制的任务，确立了"有法可依，有法必依，执法必严，违法必究"的社会主义

---

① 参见《杨洁篪出席改革开放 40 周年国际法工作座谈会　并发表主旨讲话》，中国外交部网，www.fmprc.gov.cn，访问日期：2019 年 10 月 15 日。

法制建设十六字方针，引领中国特色社会主义走上法治道路。① 党的十五大确立了依法治国的基本方略；党的十六大提出"坚持党的领导、人民当家作主和依法治国有机统一"；党的十七大提出"全面落实依法治国基本方略，加快建设社会主义法治国家"；党的十八大以来，以习近平同志为核心的党中央提出了全面依法治国的新理念、新思想、新战略，开启了全面依法治国理论和实践的新境界，开启了中国特色社会主义法治的新时代。党的十八大报告将"全面推进依法治国"确立为推进政治建设和政治体制改革的重要任务，对加快建设社会主义法治国家作了重要部署，明确提出到2020年，"依法治国基本方略全面落实，法治政府基本建成，司法公信力不断提高，人权得到切实尊重和保障"。② 党的十八届四中全会作出《关于全面推进依法治国若干重大问题的决定》，明确了全面依法治国的总目标和总蓝图、路线图、施工图。党的十九大报告进一步要求"坚持全面依法治国"。"依法治国是党领导人民治理国家的基本方略，法治是治国理政的基本方式。"③ 要全面推进科学立法、严格执法、公正司法、全民守法，坚持依法治国、依法执政、依法行政共同推进，坚持法治国家、法治政府、法治社会一体建设，不断开创依法治国新局面。④ 他还提出"要提高国际法在全球治理中的地位和作用，确保国际规则有效遵守和实施，坚持民主、平等、正义，建设国际法

---

① 1978 年 12 月 13 日，邓小平在中共中央工作会议闭幕式上作了《解放思想，实事求是，团结一致向前看》的重要讲话，明确提出为了保障人民民主，必须加强法制，必须使民主制度化、法律化，使这种制度和法律不因领导人的改变而改变，不因领导人的看法和注意力改变而改变。

② 2015 年 12 月 27 日，中共中央、国务院印发《法治政府建设实施纲要（2015—2020 年）》，纲要的总体目标是，经过坚持不懈的努力，到 2020 年基本建成职能科学、权责法定、执法严明、公开公正、廉洁高效、守法诚信的法治政府。

③ 习近平：《在首都各界纪念现行宪法公布实施 30 周年大会上的讲话》，《人民日报》2012年 12 月 5 日，第 2 版。

④ 习近平：《在十八届中央政治局第四次集体学习时的讲话》，《人民日报》2013 年 2 月 24日，第 1 版。

治"。① 这都为法律外交理论的推出奠定了坚实的政治基础。

2010 年 7 月，中国法学家张文显在中国法学会第二次全国外事工作会议上作了《关于法律外交的几点思考》的报告，正式提出"法律外交"的概念。2014 年，国家社科基金项目课题指南将我国的法律外交发展战略列为重点研究问题，体现了对该领域学术研究的重视。同年 12 月，外交学院成立了中国外交理论与实践协同创新中心，明确将"法律外交"作为重要研究方向之一，并在此基础上于 2015 年成立了外交学院法律外交研究中心，该中心成为我国首个专门研究法律外交理论与实践的研究机构。至此，"法律外交"这一概念被官方和学术界接受并认可。

## 四、法律外交的概念及内涵

法学家张文显及谷昭民从广义的角度对法律外交进行了定义，认为法律外交是与政治外交、经济外交、文化外交、军事外交等并行的概念，指以法律为内容、机制和媒介的外交活动，即把法律观念贯穿在外交活动中，将某些外交问题转化为法律问题，以合法的程序和行为处理外交事务，依法化解外交纠纷，转变外交方式方法，开辟外交工作新局面。② 法律外交的表现形式多样，既包括以法律为基础、以法律为形式、以法律为内容的外交，也包括以法律为目的和手段的外交。③ 在这个概念下，法律外交有广义的法律外交与狭义的法律外交之分。狭义的法律外交是以法律交流与沟通、法律文化传播为内容所展开的外交，是主权国家利用法律手段达到特定政治目的或对外战略意图的一种外交活动；

---

① 习近平：《携手构建合作共赢、公平合理的气候变化治理机制——在气候变化巴黎大会开幕式上的讲话》，《人民日报》2015 年 12 月 1 日，第 2 版。
② 谷昭民：《中国开展法律外交的现状与发展趋势研究》，《现代法学》2013 年第 4 期。
③ 谷昭民：《论法律外交》，博士学位论文，吉林大学，2015，第 46—58 页。

广义的法律外交还包括官方、非官方以及半官方的机构、部门、团体等开展的对外涉法交流与合作。① 上述对于法律外交的定义，从法律外交的地位、内容、方式进行了概括，并在研究中采取了广义的定义。②

本书采取的是狭义的法律外交概念，认为法律外交是指国家以法律为内容、手段、途径，来实现国家对外政策的外交行为。具体来说，就是国家通过法律手段解决外交纠纷、通过法律规范处理外交事务、通过法律程序处理外交问题、通过法律适用实现国家利益。本书所采用的法律外交包含三个内容：首先，法律外交必然要求制定和实施外交政策是符合法定程序、遵守国际法规范的；其次，依法开展法律外交，强调的是在处理外交关系中遵守、采取法律和法规，而不是只考虑简单的利益或道义；最后，法律外交与国际关系法制化有着密切的关系，通过建立具有共识的国际关系规则来规范各行为体的行为。与之前学者对法律外交的概念相比，本书认为有必要限定法律外交的主体，不宜将所有与法律有关的外交行为、外事行为、法律交流都列入法律外交的范畴。法律外交应当明确行为主体，这是基于对"外交"这一概念的不同理解而得出的结论。著名外交学家尼克尔森给外交下了如下定义："外交就是用谈判的方式来处理国际关系，是大使和特使用来调整和处理国际关系的方法，是外交官的业务或技术。"③ 钱其琛主编的《世界外交大辞典》

① 参见谷昭民：《法律外交》，中国法制出版社，2018，第 16—17 页。

② 谷昭民认为，法律外交不仅包括传统外交中以法律为方式的一部分，如法律工作者互访、法律谈判、缔结条约、司法协助、国际审判、参加法律领域的国际组织和国际会议、跨国法律研究、处理国际问题中的法律事务等多边和双边活动等，还包括法律外交日益活跃后出现的一些新的形式，如许多新兴法律国际（区域）组织，如跨国法律培训、法律文明对话等，还包括在全球化时代以法律的新思维、新方式、新的工作机制处理政治或外交问题，即用法律手段达到政治或外交目的，或政治、外交问题法律化。法律外交至少包括以下几个方面的内容：（1）处理法律政策问题的外交；（2）利用法律资源进行的外交工作；（3）在海外大力宣传本国民主法制建设和依法治国情况；（4）不同国家法学法律界之间的对话。参见谷昭民：《法律外交》，第 17 页。

③ 戈尔·布思：《萨道义外交实践指南》（第五版），杨立义等译，上海译文出版社，1984，第 3—12 页。

中对外交的定义："外交是国家以和平方式通过正式代表国家的行为在对外事务中行使主权，以处理与他国关系，参与国际事务，是一国维护本国利益及实现对外政策的重要手段。"也就是说，外交是以和平手段处理国与国之间的事务，是一国维护本国利益的重要手段。[①]从表现方式来看，外交通常是一个国家为了实现其对外政策，通过互相在对方首都设立使馆、派遣或者接受特别使团、领导人访问、参加联合国等国际组织、参加政府间国际会议，用谈判、通信和缔结条约等方法，处理国际关系。简言之，外交是国家间的交往（合作或斗争）。基于对外交主体的基本判断，本书认为，法律外交首先是一种国家行为，这是本书的着眼点和研究对象。

关于法律外交的主要内容，根据不同的标准，有不同的分类方式。[②]按照法律外交的表现形式，可以分为三类：条约法律外交、国际机制法律外交和案例法律外交。条约法律外交是指在公约或双边条约协定框架下开展的法律外交，包括参与条约的谈判、制定、修订，也包括对国际问题法律原则的规范，对领土、领海等国家管辖范围法律地位的讨论等；国际机制法律外交是指以国际组织或区域性合作组织为依托，如联合国、东盟、上合组织、金砖国家、"一带一路"共建国等所开展的法律外交；案例法律外交是指在具体个案上进行的法律交涉、法律程序和法律适用外交。按照法律外交的适用范围和主体，可以分为双边法律外

---

① 钱其琛主编《世界外交大辞典》（下卷），第2045页。

② 根据谷昭民关于法律外交的分类，有七种分类方式。按照法律外交的具体内容范围，分为立法外交、司法外交、执法外交、法学外交；按照法律外交的执行主体，分为官方和非官方（包括半官方）法律外交；按照所涉学科专业，分为宪法外交、民商法外交、刑法外交、法理外交、经济法外交等；按照参与者数目，分为双边、多边、集团、区域法律外交；按照外交战略布局和优先方向，分为大国法律外交、周边国家法律外交、与发展中国家的法律外交、多边（国际和区域组织）法律外交；按照法律规范的领域，分为经济法律外交、文化法律外交、科技法律外交、贸易法律外交、军事法律外交等；为反映区域一体化深入发展的客观现实，可分为东盟法律外交、金砖国家法律外交、非洲法律外交、欧盟法律外交等。参见谷昭民：《法律外交》，第18页。由于本书关于法律外交的主体概念范围不同，分类方法也存在差异。

交、多边法律外交和区域法律外交。按照法律外交的具体内容和领域，则可以分为传统法律外交、非传统安全领域法律外交。

## 五、法律外交与国际法的关系

国家交往需要一定的规则。每一个时代，凡属有国家并立，相互交往，必然会产生一些对国家有拘束力的规则，比如缔结的条约、互派使节的做法、争端解决规则、交战媾和原则等。这些规则就是国家之间的法律，旧时称"万国公法"，也就是国际法，其核心就是构建一个有秩序、讲规则的国际社会。因此，外交与法律密不可分，"国无邦交者已，有邦交者不能无公法，其势然也"。① 法国思想家孟德斯鸠指出："所有的民族，即使是把战俘吃掉的易洛魁人，也有国际法。"② 历史上最早倡导国际法编纂的英国法学家边沁认为，"没有（国际）法典，就没有正义"。③ 有观点认为，20世纪初，美国学者福斯特的《外交实践》和萨道义的《外交实践指南》的出版，将外交学从国际法学分离，成为一个独立的学科。④ 但从根源上看，外交是从国际法分离出来的，两者同出一源。在实践上，外交与调节国家间关系的国际法相互依存，协同发展。⑤ 按历史事实而言，与其谓国际法规为外交之准则，毋宁谓国际法规为外交作用之结果。因各种国际法之形成，均需经过一番外交手续。⑥

---

① 刘达人、袁国钦：《国际法发达史》，商务印书馆，1937，第23页。

② 孟德斯鸠：《论法的精神》（上卷），许明龙译，商务印书馆，2012，第14页。

③ Huang Huikang, "The Work of the International Law Commission: In Commemoration of the Fiftieth Anniversary of the Commission," in *Making Better International Law: The International Law Commission at 50*, ed. United Nations International Law Commission (United Nations, 1998), p. 304.

④ 杨振先：《外交学原理》，商务印书馆，1936，第1页。

⑤ 张清敏：《外交的本质与崛起大国的战略选择》，《外交评论（外交学院学报）》2016年第4期，第7页。

⑥ 王亚南：《现代外交与国际关系》，转引自刘达人《外交科学概论》，中华书局，1937，第29页。

张清敏教授分析外交的本质后得出结论，认为外交在本质上不是权力政治的补充，而是以国际法和其他基本的国际规范为基础，以和平的手段来追求国家的目标和利益。① 也就是说，外交是国际法的实践，是通过法律的形式为国家的对外政策服务。②

但是，在古代，国家之间的关系不紧密，调整彼此间关系的规则和制度绝大多数是一些不成文的习惯。"就有权制定对世界各国或人民有拘束力的法律的机构而言，国际立法机构并不存在。对于法律的发展，国际社会一直满足于习惯的缓慢成长。"③ 这些习惯尚未形成独立、完整的体系，与宗教信仰、国内规范或国内法律制度相混同。早期的国际法也基本上局限于欧洲的范围，仅在所谓的欧洲基督教文明国家间适用。近代以来，资产阶级革命、美国独立战争、俄国十月革命、两次世界大战等，都给国际法带来了原则、规范以及制度的调整，一些国际法的基本原则得以确立，如国家主权原则、不干涉内政原则、民族自决原则、禁止使用武力原则、和平解决国际争端原则等。国际法的领域也随着美洲一大批新独立国家的出现，从美国扩大到整个美洲，随着西方资本主义入侵东方国家和非洲国家而扩大到了亚洲、非洲，从而逐步扩大到全球范围。至此，国际法也完成了其全球化的进程，"脱离了它的独有的欧洲特色，而被认为适用于世界上一切文明国家了"。④

法律是外交的"世界语"，国际法是外交的基本规则。国际法与外交的关系随着国际关系的发展而发展，随着法律外交的出现而更加密切。现代美国著名法学家亨金指出："在各国关系中，文明的进步表现

---

① 张清敏：《外交的本质与崛起大国的战略选择》，《外交评论（外交学院学报）》2016 年第 4 期，第 8 页。

② 周鲠生：《国际法》（下），法律出版社，1995，第 432 页。

③ James Brierly, *The Law of Nations: An Introduction to the International Law of Peace* ( Oxford University Press, 1928) , p. 96.

④ 黄惠康：《国际法教程》，武汉大学出版社，1989，第 12 页。

为从武力到外交，又从外交到法律的运动。"① 这个判断也进一步说明，法律在外交中的地位代表了人类文明的进步，法律外交是外交的高级形态。

## 六、法律外交的目的

维护国家利益是国家生存和发展的必要条件，是法律外交的基本动因，也是法律外交的目的。

现代国家制度之父黎塞留说过，"凡涉及国家利益时应完全服从圣上意旨"，"为国王效忠高于一切，使维护国家利益成为最高准则"。② 这一思想深刻影响着西方社会的国家利益观。19 世纪英国政治家巴麦尊说过："我们将以国家利益为准绳，根据每一次的具体情况争取最好的结果。"③ 长期以来，西方国家在对外交往中秉持本国利益至上的原则，出现了帝国主义、霸权主义、强权政治等一系列产物。国际法的产生、修订和运用，就是以实现国家利益为目的的。国家的成立、权力更迭可通过国际法昭示，大国国际地位的确定也可以通过国际法来主张。二战后的美国主导制定了一系列国际规则，牵头创建联合国，通过对权利和义务进行设置，在世界范围内推行其国家主张，确立了其国际上独一无二的地位。④ 当前，相对稳定的国际关系格局、高度依存的经济，以及和平发展的观念，使发生直接战争的概率极低。各国国家利益之间的关系，从笼统的角度看，就是一致、可协调或冲突三种。而法律外交就是处理这三种关系的重要工具或手段。国际社会已经逐步形成了依照国际

---

① Loius Henkin, *How Nations Behave: Law and Foreign Policy*, 2nd ed. (Columbia University Press, 1979), p. 1.
② 米歇尔·卡尔莫纳：《黎塞留传》，曹松豪、唐伯新译，商务印书馆，1996，第 116、524 页。
③ 亨利·基辛格：《世界秩序》，胡利平、林华、曹爱菊译，中信出版集团，2015，第 25 页。
④ 张晓君、魏彬彬：《国际法与中国特色大国外交》，《国际问题研究》2019 年第 1 期，第 15 页。

法行事、通过法律机制解决争端、借助法律外交维护自身利益的共识，国际体系在规则的基础上得以构建和运行。国际法不再是"弱肉强食"，而成为"国家间合意之法"，① 法律外交实践不仅可以解决争端，还可以帮助各个国家和地区共同发展，彼此获利，是实现国家利益的有效工具。可以说，法律外交作为维护国家利益的重要手段，与国家利益紧密共生。

对中国来说，外交的首要目的也是维护国家利益。1949 年，毛泽东在开国大典上郑重声明："凡愿遵守平等、互利及互相尊重领土主权等原则的任何外国政府，本政府均愿意与之建立外交关系。"② 在和平共处五项原则中，主权、安全和领土完整的提出也体现了中国国家利益。中华人民共和国成立后一段时期，中国领导人多用"民族利益"表示国家利益，如"民族利益应高于一切，一切个人利益与一党利益，都应服从总的民族利益"。③ 1989 年，邓小平在同美国总统尼克松谈话时，明确指出中美两国"都是以自己的国家利益为最高准则来谈问题和处理问题的"。④ 党的十四大报告指出："在涉及民族利益和国家主权的问题上，我们决不屈服于任何外来压力。"⑤ 2007 年政府工作报告明确提出"捍卫国家的主权、安全和利益"，⑥ 党的十七大报告中则使用了"国家主

---

① Samantha Besson, "State Consent and Disagreement in International Law-Making," *Leiden Journal of International Law* 29, no. 2（2016）：289-316.

② 中华人民共和国外交部、中共中央文献研究室编《毛泽东外交文选》，中央文献出版社、世界知识出版社，1994，第 116 页。

③ 中共中央党校党史研究室：《中共中央参考资料（四）抗日战争时期（上）》，人民出版社，1979，第 30 页。

④ 《邓小平文选》（第三卷），人民出版社，1993，第 330 页。

⑤ 江泽民：《加快改革开放和现代化建设步伐　夺取有中国特色社会主义事业的更大胜利——在中国共产党第十四次全国代表大会上的报告》，《人民日报》1992 年 10 月 12 日。

⑥ 温家宝：《政府工作报告——2007 年 3 月 5 日在第十届全国人民代表大会第五次会议上》，《人民日报》2007 年 3 月 18 日，第 2 版。

权、安全和发展利益"的表述。① 2008 年政府工作报告第一次出现"国家利益"这一表述，此后，"国家主权、安全和发展利益"成为固定表述使用至今。

关于国家利益的具体内容，2011 年《中国的和平发展》白皮书出台，将国家利益明确表述为："国家主权，国家安全，领土完整，国家统一，中国宪法确立的国家政治制度和社会大局稳定，经济社会可持续发展的基本保障。"② 阎学通认为国家利益是指一切满足民族国家全体人民物质与精神需要的东西。在物质上，国家需要安全与发展，在精神上，国家需要国际尊重与承认。③ 叶章蓉认为，国家利益表现的形式有物质的和非物质的，前者主要有国家领域（即领土、领空和领海）和国民的安全，统治机器的正常运转，经济发展和社会文化以及国家机密的维护等；后者有政治独立与主权、政权的行使，对外结盟关系的权利与义务，国际关系中的平等地位，国家尊严和国民人格的维护等。④ 王逸舟认为，国家利益是民族国家追求的主要好处、权利或受益点，其反映了这个国家的全体国民及各种各样利益集团的需求与兴趣，既包括诸如领土完整、经济实力、军事力量等客观上的利益，也包括形象、自尊等主观上的利益。⑤ 叶自成认为，中国的国家利益是中国广大人民群众利益的国家表现，它包括维护中国的主权和领土完整、国家的统一、国家的政治稳定、经济发展等核心的、根本的和长远的利益，也包括国家的其他政治、经济、文化、军事、安全、环境等方面的具体利益，包括中

---

① 胡锦涛：《高举中国特色社会主义伟大旗帜 为夺取全面建设小康社会新胜利而奋斗——在中国共产党第十七次全国代表大会上的报告（2007 年 10 月 15 日）》，人民出版社，2007，第 47 页。

② 国务院新闻办公室：《中国的和平发展》，《人民日报》2011 年 9 月 7 日，第 14 版。

③ 阎学通：《中国国家利益分析》，天津出版社，1996，第 10 页。

④ 叶章蓉：《国家利益与国际关系》，《太平洋学报》1996 年第 4 期，第 43—48 页。

⑤ 王逸舟：《新视野下的国家利益观》，载王缉思编《中国学者看世界·国家利益卷》，新世界出版社，2007，第 20—21 页。

国在主权范围内独立地处置和解决本国事务的利益，也包括中国随着自身的发展而在海外逐步形成的合理合法的经济利益、资源利益、发展利益，以及中国公民在海外进行各种经济文化旅游活动所形成的利益。①尽管对国家利益没有统一的界定，但基本内涵是大致相同的。21世纪初，我国南海、东海的部分领海和岛屿主权不断受到挑战，关于中国国家利益诉求和如何维护国家利益的研究再次被提及。周天勇指出，国家利益主要包括六个方面："首先，在促进人民幸福方面，21世纪中国第一位的国家利益，是进一步发展生产力，创造和增加财富，不断提高人民生活水平，在2050年，或者更早一点的2040年时，争取向中等发达富裕国家和地区标准看齐。其次，在建设强盛国家方面，中国重要的国家利益，是在2020年完成第一次现代化，在2040年争取完成第二次现代化，成为一个屹立于世界民族之林的现代化强国。再次，确保和提高中华民族的亲和力和凝聚力，传承和发扬中华民族的文化文明，保证中国国家领土的完整和统一，是涉及中华民族特征和安全的国家利益。第四，从中华民族生存和发展的条件看，确保资源不断和足够的供给，包括资源及其他进出口货物运输顺畅，是中国可持续和安全发展的国家利益。第五，从一个民族长远的安全来看，需要保证其有充分的活力，在国际经济和社会中，有较强的竞争能力，在一旦发生战争时的战时动员和战斗能力。第六，保持中国社会的安宁和祥和。"②

---

① 叶自成：《中国大外交：格局、利益和环境的变化》，《国际展望》2009年第1期，第13—27页。

② 金辉：《如何维护21世纪中国的国家利益——访中央党校国际战略研究所副所长周天勇》，《经济参考报》2012年5月23日。

# 第二节　国家角色理论辨析

本节主要通过国家角色概念界定，明确判断国家角色的因素，确定国家角色与法律外交的关系，建立法律外交和国家角色的理论研究框架。同时，对中国发展中国家、社会主义国家、负责任大国三重国家角色的发展进行解读。

## 一、国家角色概念

"角色"（role）最初是戏剧用语，原意是指演员根据剧本扮演某一特定人物。20世纪初，美国社会学家 G. 米德将其引入社会学领域，以此来说明人的社会化行为。[①] 20世纪70年代，霍尔斯蒂将其引入对外政策领域，认为国家具有角色认知，会根据自我认知的角色进行建构，结合国家角色期望进行角色实践。[②] 其中，对于国家的角色认知来说，国家领导人对国家角色的判断尤其重要，他通过对 1965—1967 年 21 个国

---

① "角色理论"（Role Theory）认为，"演员在舞台上对彼此的演出做出相应的反应，社会成员调整各自的反应以适应对方……行动者由于各自不同的自我认知和角色扮演技巧而拥有独特的互动方式"。参见乔纳森·H. 特纳：《社会学理论的结构》，吴曲辉等译，浙江人民出版社，1987，第 430 页。

② 霍尔斯蒂的国家角色理论，将国家角色认知（national role conception）定义为国家决策者对适合其国家的一般性决策、责任、规则和行动的界定，以及对国家在国际体系中应该持续地行使某种职能的认识和判断。国家角色实践（national role performance）指政府一般性的外交行动，包括对其他国家的态度、决策、反应、功能和责任的模式。国家角色期望（national role prescription）指对处于一定国际地位的国家的规范和期望。K. J. Holsti, "National Role Conceptions in the Study of Foreign Policy," *International Studies Quarterly* 14, no. 3 (1970): 245–246.

家的领导人讲话进行分析，归纳了18种国家角色的自我认知类型。① 关于角色期望对角色实践的影响，则根据国家的不同而差异很大。赫尔曼肯定了国家领导人对国家角色的作用，并进一步认为国家角色是领导人为了支持自己的理念，在特定情形下遵守的对外政策的行为模式。② 角色的所有者不仅可以理解自身行为，而且在处理自身与外部关系时，也带有对他者角色的认知和预期。③

随着国家角色理论的发展应用，一些学者尝试以国家主体为研究对象进行分析。西蒙以亚洲国家为研究对象，对角色设定和角色转变关系进行了验证。④ 特维斯从角色冲突的视角对德国外交政策进行了辨析。⑤ 格罗斯曼对苏联解体后领导人的国家角色认知转变与所推行的外交政策进行对比，验证了角色理论中国家领导人的认知对国家角色定位的重要性。⑥ 布瑞顿汉姆对中国的民族主义国家角色分析后，认为对于中国而言，存在角色认知和角色要求这两个要素的冲突，这造成了国家角色的

---

① 霍尔斯蒂通过分析21个国家发表的正式文件和领导人讲话，将国家角色细分为：地区次系统合作者（regional-subsystem collaborator）、独立者（independent）、解放支持者（liberator-supporter）、忠实同盟者（faithful ally）、斡旋－整合者（mediator-integrator）、国内发展者（internal development）、发展者（developer）、反帝国主义代表者（anti-imperialist agent）、榜样（example）、积极独立者（active independent）、信仰维护者（defender of the faith）、革命堡垒－解放者（bastion of the revolution-liberator）、地区保护者（regional protector）、孤立者（isolate）、地区领导者（regional leader）、联系者（bridge）、受保护者（protected）和其他角色（other）。参见 K. J. Holsti, "National Role Conceptions in the Study of Foreign Policy," *International Studies Quarterly* 14, no. 3 (1970): 260–271。

② Charles F. Herman, "Superpower and Involvement with Others: Alternative Role Relationships," in *Role Theory and Foreign Policy Analysis*, ed. S. G. Walker (Durham: University Press, 1987), p. 220.

③ James Rosenau, *Turbulence in World Politics: A Theory of Change and Continuity* (N. J.: Princeton University Press, 1990), pp. 216–217.

④ S. W. Simon, "Role Sets and Foreign Policy Analysis in Southeast Asia," in *Role Theory and Foreign Policy Analysis*, ed. S. G. Walker (Durhamm: Duke University Press, 1987).

⑤ H. Tewes, "Between Deepening and Widening: Role Conflicts in Germany's Enlargement Policy," *West European Politics* 21, no. 2 (1998): 117–124.

⑥ M. Grossman, "Role Theory and Foreign Policy Change: The Transformation of Russian Foreign Policy in the 1990s," *International Politics* 42, no. 2 (2005): 334–351.

模糊。他认为国家角色包含角色认知和角色要求两个层面，角色认知是决策者对通常适合于本国的决策、义务、规则、行动和功能的理解，是主观方面的认知。角色要求则是国际体系的共同价值、共享的法律原则、规范，以及国际体系对该国的预期和期待等，是外部、客观方面的因素。[①] 斯蒂芬·沃克将国家角色概括为六种，即消费者、生产者、敌对者、霸权者、促进者、破坏者，并对国家角色理论与国际体系的关系进行了全面阐述。[②] 他认为国际体系中不同国家文化渊源不同，在国际体系中的权力地位不同，地缘政治因素各异，面临的国内政治环境和地区环境不同，因此不能简化各国对国际体系的认知，不能认为每个国家在解释和回应外部挑战时都采用同样的对策和方式。也就是说，为了维持国际体系和国际社会的稳定性，增进国家行为的可预见性，确定各国的国家角色并被国际社会所认知是十分重要的。对于刚进入国际体系的国家来说，为明确自身在国际体系中的位置，明确自身的国家角色，可以明示国家外交政策和行为选择，这样做有助于增强他国对国家外交政策的预期，增加合作的可靠性。

具体到对中国国家角色的研究，最早从中国角色和中国与国际体系的关系进行研究的代表性人物是英国著名历史学家和哲学家汤因比。汤因比从历史的视角，对文明的起源、发展、衰落和相互关系进行分析后认为，像中国这样的"大一统国家"是"未来地球上人类生活的一种可能性"，"中国人和东亚各民族合作，在被人们认为是不可缺少和不可避免的人类统一的过程中，可能要发挥主导作用"。[③] 并且指出"正因为

---

① Machael A. Brittingham, "The ' role' of Nationalism in Chinese Foreign Policy: A Reactive Model of Nationalism & Conflict, " *Journal of Chinese Political Science* 12, no. 2 ( 2007): 150.

② Stephen G. Walker, "Role Theory and the International System: A Postscript to Waltz's Theory of International Politics?" in *Role Theory and Foreign Policy Analysis*, ed. Stephen G. Walker ( Durham: Duke University Press, 1987) , p. 78.

③ 池田大作、阿诺德·汤因比：《展望21世纪——汤因比与池田大作对话录》，荀春生、朱继征、陈国梁译，国际文化出版公司，1997，第287页。

中国有担任这样的未来政治任务的征兆，所以今天中国在世界上才有令人惊叹的威望"。① 在他看来，基于中国数千年的中华文明和传统文化，中国已经具备了经验传授者甚至领导者的国家角色能力。中国改革开放以来，经历了持续快速的经济增长，随着中国崛起和对国际体系的冲击，越来越多的国际关系学者开始重视对中国角色的研究，但多以负面态度为主。一个是以米尔斯海默为代表的"中国威胁论"，认为中国的崛起会与以美国为代表的西方世界陷入崛起国与守成国之间的"修昔底德陷阱"，认为在中国的崛起过程中，美国将会由于不断丧失全球相对权力的份额而对中国产生深刻的恐惧，而当这种恐惧抵达某个质变点时，美国将采取预防性的攻击手段，中美之间将在临界点爆发冲突，酿成大国之间的悲剧。② 作为"进攻性现实主义"的代表，他坚信中国实力增强后必然追求在国际体系中的更高目标和更大利益，中国无疑将成为美国的"竞争者"。为了避免中国崛起可能导致的不稳定，佐立克提出了要促使中国成为"负责任的利益共享者"，因为中国已经是全球化的最大受益者，但由于内部缺乏"透明度"，国际社会和国际体系无法预测中国的行为，为了消除疑虑，中国必须承担更大的国际责任，增加自身发展的"透明度"。③ 另一种观点以美国前国家安全顾问布热津斯基为代表，他以美国利益为出发点，分析了美国衰落后，是否会有新的国际行为体取代美国的地位。他认为，尽管中国是最具有实力的后发崛起国家，但由于中国面临着巨大的国际压力和国内束缚，缺乏团结国际社会的合法性和号召力，因此中国无法像美国一样成为霸权国家，中国

---

① 参见阿诺德·汤因比：《历史研究》，刘北成、郭小凌译，上海人民出版社，2005，第278页；池田大作、阿诺德·汤因比：《展望21世纪——汤因比与池田大作对话录》，第287页。

② 约翰·米尔斯海默：《大国政治的悲剧》，王义桅、唐小松译，上海人民出版社，2014，第79页。

③ Robert Zoellick, "Whither China: From Membership to Responsibility?" issued by the U. S. Department of State, September 21, 2005, www. state. gov/s/d/rem/53682. htm.

在国际社会的影响力是极为有限的。① 还有一种更甚，是以西格尔为代表的"中国崩溃论"，认为"中国最多也只是一个掌握了外交战场上技巧的二流的中等国家"。② 当然，也有学者认为，中国在崛起过程中的角色并非那么具有侵略性，而是以一种柔和的方式进行的。如基辛格认为，中国在历史上经历了相当长时间的强盛时期，形成了"天朝上国"权威羽翼庇护下的朝贡体系和独特的世界秩序观，是一个内敛的中心国家。近代以后，尽管中国实力渐衰，但以"合纵连横"的外交思想为基础，中国从逐渐接受西方外交思想，到积极谋求外交发展，进而获取国家利益，这种务实的外交方式体现了中国国家角色的灵活性。③ 基辛格基于对中国历史的梳理和自身外交实践，对中国国家角色赋予了更多的和平属性，从而为中国的和平崛起、中美关系、中国与国际体系的关系提供了新的理论出口。

可以看出，尽管对中国和平崛起的认知和影响力有不同看法，但对中国的角色定位，西方理论界多持"威胁者""挑战者"的定位。

为了应对西方关于中国发展和崛起的讨论，中国国际关系研究领域的学者也开始用"角色"概念进行解释和论述。20 世纪 90 年代中期开始，围绕中国的国家角色和国际定位，以西格尔的观点为靶向，中国学者进行了激烈的争论。王在邦将中国作为"崛起国"进行角色描述，认为中国在经过长时间的发展后很难避免不去挑战现存世界领导者，在崛起过程中要审时度势、量力而行。④ 杨铮认为"力量对比是阶段性更替的动源"，在"'领袖国家'、强国、次强国、弱国、最弱国"这五类国家中，中国应将自己定位在强国角色，毛寿龙、叶自成认为中国在崛起

---

① 兹比格纽·布热津斯基：《大棋局：美国的首要地位及其地缘战略》，中国国际问题研究所译，上海人民出版社，2007。

② Gerald Segal, "Does China Matter?" *Foreign Affairs* 78, no. 5 ( September/October, 1999 ) : 24-36.

③ 亨利·基辛格：《论中国》，胡利平等译，中信出版社，2015。

④ 王在邦：《世界领导者地位交替的历史反思》，《战略与管理》1995 年第 6 期。

过程中应该有"大国的定位"和"大国的心态"。① 阎学通等学者则认为，中国是一个亚太地区的大国，中国的利益、影响力及其所能发挥作用的地区是周边地区。中国应该选择以更积极、更具有建设性的角色参与到国际体系中，提高行为的可预期性，尝试从内部改变国际社会，从而实现国家的崛起。②

进入 21 世纪，关于角色理论和中国角色的研究有了新的发展。张清敏认为，影响决策者对自己的国家角色认识的因素主要是各自的国家特性，中国的国家角色是"发展者"，是否符合这一角色可以作为衡量中国外交政策的有益坐标。③ 庞珣通过考察国家角色的外部和内部双重根源，通过两种根源及其相互作用分析其如何影响国家角色定位和转化，得出国家角色定位和转化的四种类型，试图为研究不同"大国崛起"如何影响国际体系寻找框架。④ 但是，庞珣的理论模型只得出了一个开放性的框架，并未对中国的国家角色和转换进行分析。李宁豫指出，在国际竞争中仍处于劣势的中国应当确立依据国家利益处理国际关系的基本出发点，也要明确自己在国际舞台上扮演何种角色，在新的国际力量的分配中采取何种立场，进而成为国际体系中外交政策可被理解、外交行为可被预期的一员。⑤ 丁逸琛同样从国家利益角度，以中国在联合国安理会行使否决权为案例，分析了国际体系中国家利益与国家

---

　　① 杨铮：《世界政治进程的周期性规律与中国的机遇》，《战略与管理》1995 年第 6 期；毛寿龙：《中国要有大国定位》，《环球时报》2000 年 8 月 18 日，第 7 版；叶自成、李颖：《构建大国外交心态》，《环球时报》2001 年 7 月 20 日，第 7 版。

　　② 阎学通：《中国崛起的可能选择》，《战略与管理》1995 年第 6 期；阎学通等：《中国在世界上的位置》，《环球时报》2000 年 8 月 25 日，第 7 版；王缉思：《中美可以避免新冷战》，《环球时报》2001 年 6 月 22 日，第 7 版。

　　③ 张清敏：《中国的国家特性、国家角色和外交政策思考》，《太平洋学报》2004 年第 2 期，第 47—55 页。

　　④ 庞珣：《国际角色的定义和变化———一种动态分析框架的建议》，《国际政治研究》2006 年第 1 期，第 133—143 页。

　　⑤ 李宁豫：《国家利益与国家角色：分析中国与国际体系关系的两种视角》，《太平洋学报》2003 年第 2 期，第 78—86 页。

角色定位的关系。① 杨勇从地缘政治、综合国力、国家利益、世界政治格局四个方面讨论了中国国家角色塑造和国家定位，认为国家角色既有源自自身客观情况的"大国""发展中国家"之称，也有在处理对外关系中"战略伙伴""利益攸关者""新型伙伴"之称。② 马荣久对国家角色理论进行了深入案例分析，讨论了中国在朝核问题上的国家角色，认为中国作为地区大国和关键的地缘战略角色，在维护东北亚和平与稳定、谋求解决朝核危机问题上，应扮演"负责任大国"的角色，这不仅有助于推进和实现自身的重大利益关切，而且有助于维护地区的和平与稳定、提供全球和地区公共产品，并在相当大的程度上满足了"他者"的预期和角色要求。③ 同时，他还对中国在上海合作组织中的国家角色进行了分析，认为伴随着中国日益提升的多边外交能力和自身在中亚以及周边的利益诉求，中国在上合框架下的角色为"制度化的推动者、议程的设置者、规范的塑造者"。④ 同样对中国国家角色进行案例分析的还有袁伟华，他以中国–东盟关系为案例，运用国家角色理论分析解释国家对外行为，指出"和平发展角色"在中国国家角色定位中占主导地位，在涉及中国在国际社会的责任时，中国强调"合作者"角色，是国际社会的"参与者"，发挥建设性作用。⑤ 郎帅从中国海外利益维护中的国家角色入手，指出"在主权、安全、领土完整等传统国家利益的维护中，国家扮演着清晰的角色，是它们最主要且最重要的维护者"，但

---

① 丁逸琛：《国际体系中的国家利益考量与国家角色定位——对中国在联合国安理会行使否决权的思考》，《理论界》2012 年第 1 期，第 165—167 页。

② 参见杨勇：《中国国家角色定位与外交战略》，黑龙江大学出版社，2008。

③ 马荣久：《论中国在朝核问题上的国家角色》，《延边大学学报》（社会科学版）2018 年第 2 期，第 15—22 页。

④ 马荣久：《论中国在"上海合作组织"中的国家角色》，《当代世界社会主义问题》2016 年第 3 期，第 25—34 页。

⑤ 袁伟华：《对外政策分析中的角色理论：概念解释机制与中国–东盟关系的案例》，《当代亚太》2013 年第 1 期，第 125—156 页。

是对于"海外利益"这样新型国家利益的维护，中国应扮演"利益评估者""原则审视者""现代化治理者"的角色。① 上述研究，对中国国家角色均有清晰的定位，并且根据国家角色理论，结合国家角色的层次，对中国在特定时期、特定案例中的国家角色进行了解释，与西方学者的消极认知形成了鲜明的对比，为本书的研究提供了强大的理论基础和方法借鉴。

当然，国家角色并非一成不变的，而是随着国际体系、国内发展以及两者互动关系的发展而变化的。很多学者认识到了这一问题，并从国家角色转变和国家角色选择的角度进行了研究。胡键将国家角色转换与国际体系转型进行互动分析，认为中国从国际社会的"斗士"、西方的"对抗者"，转变为"负责任的利益共享者"，其中"社会自我"重构的结构性根源是国际体系环境和体系内其他行为体为中国角色转换提供了相对稳定的环境、空间和规范，而中国作为一个崛起的大国，中国角色转型的方式和对外的理念对国际体系的转型有着直接的影响。② 胡键还认为国际社会之所以对中国角色的认知与客观角色产生偏离，是因为美国等西方大国对中国过去的国际角色和现存国际体系评判的固化，这种固化忽视了中国在崛起过程中国际角色的不稳定性，也忽视了中国国际新角色的时代背景和发展条件。③ 唐永胜认为，中国应做一个积极自主的参与者，妥善处理与整个国际体系，包括与占主导地位的西方世界以及美国这个唯一超级大国的关系。④ 萧衡锺、张锡宝从全球化入手，认

---

① 郎帅：《中国海外利益维护中的国家角色探析》，《沈阳师范大学学报》（社会科学版）2018 年第 6 期，第 65—69 页。

② 胡键：《中国国际角色转换与国际体系转型的互动分析》，载上海市社会科学界联合会编《中国的前沿　文化复兴与秩序重构：上海市社会科学界第四届学术年会（2006 年度）青年文集》，上海人民出版社，2006，第 234—242 页。

③ 胡键：《中国国际角色的转换与国际社会的认知》，《现代国际关系》2006 年第 8 期，第 21—24 页。

④ 唐永胜：《中国国际角色分析》，《现代国际关系》2006 年第 10 期。

为全球化使国家由竞争环境变为竞争主体，作为"竞争主体式国家"，中国所具有的集权式权力结构很好地适应了全球化对国家角色的客观要求。① 于欣佳从中国参与国际机制的历史、中国与国际机制的相互怀疑到彼此需要所取得的成果入手，通过分析中国的国家实力地位、国家利益目标，以及不同国际机制对中国角色的预期，得出中国作为"发展中国家""发展中大国""负责任的发展中大国"三个层次的角色的结论，认为应根据不同的国际机制，选择不同的角色定位，避免角色冲突。②

综上，无论是国际还是国内，关于国家角色理论的研究已经日臻成熟，研究方法更倾向于实证分析，多采用对国家角色进行分类、数据统计和实证研究的方法，强调研究过程的规范性和理论性。但对于中国国家角色的讨论，目前中外仍存在争论和探索的空间。中国学者更注重从中国历史和中国迅速崛起的角度出发，对中国角色的自我认知和外界期望之间的冲突进行解释。这些都为本书的研究打下了坚实的基础，提供了很好的参照。

如前所述，国家角色是分析国家对外行为的一个重要变量。国家角色是指外交政策制定者对适合本国的一般性决策、责任、规则和行动的自我确定，以及对国家在国际体系中应该持续地行使某种职能的认识和判断。③ 根据霍尔斯蒂的定义，国家角色包括国家角色扮演和角色认知两个方面。国家角色扮演是指"针对其他国家的态度、决策、反应、义务和功能的行为模式"，国家角色认知是指"政策制定者对什么样的角色、义务、规则和行为与它们的国家身份相符的主观认知和判断，以及

---

① 萧衡锺：《全球化理论与国家角色》，载《第六届珞珈国是论坛论文集》，2012，第 5—12 页；张锡宝：《全球化与国家角色的转换——兼论中国式发展道路》，《江苏商论》2015 年第 9 期。

② 于欣佳：《中国在国际机制中的角色定位与战略选择》，博士学位论文，吉林大学，2010。

③ K. J. Holsti, "National Role Conceptions in the Study of Foreign Policy," *International Studies Quarterly* 14, no. 3（1970）：245-246.

对国家在国际体系和次体系中应该具有的功能的判断"。① 布瑞顿汉姆将国家角色的内容分为角色概念和角色要求两方面，认为国家角色是指政策制定者对于通常适合于自己国家的决策、义务、规则和行动以及功能的认识，如果存在角色概念，国家将据此在国际体系或次体系中发挥作用，而国家角色认知指"可能影响国家角色的外部因素，包括国际体系的结构、体系概念共享的价值以及一般的法律原则、规则、习俗，以及他者在国际和地区组织中表达的预期、世界舆论等"。② 赫尔曼对国家角色的定义进行了进一步丰富，认为国家角色是决策者为了支持自己的信念，在特定情况下对所遵循的对外政策活动构想和模式的预期，包括行为体自我对在既定社会环境中与他者互动中的地位、立场和合适行为的考虑，以及他者通过语言和行为发出的预期或角色要求的信息。③ 国家角色这一概念包括至少三个层次：一是国家对自身角色应该是什么的构想，二是他者对国家角色的预期，三是国家在与他者的互动中对国家角色的进一步定位。

国家角色的根源可以分为内外两个部分：内部根源在于国家的身份认同、意识形态和民族主义；外部根源在于国际体系以及国家在国际体系中的位置和对该位置的认识。④ 其中，国家角色认知是领导人或决策者对本国发展方向，在国际、区域体系中所应占据的地位、履行的责任与义务的判断，是建立在一定角色规范基础上对本国行为的规划。这一

---

① K. J. Holsti, "National Role Conceptions in the Study of Foreign Policy," *International Studies Quarterly* 14, no. 3 (1970) : 245.

② Michael A. Brittingham, "The 'Role' of Nationalism in Chinese Foreign Policy: A Reactive Model of Nationalism & Conflict," *Journal of Chinese Political Science* 12, no. 2 (2007) : 150.

③ Rikard Bengtsson and Ole Elgstrom, "Conflicting Role Conceptions? The European Union in Global Politics," *Foreign Policy Analysis* 8, no. 1 (2012) : 94.

④ Philippe G. Le Prester, "Author! Author! Defining Foreign Policy Roles After the Cold War," in *Role Quests in the Post-Cold War Era: Foreign Policies in Transition*, ed. Philippe G. Le Prester (McGill-Queen's University Press, 1997), pp. 3–14；庞珈：《国际角色的定义和变化———一种动态分析框架的建立》，《国际政治研究》2006 年第 1 期，第 135—139 页。

概念是从主观角度出发，强调决策者自身的主观能动性。影响国家角色认知的因素主要是各自国家的国家特性。① 这种国家特性可以理解为国家综合国力竞争力，经济、政治、军事以及地缘性所赋予的力量等。基于本书将决策者、领导人的主观认知均视为国家行为，在本书中国家角色认知指国家作为理性行为体对自身角色的规划、设想和定位。这是国家角色的内部根源。国家角色的外部根源是指其他国家对一国合适位置和功能的构想，也包括对行为国国家角色的预期，如国际体系的结构、体系共享的（系统范围的）价值以及一般的法律原则、规则、习俗，以及他者在国际和地区组织中表达的预期、世界舆论等。② 就不同国家而言，内部根源和外部根源对国家角色的定位和要求是不同的，两者的不同组合可以构成不同的国家角色。③

由于国家角色内部根源和外部根源会发生变化，国家角色也是动态发展的。国家角色产生于国家与他国的互动之中，是一国与他国或其他实体久而久之互动的结果。④ 当国家的角色行为清晰可循，既存在内部较强的认知一致和与角色身份相符的行为，也符合外部预期时，可以称为角色一致。这是一种理想状态，在角色一致的情况下，国家行为更具有稳定性，也更好被他者所预期，行为体之间的互动更加规范和平衡。当内部根源与外部根源在变化过程中造成了角色模糊，或当多种角色没有很好地联结造成了角色错误组合，或者国家角色认知与他者的预期产

---

① 美国学者伊斯特提出，要从三个方面来总体把握一个国家的基本特性：1. 将国家作为一个整体来考虑；2. 不需参考或借助国家以外的实体就可以概括和衡量的特性；3. 这些特性在一定的时间是稳定的。参见张清敏：《中国的国家特性、国家角色和外交政策思考》，《太平洋学报》2004 年第 2 期，第 49 页。

② Michael A. Brittingham, "The 'Role' of Nationalism in Chinese Foreign Policy: A Reactive Model of Nationalism & Conflict," *Journal of Chinese Political Science* 12, no. 2 (2007): 150.

③ 庞珣：《国家角色的定义和变化———一种动态分析框架的建立》，《国际政治研究》2006 年第 1 期，第 134 页。

④ Valerie M. Hudson, "Cultural Expectations of One's Own and Other Nations' Foreign Policy Action Templates," *Political Psychology* 20, no. 4 (1999): 770.

生不一致时，就产生了角色冲突。角色冲突通常表现为角色内的冲突和角色之间的冲突两个方面。角色内的冲突是国家角色的内部根源发生变化所导致的，[①] 角色之间的冲突是占据不同比重的角色之间发生的冲突。同时，在国家角色发生变化后，他者的反应可能并未随之变化，这就出现了国家角色的自我认知与他者预期的冲突。[②]

关于角色冲突的化解，拉贝斯、霍尔、克罗林认为有三种解决方法：与他者沟通以改变他者预期、调整国家角色、暂时改变行为方式。[③] 沃克提出了四种方法：（1）合并两个或更多的角色，以免外界在一定时期内难以区分行为体所扮演的角色内容；（2）使角色间相互渗透而非在行为上使它们合并；（3）角色交替，在一段时间内轮流扮演两个或更多的角色；（4）角色转换，即行为体以一种能动的态度回应对方的暗示或期望，以引导对方对角色期望进行重新定位。[④]

同样地，国家角色是以国家利益为基础的。行为体的身份包含了利益成分，国家常常以国家角色来界定国家利益。国家角色本身作为一种规范，对国家自身的利益也具有制约和塑造作用。"没有利益，角色就

---

① 拉赫勒曼指出，角色内的冲突包括两种情况：一种是国家在相对衰落后仍然坚持扩展对外政策义务；另一种是实力增加后而对外政策角色义务仍然过小。参见 William J. Lahneman, "Changing Power Cycles and Foreign Policy Role—Power Realignments: Asia, Europe and North America," *International Political Science Review* 24, no. 1（2003）：101-102。

② 袁伟华：《对外政策分析中的角色理论：概念解释机制与中国-东盟关系的案例》，《当代亚太》2013 年第 1 期，第 130 页。

③ Dirk Nabers, "Identity and Role Change in International Politics," in *Role Theory in International Relations: Approaches and Analyses*, eds. Sebastian Harnisch, et al.（Routledge, 2011），p. 77; Douglas T. Hall, "A Model of Coping with Role Conflict: The Role Behavior of College Educated Women," *Administrative Science Quarterly* 17, no. 4（1972）：471-486; Bruce Cronin, "The Paradox of Hegemony: America's Ambiguous Relationship with the United Nations," *European Journal of International Relations* 7, no. 1（2001）：113-114.

④ Stephen G. Walker, "Role Theory and the International System: A Postscript to Waltz's Theory of International Politics?" *Role Theory and Foreign Policy Analysis*, pp. 66-79, 转引自程蕴《冷战后日本国家角色的转变过程分析——基于角色理论的探讨》，《日本学刊》2016 年第 4 期，第 29 页。

失去了动机力量；而没有角色，利益就失去了方向。"[1] 行为体可以通过以下三个方面考察国家利益，从而获得角色认知：一是国家的根本利益。国家利益包含两个层次："其一是逻辑意义上必不可少的根本利益；其二是由环境决定的可变利益。"[2] 其中，根本利益主要是指国家的生存权利，包括主权独立、领土完整、民族文化存续及经济社会发展。二是国家的战略目标。除了根本利益，国家还有可变利益。可变利益是国家依环境变化而不断更新内容的利益。[3] 可变利益的内容主要包括安全、政治、经济、文化等利益，它们经常会被整合为国家的战略目标，成为国家角色定位的目标认知。三是参与国际机制的目的。一个国家参与国际机制必然以获得一定利益为目标，这种利益可能是机制制造的公共物品，也可能表现为分享机制提供的平台带来的低成本。[4] 因此，不同层次内的国家利益，对于国家的重要性来说也就存在区别，这种区别必然影响领导人或决策者对国家角色的认知，从而发生对国家角色再定位。

## 二、中国国家角色的确定

### （一）社会主义国家

1949 年 3 月，为了迎接新民主主义革命在中国的胜利，进行思想建设和政策准备，中国共产党召开了中共七届二中全会，毛泽东向全会作了报告，指出中国革命在全国胜利以后，"中国还存在着两种基本的矛

---

① 亚历山大·温特：《国际政治的社会理论》，秦亚青译，上海人民出版社，2008，第226页。

② Hans Morgenthau, *Dilemmas of Politics* ( Chicago: Chicago University Press, 1959) , p. 66.

③ Hans Morgenthau, "Another Great Debate: The National Interest of the United States," *American Political Science Review* 46, no. 4 ( 1952) : 972.

④ 于欣佳：《中国在国际机制中的角色定位与战略选择》，博士学位论文，吉林大学，2010，第21页。

盾。第一种是国内的，即无产阶级和资产阶级的矛盾。第二种是国外的，即中国和帝国主义国家的矛盾"。① 6 月，毛泽东发表《论人民民主专政》，明确了即将成立的新中国的性质是"工人阶级领导的以工农联盟为基础的人民民主专政"。② 10 月 1 日，中华人民共和国成立，正式开启了独立自主的外交征程。在新中国成立之初，国际社会处于冷战环境，美国和苏联两个超级大国由于意识形态的对立，在全球范围内进行势力划分，国际政治力量被分为社会主义和资本主义两大阵营。以美国为首的西方国家通过创建各种规则主导世界秩序，组成资本主义阵营。为了与美国对抗，苏联也建立一系列机制，只允许社会主义国家参加。从中国的国家角色内部根源特别是从国家角色认知来看，当时的中国刚刚摆脱半殖民地的国家身份，确立了工人阶级的领导地位，选择了社会主义道路，对西方国家没有认同感。从两大阵营对中国的角色认知和角色预期来看，当时的西方主流世界并不承认新中国的合法性，否认新中国政府的身份和国际地位，对中国抱着极大的怀疑态度，中国必须作出选择。在东西方两种社会制度、两种发展模式之间，中国旗帜鲜明地站在以苏联为首的社会主义阵营一边，坚持强调自己的社会主义国家角色，采取了"一边倒"的政策。③ 1949 年 9 月，中国人民政治协商会议第一次全体会议通过的《共同纲领》明确规定："中华人民共和国联合世界上一切爱好和平、自由的国家和人民，首先是联合苏联、各人民民主国家和各被压迫民族，站在国际和平民主阵营方面，共同反对帝国主

---

① 毛泽东：《在中国共产党第七届中央委员会第二次全体会议上的报告》，1949 年 3 月 5 日。

② 《毛泽东选集》（第四卷），人民出版社，1991，第 1472 页。

③ 1949 年 6 月，毛泽东在《论人民民主专政》一文中明确提出了"一边倒"的政策："一边倒，是孙中山的四十年经验和共产党的二十八年经验教给我们的，深知欲达到胜利和巩固胜利，必须一边倒。积四十年和二十八年的经验，中国人不是倒向帝国主义一边，就是倒向社会主义一边，绝无例外。骑墙是不行的，第三条道路是没有的。"这一政策表明新中国确立了社会主义的国家角色。参见《毛泽东选集》（第四卷），第 1472—1473 页。

义侵略，以保障世界的持久和平。"①《共同纲领》对社会主义国家的国家角色进行了法律确认。

根据社会主义国家的国家角色认知，中国一方面同苏联和其他人民民主国家发展和建设兄弟友谊，另一方面坚决反对西方帝国主义。中华人民共和国成立后不久，中国与苏联签订了《中苏友好同盟互助条约》，积极与其他社会主义国家建交。中国不仅参与社会主义阵营内的各项活动，以观察员身份参加华沙条约组织，还同社会主义国家在各个领域开展交流合作。同时，社会主义国家的国家角色也使其他国家对中国角色有了基本判断，并且这种角色认知和预期，决定了中国要承担巩固社会主义阵营的责任，包括对苏联政治上的支持，对匈牙利、蒙古国等国经济上的帮助，对朝鲜与越南军事上的援助等。

进入 20 世纪 60 年代，随着中国和苏联在意识形态以及国家利益等方面分歧不断扩大，中苏关系最终破裂，国家角色的外部根源发生了重大变化。在国内，受意识形态和"文化大革命"影响，中国大搞"无产阶级专政下继续革命"。为了建立反帝反霸的国际统一战线，中国积极支持民族解放运动，在国际上强调"世界革命"，向广大民族独立国家提供了大量的经济军事援助，试图依靠新崛起的民族独立国家建立新的国际体系和国际秩序，中国因此被视为国际体系的"挑战者"与"权力觊觎者"。

1971 年 10 月，在广大第三世界国家的大力支持下，中国终于恢复了在联合国的合法席位。但是，由于受到意识形态的影响，从国家角色认知上来讲，中国仍旧对国际体系持怀疑态度，既反对帝国主义，又反对苏联"修正主义"，坚持"两个拳头打人"。因此在这一阶段，中国

---

① 全国人大常委会办公厅研究室编《中华人民共和国人民代表大会文献资料汇编（1949—1990）》，中国民主法制出版社，1991，第 62 页。

的国家角色认知和定位是充当国际体系的"革命者"，中国的国家利益就是反对霸权主义和强权政治。中国社会主义国家的角色属性在这一阶段并没有发生改变，甚至得到了加强。

## （二）发展中国家

20 世纪 70 年代末 80 年代初，国际局势发生了新变化，美苏争霸转入僵持阶段，发展中国家阵营不断壮大，新兴国家逐渐崛起，美苏两霸对世界的控制越来越力不从心。1979 年，中美正式建交，中国对国家角色的外部根源有了新的认知，这是中国国家角色认知的重要转折点。同时，国内大力发展经济，"思安定、谋发展"的思想成为共识，国家角色的内部根源也发生了根本转变。中国开始调整自己"革命者""挑战者"的身份，更多地融入国际体系。以邓小平为核心的第二代领导集体提出了"和平与发展"两大时代主题，将中国的国家角色定义为"发展中国家"。邓小平指出："中国是个大国，又是个小国。所谓大国就是人多，土地面积大。所谓小国就是中国还是发展中国家，还比较穷。"[1]

这一角色的增加是内部根源和外部根源两方面的因素共同作用的结果。从外部根源来看，中美建交以及中国与西方世界的关系的进一步改善是最关键的原因，发展中国家的团结也使中国获得了一股非常重要的力量的支持。从国家角色的内部根源来看，中国这一阶段的着眼点是中国当时的国家发展水平和经济实力，中国这一阶段的根本任务是发展生产力，以经济建设为中心的战略和改革开放国策的确立，促使中国与西方世界发生广泛联系，积极融入国际体系。这一角色的确立表明，中国领导人和决策者对中国的国情有了更加深刻的认识，已经开始从经济发展的视角来审视中国，并对国家角色进行定位。[2]

---

① 《邓小平文选》（第三卷），人民出版社，1993，第 94 页。
② 赵磊：《中国国家身份及参与联合国维持和平行动》，《新远见》2007 年第 12 期，第 59 页。

党的十一届三中全会标志着中国开始实施改革开放政策，一切工作重心转移到经济建设上来。邓小平指出："在争取世界和平的前提下，一心一意搞现代化建设。"① 中国外交的主要目标，"一是反对霸权主义，维护世界和平；二是增进国际合作，促进共同发展"。基于对中国发展中国家的角色认知和角色定位，中国开始更多地参与国际体系，加强与国际社会的互动。通过参与联合国以及之外更多的国际组织，加强南北对话，扩大南南合作，不断吸收西方发达国家的技术、管理、科技经验。同时，大规模开展多边外交。在依靠国际机制影响世界政治、安全的同时，也开始将国家利益放在首要位置，开始从中寻求获得收益。1979年起，中国开始参与联合国人权委员会会议，1982年成为理事国；1980年起，中国开始参与联合国裁军谈判；1988年加入联合国维和行动特别委员会。1984年，中国加入西方国家主导的"议会联盟"。通过一系列积极主动的行为，向外部传递中国角色的新变化。

可以说，发展中国家角色的融入是内部根源和外部根源共同作用的结果，中国与国际社会的关系进一步融洽，国家实力飞速发展。当然，新的角色定位并没有改变中国社会主义国家的基本属性，中国依旧是社会主义国家。在这一阶段，相对于新中国成立初期国际上"隐形人"的身份，中国已经得到了世界上多数国家的承认，政治地位不断提升，国际影响力日益提高。中国秉持"不结盟"的外交战略，坚持走独立自主的发展道路。社会主义国家、发展中国家的角色成为中国在国际体系中的新名片。改革开放的实践表明，这两种国家角色符合中国的实际，符合他者对中国角色的预期，促使中国取得了快速的发展。

---

① 《维护世界和平，搞好国内建设》（1984年5月29日），载《邓小平文选》（第三卷），第57页。

### （三）负责任大国

冷战后，中国继续扩大改革开放带来的成果，享受科技革命和经济全球化带来的收益，社会经济得到进一步发展。随着中国的崛起，国家角色受到自身认知和他者预期的双重改变，现有的"社会主义国家"和"发展中国家"角色无法涵盖中国取得的巨大成就，也无法满足国际社会对中国的预期。

国家角色的内部根源是由国家特性决定的。国家特性主要包括地理位置、综合国力、国家性质、发展阶段、国家利益等五个方面。一是地理位置。中国位于亚欧大陆东部、太平洋西岸，陆地边界 2.2 万多千米，大陆海岸线 1.8 万多千米，陆地面积约 960 万平方千米，仅次于俄罗斯、加拿大，居世界第 3 位；中国与俄罗斯有很长的共同边界，与印度、巴基斯坦等新兴核国家接壤，沿海与韩国、日本、菲律宾、马来西亚、印度尼西亚等隔海相望。这种特殊的地理位置使中国成为亚欧大陆东端、西太平洋地区最重要的国家，对全球和地区稳定具有重要意义。但是，中国的海上力量相对薄弱，可以说是一个"巨大的大陆国家"或是"部分意义上的亚太国家"。[①] 二是综合国力。综合国力是一个国家所拥有的生存、发展以及对外部施加影响的各种力量和条件的总和。随着经济的快速发展，中国成为世界第一工业大国、世界第二经济大国、世界前列的人力资源大国和科技大国、世界最大的商品制造国、世界第一大出口国和第二大进口国。中国拥有丰富的土地、水、动植物、矿产资源。但同时，中国的经济发展还存在不平衡的问题，中国缺少全球性跨国企业，在金融、知识产权等新兴重要领域的分量不够。中国的军事力量依旧与美俄无法抗衡，军事科技实力较弱。三是国家性质。《中华

---

① 庞中英：《在变化的世界上追求中国的地位》，《世界经济与政治》2000 年第 1 期，第 35 页。

人民共和国宪法》规定：中华人民共和国是工人阶级领导的、以工农联盟为基础的人民民主专政的社会主义国家。社会主义制度是中华人民共和国的根本制度。中国共产党领导是中国特色社会主义最本质的特征。禁止任何组织或者个人破坏社会主义制度。① 四是发展阶段。中国明确指出，我国仍处于并将长期处于社会主义初级阶段的基本国情没有变，我国是世界最大发展中国家的国际地位没有变。五是国家利益。国际地位不断提升的中国需要进一步加强与国际社会的融合，积极参与国际机制建设，为稳定国际秩序、推动共同发展作出贡献。积极支持、参与建设、合理付出、适当获益是中国的利益目标所在。② 同时，中国也意识到国家利益与世界整体利益的密切相关。党的十七大报告指出，"中国的前途命运日益紧密地同世界的前途命运联系在一起"，"我们坚持把中国人民的利益同各国人民的利益结合起来"。③ 从中国对国家利益与世界利益一致性的判断上，可以看出中国对国家角色的认知进一步发展，这为中国国家角色进一步发展提供了内生动力。

从国家角色的他者预期角度看，伴随着中国的崛起，西方国家尤其是美国日益担心中国崛起会挑战西方主导的国际体系，进而对其世界霸权地位造成威胁。随着中国实力的增长，这种恐惧感也逐渐蔓延到中国周边国家身上。④ 由此，对中国的角色认知呈现出两个极端，一个是"中国威胁论"，认为中国随着实力的增强必然追求在国际体系中的更高目标和更大利益，中国的崛起会与以美国为代表的西方世界陷入崛起国与守成国之间的"修昔底德陷阱"，中国的国家角色是"竞争者"。美

---

① 参见《中华人民共和国宪法》（2018 修正）第一条。

② 于欣佳：《中国在国际机制中的角色定位与战略选择》，博士学位论文，吉林大学，第72页。

③ 胡锦涛：《高举中国特色社会主义伟大旗帜　为夺取全面建设小康社会新胜利而奋斗——在中国共产党第十七次全国代表大会上的报告》。

④ David Martin Jones, Nicholas Khoo, and M. L. R. Smoth, "Asian Security and the Rise of China: International Relations in an Age of Volatility," Cheltenham, UK. Northampton, MA, USA, 2012, p. 44.

国对中国国家角色的错误领会，也是中美关系紧张和冲突的直接原因。二是"中国责任论"，认为中国的发展靠"搭便车"行为，中国没有承担起相应的国际责任。时任美国副国务卿佐立克就指出："中国在与'失败国家'交往、核不扩散、维护现有体系等方面应承担责任，从而成为一个'负责任的利益攸关方'。"①

根据国家角色理论，国家角色不仅仅是一国在国际社会中的权力地位，还包括自身对外部世界的认知和外部世界对自身的预期，以及自身依据这种预期可能对自我行为的修正。② 冷战后，中国的国家角色认知发生了新变化，1997 年党的十五大报告中提出中国要积极参与多边外交活动，充分发挥我国在联合国和其他国际组织中的作用。③ 同时，为了回应外部世界的"中国威胁论""中国责任论"，中国对自身的国家角色定位进行了重新审视。此外，随着美苏援助的减少，一些发展中国家出现了经济滑坡、政治动荡。它们希望中国增加对其援助，并出面当"头"，领导广大发展中国家共同发展。中国婉拒政治上"出头"领导的请求，但在经济发展等方面进行了援助。通过上述内部与外部的互动，中国认识到，在实现自身发展之后，在追寻本身的"主权需求"与"发展需求"之外，还需要更多地关注自己的"责任需求"。④ 1999 年，《中国外交》对"负责任大国"国家角色首次作出了明确的表述，指出"中国作为一个和平、合作、负责任大国的形象日益突出，国际地位和影响进一步提高"。⑤ 从此以后，"负责任大国"作为中国国家角色定格下来，也成为国家角色认知的一部分。

---

① Robert B. Zoelliek, "Whither China: From Membership to Responsibility," *The DISAM* (Winter, 2006).

② 袁伟华：《对外政策分析中的角色理论：概念解释机制与中国–东盟关系的案例》，《当代亚太》2013 年第 1 期，第 132 页。

③ 中共中央文献研究室编《十五大以来重要文献选编》，人民出版社，2000，第 44 页。

④ 王逸舟：《全球政治和中国外交》，世界知识出版社，2003，第 307—324 页。

⑤ 中华人民共和国外交部政策研究室编《中国外交》，世界知识出版社，1999，第 4 页。

可以看出，国家角色本身作为一种规范，对国家自身的预期，甚至身份、利益都具有制约和塑造作用。中国的国家角色从一个国际社会之外的政治革命性大国转变为维护国际社会稳定的发展中国家，从专心"打扫屋子"的闭门主义者到国际秩序的积极维护者，完成了以国家角色认知的内部根源为基础、国家角色要求的外部根源为推动力，内部与外部互动发展，最终形成的过程。

## 第三节　法律外交与国家角色的关系

由于国家角色理论本身包含了对国家行为的解释，也能够对国家的行为模式进行预测，因此可以用国家角色作为自变量来解释国家行为和国家的对外政策。角色理论认为，对外政策和国家行为是"围绕着国家角色的定位和再定位"而变化的。[①] 当国家角色发生变化时，对外政策的变化也将随之发生，而且角色定义本身解释了对外政策的变化与国家角色变化的吻合度。[②] 据此，我们找到了国家角色与法律外交之间的关系：国家角色定位是法律外交开展的前提和依据（见图 1.1）。在国家角色的内部根源决定因素中，国家特性无疑对国家角色塑造起着决定性作用，是国家角色选择的基础，但是国家角色认知对国家角色的形成和宣示有着更大的制约作用；在外部根源决定因素中，对国际体系的共同理解决定了国家对待他者的方式，也决定了他者对行为国的认知。通过内部根源与外部根源的互动，国家角色最终形成。法律外交是国家角色的产物，

---

① Philippe G. Le Prester, "Author! Author! Defining Foreign Policy Roles After the Cold War," p. 9.

② Richard Adigbuo, "Beyond IR Theories: The Case for National Role Conceptions," *Political Science* 34, no. 1 (2007): 90.

尤其是在国际社会中居主导地位的角色的产物，因而是发展变化的。在国家角色相对单一、稳定时，法律外交的特色比较鲜明，但在国家角色出现交替、融合或多元化时，法律外交也相应呈现出不同的表现形式。

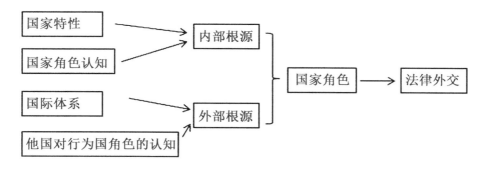

**图 1.1　国家角色与法律外交的关系**

资料来源：作者自制。

法律外交对国家角色的塑造，也就是法律外交的实践过程，是通过在国际社会中与其他国家的互动进行的。通过不断地交流和互动，在行为体之间形成某种共同的认知，明确了国家角色，或在互动中调整发展了国家角色（见图 1.2）。

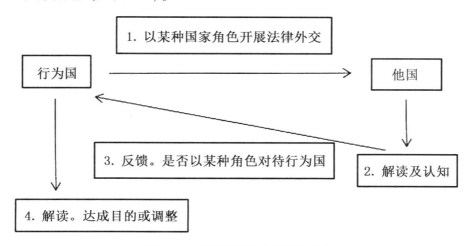

**图 1.2　与他国法律外交的互动模式**

资料来源：作者自制。

法律外交的实践可以分为两种，一种是简单习得，就是把国家角色当作给定因素，只强调法律外交行为的结果是对国家角色的明确表达。另一种是复杂习得，强调行为体在与他国的反复互动中相互认知和理解对方的意图和所想表达的信息，通过对法律外交的手段、方式进行调整，最终构建起国家角色。假定两个国家在开展法律外交之前就已经具有了各自的国家角色，而且它们在开展法律外交之前与其他国家的互动也会影响它们之间的行为，这样就可以看到一个动态变化的过程。国家角色会不断被强化或作出调整，国家之间也会相互认知，从而对国家角色进行相对稳定的塑造。

国家角色本身作为一种规范，对国家自身的利益也具有制约和塑造作用。国家角色的选择与定位对于一个国家的国家利益、法律外交行为起到了决定性作用。在新现实主义和新自由主义等主流国际关系理论中，国家利益是影响国家对外行为的一个变量，但是"利益是以角色为先决条件的，因为行为体在知道自己是谁之前不能知道自己需要什么"。① 行为体的角色包含了利益成分，一个国家只有确定了自我在国际社会的位置和角色，才能根据这个角色去追求相应的国家利益。当然，国家角色也可能根据利益进行调整和选择，这是一个国家角色调整丰富的过程。同时不可否认的是，实现国家利益是法律外交的最终目的。通过法律外交，国家实现了与国际体系的互动，巩固、丰富或调整了国家角色，进而对国家利益与法律外交政策形成了回馈，推动了法律外交的发展。

综上，国家角色对法律外交的作用可以通过两个渠道来实现：一是通过国家角色认知，对法律外交的预期进行规范；二是通过界定国家利益，影响国家法律外交政策的选择。法律外交、国家角色与国家利益三

---

① 亚历山大·温特：《国际政治的社会理论》，秦亚青译，上海人民出版社，2000，第290页。

者的关系可以表述为：国家角色决定了国家利益的内容，国家利益是国家角色形成和变化的动力，国家角色是研究法律外交的自变量，法律外交是因变量。反过来，国家也可以为了实现不同的国家利益，通过法律外交实践的方式，对国家角色进行重申、塑造和选择。

# 第二章
# 中国法律外交的历史发展

    中华人民共和国成立至改革开放前夕，中国外交有不同的外交战略和策略，中国法律外交的侧重点是争取国际承认，另立炉灶，推翻列强强加给中国的不平等条约，加入以苏联为首的社会主义阵营，反对帝国主义、殖民主义、霸权主义，支持被压迫民族争取独立解放的民族革命。改革开放至冷战结束前，中国法律外交的侧重点是维护和平与发展，对外开放，争取融入世界经济体系，维护和争取中国的经济利益。在此过程中，由于国际形势和国内局势的变化发展，中国法律外交的政策出现一些微调，但独立自主的和平外交性质、和平进步的根本目标和爱国主义与国际主义相结合的根本原则等，始终没有改变。在此期间，中国法律外交运用马克思主义立场、观点、方法，在深刻总结借鉴国际国内正反两方面经验教训的基础上，进一步充实、完善、提高，为冷战后的中国法律外交拓宽了视野，积累了经验，积蓄了能量。

## 第一节　中华人民共和国成立初期（1949—1978 年）：
## 中国法律外交与社会主义国家角色

    1949 年 10 月，中国共产党领导中国革命运动取得胜利，成立了中华人民共和国，以此为标志，新中国的法律外交也开始起步。作为社会主义国家，中国积极承担了与社会主义国家角色相应的义务和责任，推动加强社会主义国家之间的团结合作，还对其他社会主义国家进行了支持和援助。这一时期的中国法律外交，主要体现在保卫国家领土安全、巩固新生国家政权、维护社会主义阵营的团结和谐等方面。以美国为首的西方帝国主义国家站在与社会主义中国对立的一边，所以要跟它们进行斗争。

中华人民共和国一诞生，就面临着一系列迫切需要解决的现实问题，其中包括如何使中华人民共和国获得国际承认，这也是现当代国际体系中国家政权存在的合法性的重要依据。同时，在取得新民主主义革命战争彻底胜利并建立人民政权后，随之而来的就是巩固新政权、争取独立自主，反对外来侵略和干涉等诸多问题。基于既定的外交原则和战略政策，为了恢复在长期和大规模的战争中遭受严重破坏的国民经济，为组织进行国家现代化建设争取必不可少的外部援助，中共中央确定了中华人民共和国成立后争取与苏联结盟的方针。1949 年 10 月 1 日，中华人民共和国宣告成立。毛泽东同志在开国大典上庄严宣布，"凡愿遵守平等、互利及互相尊重领土主权等项原则的任何外国政府，本政府均愿与之建立外交关系"。[1] 由此，中华人民共和国对外关系正式启航，并迎来了"第一次建交高潮"。

最早与中华人民共和国建交的是苏联，1949 年 10 月 2 日，时任苏联副外长葛罗米柯向中国政务院总理兼外交部长周恩来致电，表示"苏联政府决定建立同中华人民共和国的外交关系，并互派大使"，并在当日宣布与国民党政府断交。10 月 3 日，周恩来总理即回复表示"热忱欢迎立即建交并互派大使"。在新中国与苏联建立外交关系的前后，双方

---

[1]　毛泽东：《中华人民共和国中央人民政府公告》，1949 年 10 月 1 日，《外交公告》1950 年第 1 卷第 1 期。

就如何处理旧的中苏条约，以及是否有必要签订新的同盟条约进行了多次沟通，不断协调双方的战略利益。1950年2月14日，中国和苏联代表在克里姆林宫签订了《中苏友好同盟互助条约》，以此为标志，中苏同盟正式诞生，为以后一个时期中苏关系的全面发展奠定了基础。《中苏友好同盟互助条约》是中华人民共和国成立以后签订的第一个条约，从维护国家和人民的根本利益出发，加强中苏之间的友好合作，约定任何一方受到日本或与日本同盟的国家侵袭而爆发战争，另一方将全力以赴给予军事及其他帮助，并约定双方均不缔结反对对方的任何同盟，对有关中苏两国共同利益的一切重大国际问题均应进行彼此协商。虽然中苏在解决过去的问题上有不同观点，但中国认识和处理国家利益的出发点是社会主义阵营的共同利益。因此，为了维护中苏友谊，对中苏关系中的一些历史问题，比如苏联延迟在中国大连的撤军、不允许第三国在中国东北和新疆活动等，采取了不同于对待西方列强的态度，这也是当时社会主义国家角色在中国法律外交上的具体体现。

作为主权国家，中华人民共和国在成立初期的对外关系中，一项重要任务就是废除旧中国签订的不平等条约，取消帝国主义国家在华特权。中央人民政府成立后，根据《共同纲领》中关于"必须取消帝国主义国家在中国的一切特权"的规定，出台了一系列法律法规和政策举措：一是中央人民政府在1950年1月通过了《关于关税政策和海关工作的决定》，1951年颁布实施了《中华人民共和国暂行海关法》，收回了西方列强攫取的海关管理权。二是中央人民政府政务院财经委员会在1950年7月统一发布航运管理规定，明确外方航运船只只有在特定条件下，经中央人民政府有关部门批准，悬挂中国国旗，并严格遵守中华人民共和国的法律规定，才允许驶入。三是北京、上海等地军事管制委员会从1950年1月开始陆续宣告收回美国、法国、荷兰、英国等西方列强在北京、天津、上海等地的兵营地产权的法令，并征用兵营和其他建筑，取消了外国在华军事特权。其中，北京市军管会在 1950 年 1 月 6 日宣布收回美国在华地产权，并征用兵营和其他一些建筑，这一法令也适用于其他有类似情形的国家，美国等西方国家不得不交出兵营；1 月 18 日，新华通讯社发表社论，声明北京市军管会有权力和义务执行《共同纲领》的相关规定，并适时宣布了不承认 1943 年国民政府与美国签订的条约。此外，新中国还通过一系列法规政策措施逐步处理了外国人在中国的企业和地产，以及外国政府、企业团体和个人在中国开办的宣传、文化、教育、卫生、宗教等领域的产业。新中国通过颁布实施上述涉外法律法规和政策规定，保证了中华人民共和国的完全独立和国家主权领土完整，使中华人民共和国政府可以在平等自主的基础上，同国际社会和世界各个国家建立并发展关系、开展互助合作。通过与苏联关系进行对比也可以看出，社会主义国家角色定位决定了中国在处理与西方国家历史遗留问题时与对苏联的态度并不相同，而是采取了另起炉灶、不承认西方国家在涉及中国主权时的权益的不平等做法。

在这一时期，中国的法律外交对中国在国际体系中的立场和地位进行了明确阐释，表达了开展国际交往的基本方针和战略方向，塑造了明确的社会主义国家角色。

## 一、和平共处五项原则——对国际法基础的贡献

"互相尊重主权和领土完整、互不侵犯、互不干涉内政、平等互利、和平共处"是中国政府长期倡导的处理国家关系的和平共处五项原则。和平共处五项原则的主要内容，最早见诸《中苏友好同盟互助条约》第五条规定的"缔约国双方保证以友好合作的精神，并遵照平等、互利、互相尊重国家主权与领土完整及不干涉对方内政的原则，发展和巩固中苏两国之间的经济与文化关系，彼此给予一切可能的经济援助，并进行

必要的经济合作"。① 印度于 1950 年 4 月 1 日与新中国建交，两国都长期遭受殖民主义的侵略和压迫，对和平环境有着共同的期望。但是，两国关系中还有边界问题、西藏问题等历史遗留问题悬而未决。印度独立后仍想继承过去英国殖民主义者在西藏的特权，保持其在西藏的特殊地位和影响。② 中国政府认为必须维护自己的主权和领土完整，但同时也应与印度保持友好关系。1952 年 6 月，周恩来向印度驻华大使指出："中国同印度在中国西藏地方的关系的现存情况，是英国过去侵略中国过程中遗留下来的痕迹。对于这一切，新的印度政府是没有责任的。英国政府与旧中国基于不平等条约而产生的特权，现在已不复存在了。因此，新中国与新的印度政府在中国西藏地方的关系，要通过协商重新建立起来，这是应该首先声明的一个原则。"③

1953 年 12 月，周恩来在中印两国政府就西藏问题的谈判中，第一次提出了和平共处五项原则："互相尊重领土主权、互不侵犯、互不干涉内政、平等互惠和和平共处是新中国处理中印两国关系的原则。"④ 1954 年 4 月 29 日，中国与印度签订的《中华人民共和国、印度共和国关于中国西藏地方和印度之间的通商和交通协定》中，双方同意"基于（一）互相尊重领土主权、（二）互不侵犯、（三）互不干涉内政、（四）平

---

① 《中苏友好同盟互助条约》（1950 年 2 月 14 日），载牛军编著《中华人民共和国对外关系史概论（1949—2000）》，北京大学出版社，2010，第 99 页。

② 新中国成立前，英印政府在西藏享有许多特权，如在亚东、江孜派驻军队，设立军营仓库；在西藏地方经营邮政、电报及驿站等业务；派驻的商务代表享有比领事职权还大的权力；在拉萨派驻有外交代表身份的官员；等等。这些都是英国殖民主义者侵略中国造成的后果。但是，印度已于 1947 年独立，是一个新兴的民族主义国家，不能采取对西方列强那样的方式来处理中印之间的问题。参见郑瑞祥：《和平共处五项原则产生的历史背景和时代意义》，《当代亚太》2004 年第 6 期，第 4 页。

③ 中共中央文献研究室编《周恩来年谱（1949—1976）》（上卷），中央文献出版社，1997，第 242 页。

④ 中华人民共和国外交部外交史研究室编《周恩来外交活动大事记（1949—1975）》，世界知识出版社，1993，第 55 页。

等互惠、（五）和平共处的原则，缔结本协定"，① 这是和平共处五项原则首次以协定的形式得以完整表述。随后，周恩来在参加日内瓦会议休会期间，先后访问了印度和缅甸，分别与两国领导人签署了《中印两国总理联合声明》和《中缅两国总理联合声明》，都专门写有和平共处五项原则，并将此作为发展两国关系的指导原则。声明在公报中将"平等互惠"调整为"平等互利"。此后，在和平共处五项原则的基础上，我国与一系列国家签订友好条约或互不侵犯条约，以及通过声明、宣言和公报的形式承认和平共处五项原则。② 2001 年，中俄双方签署的《中华人民共和国和俄罗斯联邦睦邻友好合作条约》第一条明确规定："缔约双方根据公认的国际法原则和准则，根据互相尊重主权和领土完整、互不侵犯、互不干涉内政、平等互利、和平共处的原则，长期全面地发展两国睦邻、友好、合作和平等信任的战略协作伙伴关系。"③

　　和平共处五项原则的核心思想在于：不同社会制度的国家需要也可以和平共处。这个理念在中国革命运动的各个时期和新中国成立前夕制定的《共同纲领》里都得到很好的继承和体现，反映了受压迫、剥削的民族对建立平等的国际秩序的追求和向往，由此形成了中国当代外交的基本价值取向，也成为中国进入国际体系、参与国际法律制度的基本遵

---

① 《中华人民共和国、印度共和国关于中国西藏地方和印度之间的通商和交通协定》，《人民日报》1954 年 4 月 30 日。

② 中国和其他国家签订的友好条约有：《中缅友好和互不侵犯条约》《中国尼泊尔和平友好条约》《中国阿富汗友好和互不侵犯条约》《中国几内亚友好条约》《中国柬埔寨友好和互不侵犯条约》《中国印度尼西亚友好条约》《中国加纳友好条约》等；发布了声明、宣言、公报 200 余件，如《中国印度尼西亚联合声明》《中国尼泊尔建交公报》《中国阿富汗联合声明》《中华人民共和国和日本国政府联合声明》《中国和印度关系原则和全面合作的宣言》《中非合作论坛北京宣言》《中华人民共和国和哈萨克斯坦共和国联合声明》、中美三个联合公报以及上海合作组织的宪章和宣言等；与我国签署条约或发公报承认和平共处五项原则的还有阿尔及利亚、古巴、索马里、埃及、马里、坦桑尼亚、突尼斯、埃塞俄比亚等。参见赵劲松：《和平解决国际争端原则及其适用——中国的理论评析和实践探讨》，硕士学位论文，武汉大学，2004。

③ 《中华人民共和国和俄罗斯联邦睦邻友好合作条约》，中国人大网，http://www.npc.gov.cn/wxzl/gongbao/2001-12/06/content_5280849.htm，访问日期：2019 年 12 月 15 日。

循。1955 年 4 月，在印度新德里召开的亚洲会议通过了决议，声明："这五项原则构成了各国相互了解和平共处的坚实基础，所有国家的人民全心全意地支持这些原则。"① 20 世纪 70 年代，和平共处五项原则被大范围拓展到中国与世界各国的关系之中，成为中国处理与他国关系的基本指南。和平共处五项原则，是中国在对自我国家角色认知的基础之上，对发展国际关系、开展国际交往提出的根本准则和基本方针，是中国开展法律外交的核心架构，标志着中国的国家角色翻开了新的一页。

有的学者认为，和平共处五项原则与以《联合国宪章》为基础的国际法属于一个体系。② 英国国际法学家布朗利认为："许多国家接受了这些原则，并且把它们与《联合国宪章》和《白里安–凯洛格公约》相提并论或者作为其补充，从而使其成为现代最受称颂的概念之一。"③ 它不是对《联合国宪章》的简单重复，而是中国基于自身角色和对国际法的理解，提出的代表中国国家角色的国际法新思维，是中国法律外交的根本遵循。一是和平共处五项原则代表了中国对国家角色的基本认知：强调主权，强调认可和保障自身的独立生存。长期经受帝国主义和殖民主义欺凌的中国亟须通过独立自主来表达对国家角色的认知，重塑外部世界对自身角色的看法。中国尊重世界上所有其他国家的自主选择和国家意志，并主张国际社会也应采取一种宽容的心态对待各个国家，和平共处五项原则表达了中国在后殖民时代建立主权平等国家的强烈愿景。二是和平共处五项原则明确反对大国霸权，体现了对小国利益的维护。反对霸权主义，就是认为国家间不应相互指责、相互倾轧，更不应当以武

---

① 王铁崖：《国际法》（第三版），法律出版社，1995，第 64 页。

② 参见张乃根：《国际法原理》，复旦大学出版社，2012，第 40 页。

③ Ian Brownlie, *International Law and the Use of Force by States* (Oxford University Press, 1963), p. 119.

力相威胁，甚至动辄出动军队。① 这与《联合国宪章》中的和平解决国际争端、禁止非法使用武力或以武力相威胁原则相辅相成。同时，认为"国际间的事要由大家商量解决，不能由两个大国来决定"。② 提出无论国家大小一律主权平等的理念，为亚非拉发展中国家谋求和平发展争取了话语权。在和平共处五项原则的基础上，广大发展中国家增强了反抗殖民统治、争取民族独立的信心，作为一支强有力的势力逐渐发展壮大。三是和平共处五项原则不仅是一套中国自身决意遵守的法律原则，也塑造了中国作为和平发展社会主义国家的良好形象。当时，西方国家和部分中国周边国家对新中国并不接纳，部分周边国家也担心中国这个规模庞大的共产主义国家会输出革命，成为世界革命风暴的中心。③ 在这种他者对中国国家角色的负面认知下，中国提出了和平共处五项原则，并庄严宣告长期恪守这一原则的态度。中国以此消除了周边国家的怀疑和恐惧，提高了中国的世界接受度，并在亚洲扮演了更重要的角色。④

从 1954 年至今，和平共处五项原则已有 70 年的历史，已经成为现代国际法的根本准则和制度基础。和平共处五项原则强调世界各国应当相互尊重主权和领土完整，这是自《威斯特伐利亚和约》确立以来的数百年国与国规范彼此关系最重要的准则；强调平等互利，在法律框架下保证各国经济平等发展。因此，可以说，和平共处五项原则是中华人民共和国成立后法律外交的重要实践，是对社会主义国家角色塑造、实现

---

① 周鲠生：《关于中国对不干涉原则的坚持》，载周鲠生：《国际法》，武汉大学出版社，2007，第 165—167 页。

② 中华人民共和国外交部、中共中央文献研究室编《毛泽东外交文选》，第 590 页。

③ 中共中央文献研究室编《周恩来年谱（1949—1976）》（下卷），中央文献出版社，2007，第 477 页。

④ John W. Young and John Kent, *International Relations since 1945: A Global History*, 2nd ed（Oxford University Press, 2013），p. 218.

国家利益和国际法发展的主要贡献之一。

## 二、英国"逆条件"承认——对国家承认法津制度的创新

1949 年 10 月 1 日，中华人民共和国成立公告宣布，中央人民政府愿以遵守平等、互利及互相尊重领土主权，以及承认中华人民共和国政府为中国的唯一合法政府为条件，与外国政府建立外交关系。新中国政府是在推翻了旧政府的基础上成立的一个新政府，[①] 因此，从国际法上讲，新中国的成立并不意味着一个新的国际法主体的诞生，对其承认属于对新政府承认的范畴。关于对新中国的承认问题，中国不仅拒绝按照其他国家作为承认代价而提出的条件，还创造性地提出了自己的承认和建交条件——"逆条件"承认：新中国政府首先要求外国承认新中国政府为中国的唯一合法政府，不允许在承认新中国政府的同时，继续同台湾当局保持官方关系。[②] 要与中华人民共和国建交，就必须满足中华人民共和国政府的上述条件。[③] 这是中华人民共和国独特的法律外交实践和创新。从历史上看，新中国首批建交分为两种方式：第一种是换文方式（即互致电报或信函建交。因为彼此之间不存在建交障碍，没必要谈判）即完成建交程序，包括苏联、10 个欧亚新民主主义国家及印度尼西亚和芬兰；第二种是与其余 22 国建交，不仅经过了换文，还经过了

---

[①] Xue Hanqin, *Chinese Contemporary Perspective on International Law: History, Culture and International Law*, 355 Recueil des cours 51, 68 (2011).

[②] Xue Hanqin, *Chinese Contemporary Perspective on International Law: History, Culture and International Law*, 355 Recueil des cours 50, 70–74 (2011).

[③] 陈体强：《中华人民共和国与承认问题》，载中国国际法学会主编《中国国际法年刊（1985）》，中国对外翻译出版公司，1985，第 24—27 页。

面对面谈判，才达成协议。① 英国对中国从 1950 年的承认到 1972 年的建立大使级外交关系，全面建交谈判的"逆条件"承认前后历时 22 年，就是其中最典型的一个案例。

英国是较早承认中华人民共和国并表达建交意愿的国家之一。在中华人民共和国成立后不久的 10 月 6 日，英国驻京总领事向新中国外交部长周恩来传了英国的愿望："英国政府认真研究了中央人民政府成立给中国带来的新局面。中英两国友好互利的政治经济关系历经数代，英国诚挚希望这种良好关系可以长久下去。英方希望待英方完成对中国的分析研究之后，两国可以着手建立非正式的外交关系，以便给双方的官方接触和经贸交流带来便利。"② 根据国际法，对国家的承认分为两个程序：一是事实承认（de facto），二是法律承认（de jure）。只有完成法律上的承认才是一种完全的承认。英国的这次通信可以看作对新中国政府的事实上的承认，属于效力较低的、暂时性的承认，双方并不能以此为基础建立正式外交关系。当然，新中国政府对此次通信的法律效力是有着清楚的认知的，并没有给予英国回应。③

出于尽最大限度地保留和维护其在中国多年经营的巨大利益的考虑，1950 年 1 月 6 日，英国外交大臣贝文在致周恩来外长的照会中表示："英国自本日起承认中华人民共和国中央人民政府为中国法律上的政府；愿意在遵守平等、互利及互相尊重领土完整和主权等项原则的基础上建立外交关系，准备与中华人民共和国中央人民政府互派使节；在

---

① 《〈礼仪漫谈〉新中国建交内情》，文明风，http://wmf.fjsen.com/2015-07/21/content_16386095_all.htm，访问日期：2020 年 2 月 1 日。

② "Mr. Bevin to HM Representatives Overseas Information No. 371 Telegraphic, [ F 14878/1023/10] No. 100, " DBPO, October 6, 1949, http://dbpo.chadwyck.co.uk，访问日期：2020 年 2 月 1 日。

③ "Memorandum by Mr. Bevin on Recognition of the Chinese Communist Government, CP (49) 248 [ CAB129/37] No. 110, " DBPO, December 12, 1949, http://dbpo.chadwyck.co.uk，访问日期：2020 年 2 月 1 日。

未任命大使前，指派在南京的胡阶森秘书作为过渡时期的临时代办。"①
在英国的带动下，芬兰、挪威、丹麦、瑞典、以色列及阿富汗等国也先
后承认了新中国。在新中国的承认问题上，英国与其战后最重要的盟
国——美国采取了完全不同的态度，引起了当时整个世界强烈的反响。

当然，英国之所以承认新中国，是基于多方面考虑的。首先就是保
护其在华的经济利益。二战后英国负债累累，经济濒临崩溃，新上台的
工党政府对在华利益尤为重视。英国内阁就中国局势专门召开会议进行
讨论，并通过了"留一只脚在门内"的决定："只要没有真正的生命危
险，我们应努力保持原地不动，与中国共产党建立事实上的关系，寻找
继续在中国进行贸易的可能性。"② 其次，英国需要竭力保住其在香港的
殖民统治地位，而从长远看，没有中国的默许，英国想继续管理、利用
香港这个贸易中心是不可能的，因此，英国政府"极力希望同中国人民
选择的任何政府建立最友好的关系"。③ 但是，从根本上来说，英国政府
对中国共产党的性质和认识并没有改变。在发出照会对新中国作出承认
后，英国政府大肆宣扬它对新中国政府承认仅仅是一个事实概念，即承
认中国共产党在中国领土范围内形成了有效的统治，并没有承认中华人
民共和国政府是中国唯一合法政府，主张"台湾地位未定论"，因此它
的承认是不完全的。由于这一原因，中国政府并没有妥协，与英国进行
了多轮、多次、多方面的谈判。

1950 年 3 月 2 日，中英两国代表就建交问题在北京举行了第一次谈
判。中方在谈判中口头提出了关于两国建交的初步程序性问题，但强调

---

① 中华人民共和国外交部档案馆、人民画报社编《解密外交文献——中华人民共和国建交档
案（1949—1955）》，中国画报出版社，2006，第 465 页。

② 英国内阁文件（1984 年 12 月 9 日），CAB129/31，C. P.（48）299；内阁会议记录（1948 年
12 月 13 日），CAB128/13，C. M. 80（48），http://dbpo. chadwyck. co. uk，访问日期：2020 年 2 月 1 日。

③ 参见《艾德礼致亚历山大》（1949 年 6 月 7 日），英国外交部文件，FO371/75875，F8538/
1192/10/，http://dbpo. chadwyck. co. uk，访问日期：2020 年 2 月 1 日。

最重要也是必须先行解决的，是英国政府与中国国民党反动派的关系问题。英国认为其已在 1950 年 1 月 6 日撤销了对台湾当局的承认，双方已无"外交"关系的存在。但是，英国在台湾依旧保留"领事馆"，并没有在台湾地位问题上给予明确认定。同时，在联合国大会关于中华人民共和国联合国代表权问题上，英国表示之所以投弃权票，是因为要遵守"多数表决"的程序，当时不可能达成多数通过。今后一旦能确定形成多数时，英国政府会投赞成票。① 此外，关于在香港的中国国家财产问题，英国仅表态应当"诉诸法院"，并没有尊重中国的豁免权。6 月，朝鲜战争爆发，中英建交谈判一度搁置。虽然建交谈判并没有取得任何结果，但两国都在建交问题上留有余地，两国间联系的渠道也一直没有间断。

1954 年日内瓦会议期间，英国向中国释放善意，表示愿意改善关系，中国快速予以回应。6 月 17 日，中英达成协议，决定互派代办，建立"半外交关系"。协议指出："中华人民共和国中央人民政府和联合王国政府协议，中华人民共和国中央人民政府派遣代办驻在伦敦，其地位和任务与英国驻北京代办的地位和任务相同。"② 这种代办级半建交的外交外系，也是我国建交史上的创举。但是，由于在台湾问题上，英国始终无法退出以美国为首的资本主义阵营，在联合国投票支持台湾当局，致使两国关系在整个 20 世纪 60 年代停滞不前。

进入 20 世纪 70 年代，随着中国国际地位的提高和影响力的扩大，英国与中国进一步加强关系事宜再次提上日程。英国向中方表达了"不打算再支持关于恢复中华人民共和国在联合国席位问题上需三分之二多数通过的'重要问题'议案"，并保证不支持拖延中华人民共和国代表

---

① 马儒：《新中国与英国建交始末》，《湖北档案》2010 年第 12 期，第 36 页。
② 中华人民共和国外交部档案馆编《中华人民共和国外交档案选编（1954 年）》，世界知识出版社，2006，第 242 页。

进入联合国的程序。1971 年 10 月 25 日，在第 26 届联合国大会第 2758 号决议的表决中，英国第一次投票支持恢复中华人民共和国在联合国的代表权。1972 年 3 月 13 日，中英联合公报宣布："中华人民共和国和联合王国政府一致确认互相尊重主权和领土完整、互不干涉内政和平等互利的原则，决定自 1972 年 3 月 13 日起将本国派驻对方首都的外交代表由代办升格为大使。""联合王国承认中国政府关于台湾是中华人民共和国的一个省的立场，决定于 1972 年 3 月 13 日撤销其在台湾的官方代表机构。""联合王国政府承认中华人民共和国政府是中国的唯一合法政府。""中华人民共和国政府对联合王国的上述立场表示欣赏。"① 至此，中国和英国终于建立全面外交关系，两国关系揭开了新的一页。

"逆条件"承认，在中华人民共和国 70 年外交史上，是与其他国家建交的根本前提，始终坚持如一。这不仅是对国家承认法律制度的创新和发展，更是中国基于自己的根本利益作出的重要选择：任何国家如想与中国建立和维持外交关系，必须遵守在一个中国问题上对中国政府和人民的承诺。

## 第二节　改革开放初期（1978—1990 年）：中国法律外交与发展中国家角色

20 世纪 70 年代末，中国国家角色有了进一步发展和丰富，法律外交发生了转型。一是在国家角色认知方面，中国由不相信世界能够保持持久和平，立足备战备荒和推进世界革命，转向维护世界和平，将现代

---

① 中华人民共和国外交部档案馆编《中华人民共和国外交档案选编（1972 年）》，世界知识出版社，2006，第 313 页。

化作为国家发展目标，在继续坚持自己的社会主义国家角色定位的同时，又进一步明确将中国的国家角色定位为发展中国家，致力于发展与各国友好合作和促进经济快速发展。二是在内部根源方面，由意识形态色彩浓厚转变为更注重国家利益，角色实践从发展革命转变为发展经济。中国清醒地认识到发展才是第一要务，只有把经济搞上去了，综合国力增强了，才能在国际体系中拥有话语权。党的十一届三中全会以后，国内政治生活不再受意识形态斗争的困扰，外交也不再受到意识形态之争的不必要的干扰。中国的法律外交实践更多的是以国家实力为基础，以国家利益特别是经济利益为出发点，致力于同世界各国发展友好关系。三是在法律外交表现方面，由结盟外交转向独立自主外交，由半封闭状态向全面对外开放转变，由反对现存国际体系转向融入、参与国际体系，由发展双边外交向加速发展多边外交转变，探索运用灵活多变的法律外交手段和方式去解决问题，力争建立更加公平合理的国际政治经济新秩序。法律外交转型的直接动力是国家角色由以阶级斗争为纲转变为以经济建设为中心，此次转型也是立足对基本国情、主要矛盾、工作重点等内部根源及时代主题、国际形势等外部根源的再认知作出的决策。当然，这一时期的中美关系、中苏关系也发生了转折，有了更具有外交意义的突破，但本节仅从案例考察角度，选取了两个比较有代表性的法律外交案例进行分析。

## 一、世界银行贷款协议——通过多边外交发展经济

世界银行成立于 1945 年，1946 年 6 月开始营业，是世界上最大的发展援助机构之一，目的是改善成员国的国际收支状况，并促进其经济长期健康发展。中国是世界银行创始成员国之一，但是中华人民共和国成立后，中国在国际货币基金组织的席位一直由台湾当局占据，在长达

31 年的时间里，新中国政府都没有办法行使代表权。新中国成立初期，周恩来曾致电世界银行，声明中华人民共和国政府是代表中国的唯一合法政府，要求恢复中国在国际货币基金组织的代表席位，并将台湾国民党集团予以驱逐，但是并没有得到回应。1971 年，中国恢复了在联合国的合法席位，从法律上来说，在机构上属于联合国一部分的世界银行席位理应一同恢复。然而，世界银行迟迟不执行联大决议。1973 年，中国外交部再次进行了催促，依然没有回音。① 由于受意识形态长期以来的影响，中国在相当长的一段时间里，也将世界银行视为资本主义利益的代表，认为成为世界银行的会员国对中国的利益并不大，同时中国对世界银行的援助和支持并没有迫切的需求。因此，中华人民共和国成立 30 多年来，中国和世界银行并没有太多的交集。

党的十一届三中全会作出了改革开放的重要决定，党和国家将工作重点转移到经济建设上来，实现国内经济快速发展、人民生活水平迅速提高亟须争取国外资金支持、吸收国外先进经验、借鉴国际做法。邓小平在 1978 年 10 月明确表示，"要实现四个现代化，就要善于学习，大量取得国际上的帮助"，"现在是我们向世界各国学习的时候了"。② 中国也逐渐认识到，要实现经济发展和现代化设想，资金和技术是最紧迫的现实问题。中国需要世界银行这个能提供经济和技术援助的国际性金融机构的支持和指导。但是，恢复在世界银行的合法席位的前提条件是首先成为国际货币基金组织的成员国。1979 年，国务院成立指导小组，负责针对中国恢复在国际货币基金组织和世界银行席位开展可行性

---

① 参见《世行与中国：从师徒到伙伴》，《中国周刊》2010 年 11 月 19 日。
② 《邓小平年谱（1975—1997）》（上），中央文献出版社，2004，第 398—399 页。

调研，并将调研的重点聚焦在如何从世界银行国际开发协会获得软贷款。[①] 通过调研，中国对国家申请世界银行贷款的程序和要求进行了了解，得知其中的关键步骤就是世界银行要派员对申请国进行一次经济考察，考察组的专家出具的调研报告结果将决定是否对申请国发放贷款。

1980 年初，调研团向国务院提交了关于恢复国际货币基金组织和世界银行合法席位的程序及安排报告，报告批准后，即以中国银行的名义邀请世界银行行长罗伯特·麦克纳马拉访华，磋商中国恢复世行席位相关事宜。4 月 10—15 日，世界银行行长麦克纳马拉访华，就中华人民共和国恢复在世界银行的席位问题正式进行讨论，邓小平亲自会见并向其解释了我国的改革开放政策，发表了对国际形势的看法，并期待与世界银行展开合作。邓小平讲道："对我们中国来说，考虑问题历来不从中国自身利益一个角度考虑，而是从全球战略来提出问题、考虑问题的。当然，这个考虑是有利于中国的。这就是说，我们需要一个比较长期的和平环境来发展。我们太穷了，要改变面貌。"[②] 邓小平与麦克纳马拉就中国与世界银行的关系达成了共识，双方都认为中国的发展需要世界银行的帮助和支持，世界银行对中国的支持也将有利于其自身及整个国际社会的发展。4 月 14 日，世界银行代表团与我国有关方面达成了备忘录。5 月 15 日，世界银行执行董事会会议决定恢复中华人民共和国政府在世界银行的代表权，并将此决定正式通知我国外交部。至此，我国正式恢复了在世界银行的合法席位。

中国恢复在世界银行的合法席位，对于双方而言都是一个非常重要的事件。对于中国而言，争取世界银行等国际组织的支持和帮助是改革

---

[①]　世界银行由国际复兴开发银行、国际开发协会、国际金融公司、多边投资担保机构和国际投资争端解决中心五个成员机构组成。国际开发协会于 1960 年成立，旨在向最贫困国家的政府提供无息贷款（也称信贷）和赠款。参见 https://www.shihang.org/zh/about，访问日期：2020 年 2 月 9 日。

[②]　《邓小平年谱（1975—1997）》（上），中央文献出版社，2004，第 621 页。

开放特别是对外开放的重要内容。实行改革开放政策，一个关键问题就是选择适合中国的发展道路，融入世界发展环境。国际组织以其丰富的人才优势、国际合作经验以及相对独立的身份，在各国和国际社会之间扮演着沟通、串联的重要角色。恢复在世界银行以及同时在国际货币基金组织的合法席位，是实行开放、兼容发展的一个重要内容，中国把世行作为技术和信息的来源，作为通往外部世界的窗口。[①] 对于世界银行而言，中国是世界上最大的发展中国家，将中国的席位恢复意味着它成为真正意义上的世界的银行，并且有机会向中国介绍技术和市场机制，与中国开展合作。中国的代表权恢复后，我国政府随即向世界银行理事会派出了理事和副理事，确定了驻世界银行的执行董事和副执行董事，并出席了国际货币基金组织和世界银行 1980 年度年会。

1980 年 7 月，世界银行主管东亚和太平洋地区的副行长侯赛因访华，提出拟派一个经济代表团来访，为世界银行与中国进行对话撰写研究报告，进行经济考察。10 月 12 日，考察团抵达北京，全团共 27 人，成员大部分为经济专家、学者和高级工程技术人员，分综合、农业、工业、交通、能源、教育等 6 个组，开始了为期 2 个月的考察。[②] 为了尽可能多地了解中国情况，考察团委托长期从事社会主义国家经济研究的学者撰写相关背景文章，以做参考。中方高度重视世界银行的考察，安排 10 个有关部委负责协调，还专程派员参与工作。[③] 考察团的主要目的就是对我国经济状况和发展形势进行全面了解，以便世界银行确认中国是否符合使用国际开发协会软贷款的条件，从而对中国制定贷款计划。

---

① Operations Evaluation Department, *World Bank China: An Evaluation of World Bank Assistance* (Washington, D. C. , 2004), p. 5.
② 参见谢世清：《中国与世界银行合作 30 周年述评》，《宏观经济研究》2011 年第 2 期。
③ 中国十分珍惜向世界银行学习的机会，由财政部负责协调安排考察团的全部活动，国家计委和国家统计局、农业部、交通部和铁道部、教育部、国家经委、电力部和煤炭部分别负责考察团所对应的综合经济组、农业组、交通组、教育组、工业组、能源组的联络协调。

当时，由于中国的信息公开程度很低，考察团无法详细了解中国的经济发展水平。在邓小平的支持下，中国打破了原有观念和障碍，提供了充足的资料，为考察团准确地了解中国经济情况、起草报告奠定了基础。①

根据世界银行的援助贷款程序，考察团对被考察国进行全面深入的经济考察后，需要将初稿送交被考察国政府征求意见，经过修改后再正式提交世界银行执行董事会，据此讨论确定是否可以给予被考察国无息优惠贷款，并进行长期贷款规划。考察团在中国期间，共考察了北京、天津、上海和甘肃、广东、新疆、浙江等19个省、自治区、直辖市，参观了相关工程和农村发展情况，这些地方涵盖了我国经济发展不同层次的东、中、西部以及少数民族地区，充分考虑了沿海和中西部贫困地区的广泛性与代表性。经过广泛考察和反复讨论，1981年6月，考察团提交了《对中国经济的考察报告》，包括一个主报告《中国：社会主义经济的发展》及8个附件：（1）《统计制度和基本资料》；（2）《人口、卫生和营养》；（3）《农业》；（4）《工业》；（5）《能源》；（6）《交通运输》；（7）《教育》；（8）《外贸和外资》。② 世界银行的报告，详细地梳理了中华人民共和国成立以来的经济发展脉络，探寻了背后的深刻历史原因，肯定了中国在工业化和消灭贫穷两个目标上的巨大进展，也分析了存在的问题，对改革开放的调整和改革进行了评述，也对中国20世纪80年代的发展前景进行了展望。考察报告指出，总体而言，80年代的中国经济发展和其他发展中国家一样，将会处于一个困难的时期。中国的发展途径也会受到很多方面限制，但是政府如果能把人民的才智、努力和纪律这一巨大财富同提高各种资源使用效率的一系列政策结

---

① 王丙乾：《中国财政60年回顾与思考》，中国财政经济出版社，2009，第500页。
② 其中，主报告《中国：社会主义经济的发展》除了摘要和结论外，包括中国的传统、经济体制、国民收入的增长和贫困的减低、各部门的发展和问题、调整和改革、80年代的前景和选择等6大部分，共129条。

合起来，中国就将能在大约一代人的时间里，大大提高本国人民的生活水平。① 考察报告最终得出结论——世界银行可以也应当向中国提供贷款。

报告通过不久，世界银行就向中国发放了第一笔签约项目的贷款，为中国的大学发展计划项目拨付了 2 亿美元，至此拉开了中国通过世界银行贷款开展项目合作的序幕。此后，世界银行与中国的签约项目全面展开，逐渐遍布中国的绝大多数省份，并且深入各个领域，平均年签约项目超过 10 个，平均年贷款额超过 12 亿美元。② 当然，中国与世界银行的合作，除了获得中国经济发展所需要的援助贷款用以弥补发展面临的资金缺口，更重要的意义在于丰富和帮助中国吸收了国际上最先进的发展理念、管理知识和经验技术，为中国的现代化建设锻炼和培养了一大批从事经济工作的优秀人才，具有十分深刻的意义。

一是世界银行肯定了中国政府致力于改革开放和发展经济的决心。世界银行通过对中国进行经济考察后提交的报告，客观反映了新中国成立以来的建设成绩，肯定了中国政府改革开放的决心，对中国的经济发展前景做了科学预测，并提议在此基础上开展与中国的全方位合作，用实际行动向国际社会表明对中国改革开放的认同和接纳。可以说，世界银行撰写的考察报告是新中国成立以来，国际性、权威性经济组织第一次对中国的经济分析，国际社会高度关注，以期从中判断中国经济的现状和未来发展趋势。世界银行与中国的合作，消除了很多国家对中国和平发展的顾虑，极大改善了中国的外部经济环境。

二是拓宽了中国通过贷款协议这种国际条约法律的适用来发展经济的新模式。世界银行并不是一家常规意义上的银行，它作为首要的国际

---

① 参见世界银行经济考察团编著《中国：社会主义经济的发展》，财政部外事财务司组织译校，中国财政经济出版社，1982，第 196—204 页。

② 张鑫琦：《世界银行对华战略调整及我国对策研究》，《赤子》2001 年第 4 期，第 33 页。

开发银行，不以营利为目的，以帮助发展中国家发展经济、扶贫济困为己任，通过提供低息或无息的贷款或赠款，发展借款国的教育、基础设施、环境和自然资源管理投资等项目，是超出一般银行意义之上的国际特殊金融机构。① 为了实现其宗旨，世界银行需要在其职责范围内与成员国等各种国际法主体进行经济交往活动，而开展活动的基础是必须在活动领域具备必要的法律地位，也就是说，世界银行是具有国际法律人格的国际法主体。它与中国签订的国际贷款协议是双方就借贷事宜达成的、明确相互间权利和义务的基本法律文件，② 是国际条约的一种表现形式。③ 中国与世界银行合作之初以及在长达近40年的合作过程中，项目贷款一直都是以世界银行对中国开展援助为主要模式，而且在以后也将继续沿用这种模式。④ 通过世界银行贷款项目这一重要模式，中国不断将先进的管理制度、成熟的运营模式、规范的企业机制引进中国，加速了中国的市场经济体制改革进程，也为中国探索通过国际规则实现本国利益积累了有益经验。

三是对完善中国参与国际组织的法律法规制度和国内法提供了巨大帮助。首先是促进中国融入世界经济，协助中国政府应对加入世界贸易组织的相关法律挑战。世界银行在设计和执行与贸易相关的法律、法规方面向中国提供建议，协助中国政府履行加入 WTO 的具体承诺。通过正在执行的经济法改革项目，为中国政府有关部门提供帮助，确保大量的商业法律符合 WTO 要求，这在一定程度上帮助中国履行了 WTO 项下

---

① 何曼青、马仁真：《世界银行集团》，社会科学文献出版社，2004，第50页。

② 张长龙：《国际金融公司治理机制的法律问题研究》，武汉大学出版社，2010，第183页。

③ 曾长期任世行法律顾问的阿隆·布罗什（Aron Broches）认为："在分析世界银行与其成员国签订的贷款协议的法律性质问题上……我的结论是，它们是由国际法约束的国际协定。这个结论成立的前提，是世界银行有资格成为国际协定的当事方，即所谓具备缔约能力。缔约能力被认为是国际人格的一个特征。"参见 Aron Broches, *World Bank, ICSID, and Other Subjects of Public and Private International Law* ( Hague: Martinus Nijhoff Publishers, 1994), p. 13.

④ 刘音：《多边开发银行政策贷款条件性的国际法问题研究》，云南美术出版社，2010，第14页。

的总体义务，给中国经济在法律框架下增长带来了强大的推动力。同时，加强对公共法律部门的指导和帮助。在经济法改革项目中，世界银行帮助中国政府建立和实施了律师和法院统一考试制度，对中国国家法官学院的课程进行改革，开展法院管理改革，并推动建立了面向公众的网上法律信息系统。① 此外，世界银行帮助中国加强了环境立法和监管框架，并帮助中国加强法律法规监督和实施的能力建设。

四是推动了中国多边外交的开展。恢复世界银行和国际货币基金组织合法席位之后，中国从中获得了大量的贷款，也对与第三世界国家的关系有了新的认识。中国改变了过去一味"给予"的做法，与发展中国家建立了在"平等互利、讲求实效、形式多样、共同发展"思想原则基础上的新型互利合作关系，强调以中国的国家利益作为发展多边外交的标准，也在联合国等多边外交场合注重给予第三世界以道义上的支持。② 从中国恢复世界银行合法席位到 1990 年的 10 年中，中国在多边外交的各个领域都非常活跃，先后加入了 16 个政府间国际组织和近 600 个非政府间国际组织，参加了 80 多个重要的国际公约。③ 可以说，中国参与的多边外交领域扩大了，同多边组织的合作越来越有成效，中国在国际组织中的地位越来越重要，在中国举行的国际会议等多边外交活动也有了明显的增加。④

--------

① 网上法律信息系统域名 www. chinalaw. gov. cn，现已成为中华人民共和国司法部的官方网址。参见司法部档案室，访问日期：2019 年 11 月 20 日。

② 塞缪尔·金（Samuel Kim）认为，中国为了国家利益在世界银行等国际组织中同第三世界争贷款、争项目表明中国放弃了支持第三世界的做法。但是，从中国始终坚持和平共处的社会主义国家原则和和平发展角色上看，这种做法属于正常的国家间交往的行为。参见 Samuel Kim, "China's International Organizational Behavior," in *Chinese Foreign Policy: Theory and Practice*, eds. Thomas Robinson and David Shambaugh (Oxford: Clarendon Press, 1994), pp. 401–434。

③ Samuel Kim, "China's International Organizational Behavior," in *Chinese Foreign Policy: Theory and Practice*, eds. Thomas Robinson and David Shambaugh (Oxford: Clarendon Press, 1994), p. 406；谢益显：《中国外交史：中华人民共和国时期（1979—1994）》，河南人民出版社，1995，第 217 页。

④ 田曾佩：《改革开放以来的中国外交》，世界知识出版社，1993，第 540 页。

## 二、"一国两制"——从政治构想到法律制度

"一国两制"作为一种解决历史遗留问题、实现国家统一的政治构想，最初是针对台湾问题提出来的。1979 年元旦，全国人大常委会发表《告台湾同胞书》，宣布了和平解决台湾问题的政策。1981 年 9 月 30 日，全国人大常委会委员长叶剑英发表谈话，将和平统一祖国的政策方针具体化，简称"叶九条"。① 1982 年 1 月，邓小平在会见美国华人协会主席李耀滋时说："九条方针实际上是一个国家，两种制度，两种制度是可以允许的，他们不要破坏大陆的制度，我们也不要破坏他那个制度。"② "一国两制"的提出，体现了从"解放台湾"到和平统一的理念转型，引起了国际和国内的广泛关注。

"一国两制"的概念包含了三个核心问题：一是解决方式是和平谈判；二是解决路径是在台湾设立特别行政区；三是制度方面要保持台湾现行制度基本不变。但是，这三个问题都与国家宪法的规定密切相关，必须获得宪法的确认。1949 年的《共同纲领》第二条明确规定："中华人民共和国中央人民政府必须负责将人民解放战争进行到底，解放中国

---

① 具体包括：1. 举行两党对等谈判，共同完成祖国统一大业。2. 双方共同为"三通"和探亲、旅游以及学术、文化、体育交流提供方便，达成协议。3. 国家实现统一后，台湾可作为特别行政区，享有高度的自治权，并可保留军队。中央政府不干预台湾地方事务。4. 台湾现行社会、经济制度不变，生活方式不变，同外国的经济、文化关系不变，私人财产、房屋、土地、企业所有权、合法继承权和外国投资不受侵犯。5. 台湾当局和各界代表人士，可担任全国性政治机构的领导职务，参与国家管理。6. 台湾地方财政遇有困难时，可由中央政府酌情补助。7. 台湾各族人民、各界人士愿回祖国大陆定居者，保证妥善安排，不受歧视，来去自由。8. 欢迎台湾工商界人士回祖国大陆投资，兴办各种经济事业，保证其合法权益和利润。9. 欢迎台湾各族人民、各界人士、民众团体通过各种渠道，采取各种方式提供建议，共商国是。参见叶剑英：《关于台湾回归祖国，实现和平统一的方针政策》，载中共中央文献研究室编《一国两制重要文献选编》，中央文献出版社，1997，第 6 页。

② 中共中央文献研究室编《邓小平思想年谱》，中央文献出版社，1998，第 212 页。

全部领土，完成统一中国的事业。"① 1954 年《宪法》是中华人民共和国第一部社会主义宪法，也将武装解放的概念明确写入其中，在第二十条明确规定："中华人民共和国的武装力量属于人民，它的任务是保卫人民革命和国家建设的成果，保卫国家的主权、领土完整和安全。" 1978 年《宪法》是在"文化大革命"结束后不久制定的，还没有完全摆脱"左"的束缚，关于台湾问题，在序言中进行了明确说明："台湾是中国的神圣领土。我们一定要解放台湾，完成统一祖国的大业。" 1978 年底召开的党的十一届三中全会，重新确立了实事求是的思想，决定把全党工作重心转移到社会主义现代化建设上来。因此，1980 年 8 月 30 日，中共中央向第五届全国人大第三次会议主席团提出《关于修改宪法和成立宪法修改委员会的建议》，"一国两制"的方针也被纳入考虑之中。

1982 年 11 月 26 日，宪法修改委员会副主任委员彭真在第五届全国人民代表大会第五次会议上作的《关于中华人民共和国宪法修改草案的报告》中指出：叶剑英同志发表谈话指出，实现和平统一后，台湾可作为特别行政区，享有高度的自治权。这种自治权，包括台湾现行社会、经济制度不变，生活方式不变，同外国的经济、文化关系不变等等。考虑到这种特殊情况的需要，宪法修改草案第三十一条规定："国家在必要时得设立特别行政区。在特别行政区内实行的制度按照具体情况由全国人民代表大会以法律规定。"在维护国家的主权、统一和领土完整的原则方面，我们是决不含糊的。同时，在具体政策、措施方面，我们又有很大的灵活性，充分照顾台湾地区的现实情况和台湾人民以及各方面人士的意愿。这是我们处理这类问题的基本立场。② 1982 年 12 月 4 日，

---

① 《人民日报》1949 年 9 月 30 日。

② 彭真：《关于中华人民共和国宪法修改草案的报告》，中国政府网，https://www.gov.cn/test/2008-03/11/content_916799.htm，访问日期：2024 年 8 月 14 日。

全国人民代表大会通过的八二宪法，在序言中删去了"解放台湾"的提法，明确规定："台湾是中华人民共和国的神圣领土的一部分。完成统一祖国的大业是包括台湾同胞在内的全中国人民的神圣职责。"① 同时，增加了第三十一条并将上述条款写进了宪法，并在第六十二条关于全国人民代表大会职权的规定中，规定"（全国人民代表大会）决定特别行政区的设立及其制度"，标志着"一国两制"被正式写入宪法，成为国家最高法律。可以说，这是"一国两制"由政治构想到法律制度的一个质的飞跃。

但是，"一国两制"的成功应用及实践，还是从解决香港问题上得到了突破。1898 年，英国殖民统治者强迫清政府签订了《展拓香港界址专条》，强行租借新界，租期为 99 年，到 1997 年 6 月 30 日期满。在 1979 年 3 月，时任香港总督麦理浩访华，向中国政府提出了 1997 年到期的香港土地批租契约问题，试探中国政府对香港问题的立场和态度。中国政府表示，这个问题应与整个香港的主权问题一起解决。邓小平郑重指出："我们把香港作为一个特殊地区、特殊问题来处理，到了 1997 年，香港问题不管如何解决，香港的特殊地位都可以得到保证，就是在本世纪和下个世纪初相当长的时期内，香港可以搞它的资本主义，我们搞我们的社会主义，因此请各国投资者放心。"② 此后，邓小平对"一国两制"的内涵进行了多次阐述，发表了香港回归后"现行的社会、经济制度不变，法律基本不变，生活方式不变，香港自由港的地位和国际贸易、金融中心的地位不变"、"港人治港"、中国政府对香港的政策"50 年不变"等一系列观点。③

① 《中华人民共和国宪法》（单行本），中国法制出版社，2004。
② 参见"一国两制"与香港基本法课题组：《"一国两制"与香港基本法》，《法学研究》1997 年第 3 期。
③ 《邓小平关于建设有中国特色社会主义的论述专题摘编》，中央文献出版社，1992，第 309 页。

1982 年 9 月 24 日，邓小平在会见英国首相撒切尔夫人时，正式向英国政府阐明了中国政府对香港问题的具体立场，他当面指出："我们对香港问题的基本立场是明确的，这里主要有三个问题。一个是主权问题；再一个问题，是 1997 年后中国采取什么方式来管理香港，继续保持香港繁荣；第三个问题，是中国和英国两国政府要妥善商谈如何使香港从现在到 1997 年的 15 年不出现大的波动。关于主权问题，中国在这个问题上没有回旋余地。坦率地说，主权问题不是一个可以讨论的问题。现在时机已经成熟了，应该明确肯定：1997 年中国将收回香港。就是说，中国要收回的不仅是新界，而且包括香港岛、九龙。中国和英国就是在这个前提下来进行谈判，商讨解决香港问题的方式和办法。"①会见中确立的解决香港问题的基本方针、原则和立场，为中国在两国政府的谈判中掌握主动权打下了坚实的基础。1984 年 9 月 18 日，经过 12 轮谈判，双方就全部问题达成了共识。9 月 26 日，中英两国在北京人民大会堂草签了关于解决香港问题的《联合声明》及三个附件，标志着香港问题得到了圆满的解决。12 月 19 日，中英两国政府首脑在北京正式签署了关于香港问题的联合声明。1985 年 5 月 27 日，两国政府在北京互换批准书，《中英联合声明》正式生效。随后，中英两国将协议向联合国进行了备案，意味着"一国两制"从政治构想到国内法律，再延伸到外交承诺，具有了国际法意义和约束效力。

"一国两制"作为一种新型国家学说理论，是中国特色社会主义国家制度的重要组成部分。在香港问题上的成功实践，使"一国两制"在法律地位上实现了从政治构想到执政党方针，从政府决策到外交政策，从国家意志到宪法法律的提升；从法律效力上，实现了从政策到法律，从国内法到双边协议，再到国际法规则的扩大。从国家角色上来看，

---

① 《邓小平文选》（第三卷），人民出版社，1993，第 12 页。

"一国两制"是通过内部根源和外部根源的重新认知，对国家利益重新定位而进行的法律行为，维护了国家利益，重塑了国家角色。这种按照宪法治理国家的政治形态具有重要的意义。

首先，"一国两制"体现了中国对资本主义的再认识，以及对资本主义与社会主义两种不同社会制度关系的重新定位，是中国对社会主义国家角色认知的反思和发展中国家角色的必然要求。在完整的世界政治体系之中，不同的社会制度如何共处发展，会不会造成国家整个社会制度的混乱，都需要新中国进行思考。1978 年，中国开始实行改革开放政策，对资本主义的认识在不断地更新、调整。邓小平指出："我们过去有一段时间，向先进国家学习先进的科学技术被叫作'崇洋媚外'。现在大家明白了，这是一种蠢话。我们派了不少人出去看看，使更多的人知道世界是什么面貌。关起门来，故步自封，夜郎自大，是发达不起来的。"[①] 在对资本主义制度重新认识的基础上，新中国对资本主义和社会主义的关系也进行了新的定位。虽然资本主义和社会主义有对抗的一面，但也有合作的一面。"现在的世界是开放的世界"，"建设一个国家，不要把自己置于封闭状态和孤立地位。要重视广泛的国际交往，同什么人都可以打交道"。[②] 谋求国内经济发展的社会主义中国需要资本主义的先进技术和管理模式，需要资本主义的资金支持和借鉴其发展方式。而资本主义也需要社会主义中国广阔的市场、优质的劳动力。随着世界经济一体化的发展，合作成为两种制度共同的需求。中国认识到了这种关系发展的趋势，并及时地进行了角色调整。

其次，"一国两制"是符合港澳台现状的必然选择。尽管香港、澳门和台湾问题产生的历史原因完全不同，但它们有着非常相似的现实情况，是影响中国角色内部根源变化的客观条件。香港在英国的殖民治理

---

① 《邓小平文选》（第二卷），人民出版社，1993，第 132 页。
② 《邓小平文选》（第三卷），第 64、260 页。

下已经形成了一套比较有效的经济运行机制，是世界著名的自由贸易港和金融中心。台湾对资本主义制度的认同度很高，资本主义制度已在岛内扎根成形，更重要的是，尽管台湾是中国的内政问题，但它有着相当复杂的外部因素。新中国政府充分认识到了这一客观实际，着眼现实去解决问题。邓小平指出，"一国两制""这个构想是在中国的实际情况下提出来的"，具体到香港问题，"我们采取'一个国家，两种制度'的办法解决香港问题，不是一时的感情冲动，也不是玩弄手法，完全是从实际出发的，是充分照顾到香港的历史和现实情况的"。①

再次，通过"一国两制"的法律方式解决国家统一问题，可以改变国际社会对中国的角色认知，也符合国家利益。宪法是国家的根本大法，将"一国两制"入宪，使这一方针政策上升成为国家意志，拥有了最高的法律权威。由于"文革"期间我国对世界形势估计有误，以及一些国际交往中的行为，使当时世界上很多国家认为中国是一个好战的国家，敌对分子对此大加鼓吹。邓小平也承认，"在国际上有人认为中国是'好战'的"。② 因此，通过用和平方式解决祖国统一问题，也是要让世界各国看到中国人民和中国政府对和平的热爱，改变外部世界对我国"好战国家"的认知。要通过"一国两制"的制度实践，证明"中国现在是维护世界和平和稳定的力量，不是破坏力量。中国发展得越强大，世界和平就越靠得住"。③

最后，"一国两制"拓展了解决国际争端的途径和方式，是新中国对尚处于分裂状态国家建设的极大贡献。"一国两制"适应了国际社会和平与发展的时代主题，为解决国际争端提供了有效有力的解决方法。正如邓小平所说，"世界上一系列争端都面临着用和平方式来解决还是

① 《邓小平文选》（第三卷），第60、101页。
② 《邓小平文选》（第三卷），第104页。
③ 《邓小平文选》（第三卷），第104页。

用非和平方式来解决的问题。总得找出个办法来，新问题就得用新办法来解决"。"解决国际争端，要根据新情况、新问题，提出新办法。'一国两制'，是从我们自己的实际提出来的，但是这个思路可以延伸到某些国际问题的处理上。"① 20 世纪 80 年代，武力仍然是国际冲突最常见的解决方式，地区武装冲突时有发生，"一国两制"首次在国内法领域提出两种对立的制度"和平共处、长期共存、共同发展"，从而提供了可以复制的中国方案。"根据中国自己的实践，我们提出'一个国家，两种制度'的办法来解决中国的统一问题，这也是一种和平共处……和平共处的原则不仅在处理国际关系问题上，而且在一个国家处理自己内政问题上，也是一个好办法。"②

20 世纪 70 年代末到 80 年代末的 10 年，是中国国家角色发生转型的 10 年。可以说，这一阶段的法律外交，是以对国家角色内部根源、外部根源和他者预期的重新认识为基础，结合基本国情、国内外主要矛盾、时代主题和国际形势变化，对国家角色行为的再调整的结果。

# 第三节　冷战后（1991 年至今）：
# 中国法律外交与负责任大国角色

冷战结束后，中国的影响力进一步扩大。20 世纪 90 年代是全球化浪潮汹涌的时代，在全球化的推动下，国际社会开始步入转型期，国际关系的主旋律由冲突转向合作。也是从此开始，中国经济快速发展，中国国际地位和作用日益增强。2019 年全年，中国国内生产总值近百万亿

---

① 《邓小平文选》（第三卷），第 59、87 页。
② 《邓小平文选》（第三卷），第 96 页。

元，稳居世界第二位，人均 GDP 首次迈上 1 万美元的新台阶。① 2020 年，中国国内生产总值首次突破 100 万亿元大关。② 如何成为被国际社会接受、让国际社会放心的大国成为中国战略的重点，确保独立自主与获得国际社会的认可构成中国的基本思考点。③ 20 世纪 90 年代中期，中国明确倡导以"互信、互利、平等、协作"为核心的新安全观，开始在国际舞台上扮演新角色并树立新形象。也正因如此，"中国威胁论"开始出现并蔓延。显然，"中国威胁论"有不同的情况，个别国家制造并散布这一谬论，具有险恶的政治用心。但多数发展中国家主要基于担心和疑虑，也因为感受到了来自中国快速发展的压力。所以，除揭露少数国家的险恶用心以外，有必要更深入地做"释疑解惑"的工作，以中国新角色、新形象及外交上的实际行动继续改善国际环境。特别是进入 21 世纪，国际社会对中国的关注程度进一步加强，中国在国际上树立了"和平、发展、合作"这一负责任大国的形象，扮演"参与、遵守、改造"的积极角色，倡导国际格局多极化，推动国际关系民主化、世界文明多样性和新安全观的建立，努力推动国际秩序朝着更加公正合理的方向发展，努力在维护世界和平与促进各国共同发展方面发挥积极作用，从而提升负责任大国的形象。本节从负责任大国的国家角色认知出发，分析国际社会对中国负责任大国角色的认知以及中国对自身角色的认知，分析中国如何在多边机制中逐渐成为制度的推动者、议题的设置者和规则的建立者。

---

① 《2019 年全年我国 GDP 为近百万亿元，稳居世界第二位》，《人民日报》2020 年 2 月 3 日。

② 新华社：《权威快报　2020 年中国 GDP 首超 100 万亿元》，新华网，2021 年 1 月 18 日，http://www.xinhuanet.com/fortune/2021-01/18/c_1126994121.htm，访问日期：2021 年 1 月 30 日。

③ 叶自成、李红杰主编《中国大外交——折冲樽俎 60 年》，当代世界出版社，2009，第 589 页。

## 一、负责任大国——角色期诗与角色认知

20 世纪 90 年代末，亚洲金融危机爆发。中国虽然没有直接遭受冲击，但也在外资引进、进出口贸易等方面遇到了改革开放以来前所未有的挑战。金融危机中，中国沉着应对，坚定地宣布人民币不贬值，给国际社会注入了强劲信心，并且积极利用世界银行、国际货币基金组织等国际机制帮助亚洲国家走出经济困境，不仅展示了自身的经济实力和处理国际经济危机的能力，也体现了负责任大国的态度。中国负责任大国的形象开始建立。此后，中国在如何发挥负责任大国作用这一问题上进行了积极的探索，先后提出了"建立公正合理的国际政治经济新秩序""树立互信、互利、平等和协作的新安全观""推动建设持久和平、共同繁荣的和谐世界"[1] 等一系列主张，为中国构建"负责任大国"形象指明了方向。

从国际法角度上看，负责任是一个法律概念，是国家根据自身实力和情况，通过一定的承诺或实践，主动进行作为的一种形式。它意味着该国需要承担的责任至少是维护世界体系和国际社会的制度，并且愿意为此承担义务、付出代价。[2] 但是，由于每个国家履行国际责任的实际情况、对负责任的理解并不相同，因此，对负责任的标准并没有统一的规定。国际关系学者富特按照历史发展，将负责任大国分为三个阶段，

---

① 参见江泽民：《高举邓小平理论伟大旗帜，把建设有中国特色社会主义事业全面推向二十一世纪——在中国共产党第十五次全国代表大会上的报告》，http://www.gov.cn/test/2007-08/29/content_730614.htm；江泽民：《全面建设小康社会，开创中国特色社会主义事业新局面——在中国共产党第十六次全国代表大会上的报告》；胡锦涛：《高举中国特色社会主义伟大旗帜　为夺取全面建设小康社会新胜利而奋斗——在中国共产党第十七次全国代表大会上的报告》，http://cpc.people.com.cn/GB/64162/64168/106155/106156/6430009.html，访问日期：2020 年 4 月 7 日。

② 王缉思：《中国的国际定位问题与"韬光养晦，有所作为"的战略思想》，《国际问题研究》2011 年第 2 期，第 39 页。

第一个阶段是二战之前，负责任意味着国家之间互相尊重主权，认同他国的国家独立行为，不干涉他国事务；第二个阶段是二战结束至冷战前，负责任意味着相互依存的强国对现有国际秩序的维护和巩固；第三个阶段是冷战结束后，负责任大国的内涵和外延进一步扩大，负责任大国不仅关注国家对外战略，还要加强对国内社会的关注。①

负责任大国的提出，既有国内因素的影响，也有国际因素的影响，是国内国际因素双重作用的结果。从国际层面看，随着经济全球化和世界多极化的发展，中国作为最大的发展中国家和新兴经济体，在全球有着广泛的利益。但是，恐怖主义、环境危机、贫富差距等世界性问题也甚嚣尘上，国际社会开始呼吁"全球治理"，希望各国都在解决全球性问题方面贡献自己的力量。同时，基于对中国快速发展的担忧，国际社会上开始出现"中国威胁论""中国责任论"等一系列不友善的声音。2005年9月，美国副国务卿罗伯特·佐立克指出，美国过去30年的对华接触政策已经成功地将中国融入了国际体系，但是新的形势要求美国不能再简单地停留在接触政策上，而是应当促使中国成为"负责任的利益攸关方"，从而减少西方大国维护国际体系稳定的制度成本。② 为了避免国际社会和其他国家对中国的猜测和误解，中国有必要主动发声，以积极承担一定的国际责任、融入国际社会等方式，参与全球治理体系建设过程。从国内层面看，随着中国对外部世界的了解越来越深入，中国逐渐认识到，随着国家经济社会的发展，中国对国际社会的影响力逐渐增强，不能再简单地或被动地融入国际社会，而应当根据自身的国家利益积极主动地营造和平发展的环境。自觉承担国际责任和义务，建立以

①　转引自童超：《负责任大国视域下中国的外交选择》，硕士学位论文，延边大学，2016，第10—11页。

②　Robert B. Zoellick, "Whither China: From Membership to Responsibility? Remarks to National Committee on U. S. -China Relations," New York City, in U. S. Department of State Archive, September 21, 2005, accessed April 7, 2020, https://2001-2009/state. gob. s/d/former/zoellick/rem/53682. htm.

互利共赢为基础的伙伴关系，加强在国际社会中的领导力，主动参与全球治理体制，不仅有利于消除其他国家对中国崛起的担忧，也有利于加强自身与国际社会的互信，"这是对崛起大国的必然要求，也是中国在崛起过程中的必要选择"。①

　　从中国共产党历次全国代表大会的报告中不难看出，积极承担国际责任是新中国外交的一贯选择。新中国成立初期，毛泽东就庄严宣布："我们的总任务是：团结全国人民，争取一切国际朋友的支援，为建设一个伟大的社会主义国家而奋斗，为保卫国际和平和发展人类进步事业而奋斗。"② 党的十二大报告指出："我国是有十亿人口的大国，应当对世界有较大的贡献，人们也理所当然地对我们抱有期望。但是我们已经做的比我们应当做的还差得很远。我们要作出更大的努力，加强自己的建设，以便为维护世界和平、促进人类进步发挥应有的作用。"③ 江泽民在党的十四大报告中指出："面对新的国际形势，中国共产党、中国政府和中国人民将继续积极发展对外关系，努力为我国的改革开放和现代化建设争取有利的国际环境，为世界的和平与发展作出自己的贡献。"④ 党的十七大上，胡锦涛明确提出了中国在国际社会发挥建设性作用的意愿，他指出中国"将继续积极参与多边事务，承担相应国际义务，发挥建设性作用，推动国际秩序朝着更加公正合理的方向发展"。⑤ 党的十八

---

　　① 李正国：《国家形象构建》，中国传媒大学出版社，2006，第66—69页。
　　② 毛泽东：《为建设一个伟大的社会主义国家而奋斗》，《人民日报》1954年9月16日，第1版。
　　③ 胡耀邦：《全面开创社会主义现代化建设新局面——在中国共产党第十二次全国代表大会上的讲话》，中国政府网，www.gov.cn/test/2007-08/28/content_729792.htm，访问日期：2024年8月15日。
　　④ 江泽民：《加快改革开放和现代化建设步伐　夺取有中国特色社会主义事业的更大胜利——在中国共产党第十四次全国代表大会上的讲话》，载《十一届三中全会以来历次党代会、中央全会报告公报决议决定》（上册），方正出版社，2008，第454页。
　　⑤ 胡锦涛：《高举中国特色社会主义伟大旗帜　为夺取全面建设小康社会新胜利而奋斗——在中国共产党第十七次全国代表大会上的报告》，http://cpc.people.com.cn/GB/64162/64168/106155/106156/6430009.html，访问日期：2020年4月7日。

大以来，以习近平同志为核心的党中央经过不断探索，极大地丰富了负责任大国的外交理论和实践，相继提出了建设新型大国关系、构建人类命运共同体等具有时代特征的外交理念。在党的十九大报告中，习近平强调，"中国秉持共商共建共享的全球治理观，倡导国际关系民主化，坚持国家不分大小、强弱、贫富一律平等，支持联合国发挥积极作用，支持扩大发展中国家在国际事务中的代表性和发言权。中国将继续发挥负责任大国作用，积极参与全球治理体系改革和建设，不断贡献中国智慧和力量"。① 当前，中国已经将自身的发展与国际社会的发展紧密结合在了一起，更加积极地承担应有的国际责任，关注世界各国的共同发展，参与引领对全球性问题的解决，体现出了中国作为负责任大国的自信和胸怀。

## 二、负责任大国的角色实践

自中国提出要做国际社会中的负责任大国以来，中国已经在诸多国际问题上贡献了智慧和力量，并且得到了越来越多国家的认可。同时，也面临着诸多挑战，需要在实践中继续探索发展。

在经济领域，中国始终保持着稳定高速增长，是仅次于美国的世界第二大经济体。中国连续多年对世界经济的贡献率超过30%。2008年美国次贷危机和欧债危机爆发，中国为全球经济稳步前进提供了重要助力。特朗普执政后，奉行贸易保护主义，对中国发起了贸易战，严重阻碍了世界经济复苏的脚步，而中国却郑重承诺中国会坚持对外开放，而

---

① 习近平：《决胜全面建成小康社会　夺取新时代中国特色社会主义伟大胜利——在中国共产党第十九次全国代表大会上的报告》，《人民日报》2017年10月19日。

且开放的大门不会关闭，只会越开越大。① 同时，中国大力倡导并与其他国家和国际组织协商确立了合作框架下的多边贸易体制，提出了"一带一路"倡议，为世界经济持续发展提供技术、资金和经验支持。

在政治领域，中国始终是和平共处五项原则的坚定执行者和捍卫者。冷战结束后，以美国为首的西方国家在全球范围内推行霸权政治，进行粗暴干涉。对于西方国家借"人权""民主"名义干涉他国内政、颠覆政权的行径，中国政府予以发声制止。② 中国坚持相互尊重、平等相待、合作共赢、共同发展的原则，主动加强与世界各国的交流，从价值理念、发展方向、双边合作等各个方面增进沟通和理解，凝聚了政治共识。

在安全领域，当今国际社会的总体安全形势虽然趋于稳定，但依然有部分地区偶发武装冲突，涉及主权安全、领土纷争的传统威胁依然十分突出；恐怖主义、大规模杀伤性武器扩散，以及能源安全和气候变化等带来的非传统安全威胁日益上升，网络安全、太空安全、海洋安全成为世界各国关注的新领域。③ 中国政府表明了坚决遵守《联合国宪章》宗旨和原则及冲突解决规则的立场，重视发挥在多边机构中的主导、协商、沟通、斡旋的作用，为解决传统安全和非传统安全危机提供中国方案和智力支持，同时，发挥中国的区域大国作用，对在亚洲地区可能发生的安全冲突和对抗进行预防、调解，推动和平解决各方争议。

随着中国的不断发展和实力的不断增强，中国将更加积极地维护国

---

① 《习近平出席博鳌亚洲论坛 2018 年年会开幕式并发表主旨演讲》，《人民日报》2018 年 4 月 11 日，第 1 版。

② 如在缅甸若开邦罗兴亚人问题上，中国表达了强烈反对干涉缅甸内部事务的立场，并在联合国安理会草拟决议中投下反对票，鼓励有关各方积极对话、通过政治方式解决，避免武力冲突下矛盾极端化，为和平解决罗兴亚难民问题提供了可能性。参见程国花：《负责任大国：世界的期待与中国认知》，《社会主义研究》2018 年第 6 期，第 126 页。

③ 蒋振西：《"全球治理"的中国视角》，《和平与发展》2015 年第 2 期，第 5—6 页。

际社会赖以生存和发展的国际准则和规范，推动国际关系朝着更加公正、合理、民主的多极化方向发展。[1] 同时，需要注意的是，对于负责任大国的理解，还应当把握两个关键点。一个是负责任大国的立足点仍在国内。国内的稳定是中国履行国际责任、发挥负责任大国作用的前提，应当把握好国内政治经济发展的重心，为更好地履行负责任大国的角色义务和角色职责创造安定、稳定、繁荣的环境。同时，还应看到中国发展中国家角色和负责任大国角色的密切联系。中国作为世界上最大的发展中国家，在履行国际义务、扮演负责任大国角色的同时，还肩负着世界其他发展中国家对国际政治舞台上中国责任的期待。但是，当前国际社会政治经济制度规范的话语权还大部分掌握在西方发达国家手中，中国要想发挥大国主导、引领、"负责任"作用难免会发生力不从心的情况。因此，中国要想成为在全球范围内真正意义上的负责任大国，就必须坚定地代表世界各国最广泛的利益，以实现更多发展中国家的共同利益为目标，通过主动参与和构建适应新时代、新形势、新格局、新发展需要的地区以及国际性组织等方式，不断增强话语权，提升在国际体系中的地位，扩大在国际社会中的美誉度。

---

① 程国花：《负责任大国：世界的期待与中国认知》，《社会主义研究》2018 年第 6 期，第 130 页。

# 第三章

# 冷战后的中国法律外交与社会主义国家角色

　　本章考察了冷战后中国法律外交与社会主义国家角色的互动。冷战后，中国继续坚持社会主义国家角色，如前所述，社会主义国家角色带有明显的意识形态特征，对于西方资本主义国家而言，基于对中国社会主义国家的角色认知，在法律外交层面必然会针对中国选择较为激进的做法。在本章第一节中，美国、欧盟等对中国采取了不承认中国在国际经济贸易中的市场经济地位的态度，通过 WTO 项下一系列双反案件诉讼对中国进行打压，打着国际贸易规则的幌子对中国施行不公平待遇。第二节中的中国驻南联盟大使馆被炸事件，更是一次严重侵犯中国国家主权和民族尊严，违背国际法基本准则的恶性事件。第三节中的美国涉台法案问题，则是美国在中国社会主义国家角色的敌对性角色认知下，将其国内立法作为干涉两岸事务的常用工具，对中国主权进行不断挑衅的战略的一部分，美国企图通过国家承认、民主等框架，否定我国主权统一的法理基础。不难看出，国家角色认知直接决定了法律外交行为，尤其在国家角色对立的判断下，行为体会不惜作出违反国际法基本准则、遏制打压甚至粗暴干涉的行为。

# 第一节　中国"市场经济地位"之诉
## ——法律背后的博弈

改革开放之后，中国经济迅速发展，全球化需求日益强烈，加入世界贸易组织是中国融入世界经济贸易轨道的重要一步。为了加入世界贸易组织，中国经历了多次谈判，最终取得了成功。但是在谈判的过程当中，为了实现5年内不开放资本市场、汇率不采取自由浮动制度的目的，中国在市场经济地位问题上作了很大的让步，接受在反倾销领域中将中国视为非市场经济地位国家的判断，并将这一项内容纳入了《中华人民共和国加入议定书：世界贸易组织》（以下简称《入世议定书》）第十五条的①规定。第十五条包括四项，其中的（a）项规定了进口成员可以根据生产该同类产品的产业是否具备市场经济条件而采取不同的方式计算可比价格，如果中国在国家层面获得该进口成员的市场经济地位承认，则在反倾销调查中应使用中国国内价格或成本作为比较的基准；反之，则中国需要证明该产业具备市场经济条件，否则进口成员可使用不依据与中国国内价格或成本进行严格比较的方法，可引用与出口成员经济发展水平大致相同的市场经济成员的成本数据，也就是采取"替代

---

① 《中华人民共和国加入议定书：世界贸易组织》第十五条的标题是"确定补贴和倾销时的价格可比性"。该条款共有（a）（b）（c）（d）四项，其中（a）项规定："在根据GATT1994第六条和《反倾销协定》确定价格可比性时，该WTO进口成员应依据下列规则，使用接受调查产业的中国价格或成本，或者使用不依据与中国国内价格或成本进行严格比较的方法：（i）如受调查的生产者能够明确证明，生产该同类产品的产业在制造、生产和销售该产品方面具备市场经济条件，则该WTO进口成员在确定价格可比性时，应使用受调查产业的中国价格或成本；（ii）如受调查的生产者不能明确证明生产该同类产品的产业在制造、生产和销售该产品方面具备市场经济条件，则该WTO进口成员可使用不依据与中国国内价格或成本进行严格比较的方法。"

国”做法来计算所谓正常价格并确定倾销幅度，从而施以相应的税率。这就是中国市场经济地位国家的问题来源。

同时，《入世议定书》的第十五条（d）项对市场经济地位国家进行了期限规定："一旦中国根据该 WTO 进口成员的国内法证实其是一个市场经济体，则（a）项的规定即应终止，但截至加入之日，该 WTO 进口成员的国内法中须包含有关市场经济的标准。无论如何，（a）项（ⅱ）目的规定应在加入日之后的 15 年终止。此外，如果中国根据该 WTO 进口成员的国内法证实一特定产业或部门具备市场经济条件，则（a）项中的非市场经济条款不得再对该产业或部门适用。"① 也就是说，如果进口成员的国内法承认中国是一个市场经济体，那么（a）项的规定即可终止，或者中国如果可以证明该行业或部门具备市场经济条件，那么（a）项的非市场经济条款不得再对该产业或部门适用。但是，"无论如何，（a）项（ⅱ）目的规定应在加入日之后的 15 年终止"这句话，成为中国市场经济地位的争议所在。

根据规定，替代国做法应于 2016 年 12 月 11 日终止。但是欧美日拒绝对中国市场经济地位作出承认。早在 2004 年，美国曾就中国市场经济地位问题举行听证会，对中国的经济结构和运作方式、中国政府在中国经济中特别是在银行系统和国有企业里扮演的角色、劳工市场和货币体制等方面进行听证，并以人民币汇率和中国政府对经济的调控为由，反对给予中国市场经济地位。2016 年 5 月 12 日，欧洲议会通过了一份关于中国市场经济地位的非立法决议，宣布反对中国在《入世议定书》第十五条规定的终止性条款生效后自动取得市场经济地位。② 2016 年 12

---

① 《中华人民共和国加入议定书：世界贸易组织》第十五条，中国政府网，www.gov.cn/gongbao/content_74608.htm，访问日期：2025 年 3 月 3 日。

② 欧洲议会以 546 票赞成、28 票反对和 77 票弃权的结果通过了该项决议。参见《欧洲议会反对承认中国市场经济地位始末》，凤凰网，http://finance.ifeng.com/a/20160520/14402713_0.shtml，访问日期：2019 年 12 月 20 日。

月 8 日，距离中国入世满 15 周年的前 3 天，日本正式宣布不承认中国市场经济地位。2017 年 11 月，美国特朗普政府正式拒绝中国根据《入世议定书》第十五条获得市场经济地位的要求，声称不管中国加入世贸组织议定书中规定的条件如何，中国仍要遵守与 WTO 其他成员一样的"规则"，WTO 成员"有权拒绝非市场经济条件下形成的价格或成本"。① 事实上，早在中国加入 WTO 初期，就先后有新西兰、新加坡、巴西、马来西亚等 4 个国家承认了中国的市场经济地位。随后，又有包括瑞士、澳大利亚、俄罗斯在内的 80 多个国家陆续承认了中国的市场经济地位。目前，不承认中国市场经济地位的大国和地区，只剩下美国、日本、加拿大和欧盟等，而欧盟、美国和日本，正分别是中国内地的第一、第二、第五大贸易伙伴。②

非市场经济地位给中国带来了许多负面影响，直接影响就是导致中国的出口企业在对外反倾销应诉中处于不利地位，并成为中国企业败诉的最主要原因。③ 而中国企业一旦败诉，就将面临着更多的恶意反倾销申诉，这对中国企业的发展造成了巨大的冲击，严重影响了中国经济的健康发展。2016 年 12 月 12 日，在加入 WTO 刚满 15 年的第 2 天，中国即向 WTO 争端解决机构提出申请，要求分别与美国和欧盟就相关问题进行磋商，从而启动了 WTO 争端解决程序。④ 围绕着市场经济地位国家问题，中国与美国、欧盟之间展开了一场法律与利益战。本节不将重心放在各方对具体法律条款的争议之中，而是从中国市场经济地位问题产

---

① 《美国拒承认中国市场经济地位 其实是害怕了?》，《人民日报海外版》2017 年 12 月 1 日。

② 中国内地的贸易伙伴第三是东盟，第四是中国香港。

③ 由于中国不被视为市场经济国家，因此无法计算中国企业的生产成本，WTO 成员可采用第三国替代的算法。比如，20 世纪 90 年代，欧盟对中国的彩电反倾销，采用新加坡作为替代国计算成本。当时新加坡的劳动力成本比中国高出 20 多倍，中国的产品自然被计算成倾销。中国类似这样的败诉案例还有很多。

④ 关于反倾销和市场经济地位的案件及申诉有很多，本书所指中国诉美国的案件编号是 DS515，中国诉欧盟的案件编号是 DS516。

生的本质、对中国造成的影响以及应对进行分析和阐释。

## 一、"市场经济地位"问题的本质

市场经济地位之所以在 WTO 语境下意义重大，是因为它是以关税及贸易总协定（GATT）为基础规则的，而 GATT 是规范市场经济国家参与国际贸易的规则，并不适用于非市场经济国家。GATT 初创时，成员均为资本主义国家，遵从国家行政干预较少的基本经济运行模式，因此都称为市场经济国家。关贸总协定各项条款的基础就是市场经济体制，关贸总协定认为只有缔约方经济是在市场原则和规律下运行，才能在世界范围内建立公平的自由竞争机制，进而推进贸易自由化目标的实现。[1] 而 GATT 对于社会主义国家的认知，一直存在由于制度原因而不能完全反映真实成本与产出关系的质疑。因此，资本主义国家对于来自社会主义国家的进口产品，使用参考第三国价格的方式进行衡量，并不完全考虑出口国国内的成本、价格衡量方法。1967 年，波兰开创了非市场经济国家入关的先例，此后，许多发展中国家和地区陆续加入了 GATT 并实现了国际市场和贸易的扩大，促进了生产发展和经济繁荣，一些没有加入 GATT 的发展中国家也受惠于此，无形地、间接地接受着 GATT 的影响。[2] 扩大 GATT 的全球影响力需要吸纳社会主义国家加入，但是也要维护原有资本主义国家成员的利益，避免它们在国际贸易中处于不利地位，因此，在两方面因素的作用下，社会主义国家接受非市场经济地位成为加入 GATT 的条件之一，市场经济地位逐步成为具有国际法效力的法律问题。

---

[1]　刘敬东：《"市场经济地位"之国际法辨析——〈加入议定书〉与中国"市场经济地位"》，《国际经济法学刊》2015 年第 1 期，第 30 页。

[2]　王鼎咏：《论关税及贸易总协定》，《中国社会科学》1993 年第 1 期，第 70 页。

但是，从概念上来说，市场经济地位并不是国际法理论，而是一个经济学词汇，指的是一个国家的资源配置是在以市场活动为导向的基础上运行的。市场经济的具体含义和构成要素是依据各成员的国内法加以确定的，WTO 并没有在其法律框架内对市场经济概念作明确界定。即便是美国和欧盟，对市场经济进行法律定义的标准也相差较远。[①] 在反倾销领域被广泛应用的非市场经济，一方面，源于西方资本主义国家对社会主义国家进行政治上打压的意图，是冷战思维的产物。美国和欧盟通过国内法对市场经济和非市场经济进行了区分，使绝大部分曾经或现在是社会主义国家的国家被认定为非市场经济国家，借此来对社会主义国家进行经济打压，这种把国家性质与经济体制机械匹配的做法，根本上源自资本主义对社会主义在意识形态上的敌对态度。另一方面，这是贸易保护主义的体现，是欧美等国采取的非常规性措施。也就是说，关于市场经济地位的表述，不具有国际法意义上的法律确信，并不是一个国际法上的统一法律规范表述。

实践中，美国和欧盟在依据各自的标准认定市场经济国家和非市场经济国家时，也存在因时而异的做法。如俄罗斯一直被欧美视为非市场经济国家，其企业在出口产品遭受反倾销调查时经常受到不公平待遇。时至 2002 年，俄罗斯仍然不是 WTO 成员。但 2002 年 5 月、6 月，欧盟

---

① 美国 1974 年修订的《贸易法案》首次出现了市场经济地位的表述，但并没有判定标准。1988 年《综合贸易与竞争法》对市场经济地位进行了规定，共有 6 项严格的标准，分别是：（1）货币的可兑换程度；（2）劳资双方进行工资谈判的自由程度；（3）设立合资企业或外资企业的自由程度；（4）政府对生产方式的所有和控制程度；（5）对资源分配、企业的产出和价格决策的控制程度；（6）美国调查机关认为合适的其他判断因素。欧盟对市场经济地位的要求规定了 5 项标准，分别是：（1）市场决定价格、成本、投入等；（2）企业有符合国际财会标准的基础会计账簿；（3）企业生产成本与金融状况不受非市场经济体制的扭曲，企业有向国外转移利润或资本、决定出口价格和数量等自由；（4）破产法及资产法适用于企业；（5）汇率变化由市场供求决定。此外，欧洲复兴和开发银行也规定了 5 项标准，与美国和欧盟的并不完全一致。参见潘悦：《反倾销摩擦》，社会科学文献出版社，2005，第 275 页；朱兆敏：《美国和欧盟对待中国市场经济地位问题要遵守国际法》，《国际商务研究》2016 年第 6 期，第 75 页。

和美国分别宣布承认俄罗斯的市场经济国家地位。① 其原因除俄罗斯经济改革取得的成果，主要是基于苏联解体后，俄罗斯在欧美所希望的"自由化""民主化""私有化"等方面取得了不小的"进步"，在意识形态方面不存在根本的差异，承认其市场经济地位不存在过多的政治风险。同时，美国需要俄罗斯在后"9·11"时代在全球反恐合作中给予其积极的帮助，欧盟各国则依赖进口俄罗斯石油天然气资源以保障能源供给。这些因素直接决定了美国和欧盟作出了对俄罗斯市场经济国家地位的认定。根据美国法律，涉及非市场经济国家的判断，商务部具有最终裁量权，司法机关无权干涉。商务部作为行政机关，拥有审查的自由裁量权，也更易作出符合当时美国利益的决定。②

中国市场经济地位问题的法律渊源包含两个内容，一个是以欧盟和美国为主的 WTO 成员国内法律，如美国的《关税法》、欧盟的《欧共体386/96 号反倾销规则》等；另一个则是《入世议定书》以及中国与 WTO各成员达成的相关双边协定。中国向 WTO 提出的市场经济地位国家的申诉包括中美争议和中欧争议两部分，上述争议的内容可以简单地概括为：中国认为，美国和欧盟制定的所谓国内法中，在反倾销调查时对中国产品的正常价值进行确定时，所采用的替代国产品价格比较的方法违背了 WTO 的规则。2001 年中国加入世贸组织以来，中国的对外贸易飞速发展，经济稳步增长。目前，中国已经是美国的第一大贸易合作伙伴

---

① 欧盟方面，2002 年 5 月的欧盟和俄罗斯布鲁塞尔首脑会议上，双方在包括能源、中东、印巴关系等在内的广泛领域达成共识并发表联合声明，其中包含欧盟宣布正式承认俄罗斯市场经济地位的内容。参见 Joint Statement, http://europa. eu. int/comm/external-relations/russia/rummit-05-02/state. htm, 访问日期：2019 年 12 月 23 日。

② 2002 年 6 月 6 日，美国商务部进口管理司向商务部部长提出书面评估报告，根据美国相关法律的规定，对俄罗斯的经济运行情况，从法律规定和事实两个方面分别作出宏观和微观的评估，并同时建议自 2002 年 4 月 1 日起承认俄罗斯市场经济国家地位，撤销此前在反倾销案件中认定俄罗斯为非市场经济国家的决定。经过审查，美国商务部认为，俄罗斯已经在整体上依照市场原则运行其经济。

国，也是欧盟的第二大贸易合作伙伴国。但是，欧美等西方发达国家坚决不承认中国的市场经济地位，具体来说，有以下两方面的原因：一是推行贸易保护主义的需要。2008 年金融危机使全球经济步入低迷，欧美等传统资本主义国家经济严重衰退，美中、欧中贸易逆差逐年加大，引起欧美等国的严重不满，贸易保护主义、逆全球化势力抬头。《入世议定书》的替代国做法，赋予了 WTO 成员在反倾销案件审查中的自由裁量权，基于此，美国和欧盟可以对中国出口商品征收高额的反倾销税，以此来削减中国企业利润，为贸易保护主义披上合法化的外衣。二是意识形态的直接影响。以美国为首的西方资本主义国家长期鼓吹"中国威胁论"，企图通过否认中国的市场经济地位，以"法律"的名义制造无形的贸易壁垒，抑制中国经济增长，打压中国综合实力的稳步提高，从而维持西方的霸权。

## 二、市场经济地位的影响

毫无疑问，中国《入世议定书》第十五条规定的替代国制度阻碍了正常的国际交往，夸大了进口产品的倾销幅度，从而对进口企业的利益造成了损害，不利于实现国际贸易自由化。如前所述，根据 GATT 规则，非市场经济地位国家所属的企业在受到反倾销调查时，其产品正常价值的确定是否使用替代国的做法，具体应由进口国的调查当局来选择确定。① 在实践中，为了最大限度地保护本国企业利益、保护本国贸易优势，进口国的调查当局往往选择最有利于本国利益的替代国，从而造成得出的倾销幅度一般会高于不适用替代国做法很多甚至好几倍的结果，对被调查国家企业带来重大的经济损失和贸易伤害。同时，替代国做法相当于给部分国家增加了带有歧视性的贸易壁垒，与 WTO 实现国

---

① 美国《关税法》第 771 节第 18 段确定了替代国制度，美国商务部依此条款来选择哪一国作为替代国。欧盟在实践中选择的替代国经济发展水平一般比受控非市场经济国家要高。

际贸易自由化的宗旨相违背。截至 2018 年，中国已经连续 23 年成为全球反倾销调查的最大目标国。[①]

从中美非市场经济地位争议来看，中国由于劳动力比较优势明显、生产产品技术成熟等原因，大多数出口的产品生产成本低，定价也具有很强的竞争优势。根据美国法律，美国商务部在选择中国的替代国时应选择和中国经济水平相当的市场经济国家，应以该国人均国内生产总值为依据。而在实践中，商务部通常会选择人均国内生产总值高出中国很多的泰国、马来西亚、新加坡等国，甚至选择劳动力成本超出中国水平很多的澳大利亚、法国等发达国家。这种替代国的选择方式，造成的结果就是中国的出口商品价格很容易被认定存在倾销，并且倾销幅度很大，使得中国产品在竞争中丧失比较优势。同时，美国商务部对市场经济地位国家和非市场经济地位国家在计算税率时，也存在差异对待。对于市场经济地位国家出口的商品，美国商务部在计算倾销幅度时采取单独税率的方法，即每一个出口商的倾销幅度会被单独计算，除非当商务部发现该国与出口商具有关联关系或附属关系时，考虑采用针对所有出口商加权平均税率的方式。而对于非市场经济地位国家出口的商品，美国商务部采取一国一税的方式，对该国所有同类出口的商品设置一个统一的很高的税率，这使得很多出口企业因此承担了难以承受的反倾销税率，从而丧失了在美国的竞争力。[②] 1995—2015 年，美国对中国实施反

---

① 转引自屠新泉、李帅帅：《非市场经济地位对中国对外贸易影响的量化分析——以美国对华反倾销为例》，《国际经贸探索》2019 年第 8 期，第 104 页。

② 根据美国法律，如果该非市场经济地位国家的企业能够提供证据，说明其自身可以决定出口活动、出口价格，证实其在法律上和事实上不受政府支配，并且可以自行作出进行谈判和签订合同等决定，那么其可以得到与该国其他企业不同的税率。在法律上不受政府控制的要素包括：政府已经立法撤销对公司的支配；政府没有对企业的经营和出口许可方面进行限制性规定；政府实施的放松对公司的支配的其他正规举措。在事实上不受政府控制的要素包括：出口企业可以自行调节出口商品的价格，而不用政府允许；出口企业有权进行谈判、签署合同和其他协议；出口企业能独立决定管理人员的选拔和任命；出口企业能自由支配其销售收入，能自负损益。在这两方面条件同时满足的情况下，才能对其单独计算税率。参见孟越：《"非市场经济地位"对中国遭受美国反倾销的影响研究》，第 19—20 页。

倾销措施并作出最终裁决的案件共有 117 起，一共涉及 1671 家企业，其中获得单独税率裁决结果的有 1565 家企业，获得普遍税率裁决结果的有 106 家企业，涉及食品、金属与合金类产品、化学制品、日常工具等多个行业，以重工业反倾销措施最为集中。这些案件的立案时间集中在 2007—2009 年，与全球金融危机的时间点相吻合，体现了美国贸易保护主义的根本目的。[①] 自中国加入 WTO 以来，美国成为对中国产品发起反倾销诉讼最多、力度最大的国家之一，而中国的非市场经济地位国家身份则是其反倾销诉讼最有力的武器。[②]

从中欧非市场经济地位争议来看，1979 年，欧共体第 1681/79 号条例将非市场经济概念纳入欧盟法律体系中，并明确列举了 11 个非市场经济国家，中国被列入名单之中。此后，随着反倾销实践的推进，欧盟采取了与美国类似的替代国方法，替代国的选择标准也逐步开始细化。2015 年，欧盟曾有过承认中国市场经济地位的表示，但欧洲钢铁业、铝业等产业对中国出口产品倾销的恐慌使欧盟重新评估了这一认识。[③] 为表明与美国保持一致的态度，欧洲议会于 2016 年 5 月通过决议，反对单方面授予中国市场经济地位。2017 年美国公开拒绝给予中国市场经济地位的做法对欧盟产生了极大的影响，欧盟于同年 11 月引入了"严重的市场扭曲"概念，对反倾销反补贴相关规则进行了修正，同时声明认为中国市场严重扭曲。这一立法修改的内容使欧盟调查机构可以根据他们认为"不扭曲"的出口价格和生产成本来计算出口产品的正常价值，认为某些 WTO 成员由于"严重的市场扭曲"其出口产品的价格不具有

---

①　Chad P. Bown, "Global Antidumping Database (2016)," accessed February 20, 2020, www. brandeis. edu/~cbown/global_ ad/.

②　宿景祥：《从中国市场经济地位看美国贸易政治》，时事出版社，2005，第396页。

③　2016 年 2—4 月，欧盟就是否承认中国的市场经济地位进行了公众咨询，对欧洲各界的 5000 多份调查显示，80%的受访者反对中国的市场经济地位。参见忻华：《"中国市场经济地位"：欧盟棋局未见分晓》，《新产经》2016 年第 9 期，第 81—82 页。

参考性，这种做法实际上是想通过"市场扭曲"来代替非市场经济地位的概念。据统计，自世界贸易组织成立后，在欧盟向 WTO 成员发起的反倾销调查中，对中国发起的反倾销调查数量占到总数的四分之一。[①]反倾销调查的启动对产品的出口产生了明显的抑制，给中国企业造成了巨大的损失。例如 2012 年，欧盟紧随美国之后，对中国发起的光伏贸易"双反"调查，涉案金额超过了 200 亿美元，造成了我国大批中小光伏企业破产，对整个国内的光伏行业造成了毁灭性影响。2013 年 6 月，中国国务院总理李克强与欧盟委员会主席巴罗佐通电话进行了沟通，欧盟才同意为中国光伏企业对欧盟出口保留市场份额。

### 三、法律背后的博弈

市场经济地位问题之所以受到中国及国际社会的广泛关注，一方面是因为中国的国家产业和企业的经济利益受到了严重损害，另一方面中国也关注国际社会对于市场经济地位国家的政治含义的解读。

首先，国家角色认知和国家角色预期决定了冲突的存在。"政治规则导致经济规则"，[②]多边贸易体制最初是西方市场经济国家间合作的产物和框架，随后加入的非市场经济国家逐步通过经济体制转型、产品市场的放开达到了市场经济国家的要求，但双方仍旧存在意识形态的差异。无论东西方关系是紧张还是缓和，也无论社会主义国家的经济体制是否已完成转型，西方资本主义国家对社会主义国家的角色认知和预期始终存在根本性的偏见，这是决定其不接受中国为市场经济地位国家、

---

① 根据 Bown 数据库整理。参见 Chad P. Bown, "Global Antidumping Database," www. brandeis. edu/~cbown/global_ad/，访问日期：2020 年 2 月 20 日。

② 道格拉斯·诺斯：《理解经济变迁过程》，钟正生等译，中国人民大学出版社，2008，第34 页。

给予中国歧视性待遇的根本因素。美国和欧盟的贸易法都对非市场经济作出了认定。从反倾销可能影响公平贸易的角度出发，美国制定了明确的非市场经济地位国家的衡量标准，欧盟仅对企业的市场经济标准作了规定，并没有从国家层面制定相应标准。但是，美国和欧盟均强调其在对一国的市场经济地位或企业的市场经济待遇问题上拥有自由裁量权，这就给它们运用这一规定来对付中国提供了法律武器。同时，美国和欧盟在法律具体适用过程中存在极大的任意性，都存在扩张解释相关法律标准的倾向。[①] 可以说，对中国市场经济地位认定的法律之争，实质上是不同国家角色大国之间以法律规则为手段而进行的博弈。

其次，以美国、欧盟国家为主的西方发达国家利用非市场经济地位对中国贸易进行遏制，是其贸易保护主义政策的延续。2008 年全球经济危机爆发，世界经济走向衰退，美国国内经济陷入困境，欧盟被欧债危机拖累，一度面临解体。为了保护本国经济抵御全球化的冲击，保护本国产品免受由于中国等新兴经济体的冲击而带来的减少，挽救失业问题带来的社会危机，欧美加大了对外贸易限制，贸易保护主义迅速抬头。在其国内，美欧采取了呼吁购买本国产品、将就业岗位提供给本国公民的措施，在对外贸易方面，反对和拒绝承认中国等新兴经济体市场经济地位，利用 WTO 关于非市场经济国家标准认定的制度缺失，以所谓的维护公平贸易为掩饰，通过国内立法等形式实施第三国替代的做法，对市场经济地位的判断标准进行自由裁量和任意解释。特别是特朗普当选美国总统后，他任命鹰派官员负责美国贸易事务，并签署行政命令对他国的倾销问题进行调查。中欧围绕市场经济地位争议长期争执的原因并不局限于贸易本身，也在于双方对全球化的理念存在不同认识。中国主张在多元国际体系中推动以发展为重心的全球化模式，倡导平等、非歧

---

① 陈力：《国际贸易救济法律制度中的非市场经济规则——以美国欧盟为视角》，上海人民出版社，2007，第 177 页。

视原则，欧盟则倡导规则导向的全球化，呼吁对全球问题进行有效的控制与管理，但欧盟的倡议具有明显的排他性取向。对美国来说，不承认中国的市场经济地位，有助于获取对华贸易的主动；对欧盟来讲，承认中国的市场经济地位会对欧洲制造业和就业造成一定的冲击。因此，从应对经济危机、处理贸易纠纷的角度来说，美欧不承认中国的市场经济地位，有国内的原因。

最后，通过法律途径解决中国市场经济地位问题的效力依然十分有限。中国的市场经济地位问题也是一个体现三方关系的问题。美国对中国市场经济地位持坚决反对的态度，欧盟在很多问题上受到美国立场的影响。近年来，中国逐渐通过诉诸司法救济来直面这一困境。截至2019年，中国在 WTO 争端解决机制下提起诉讼的案件为 20 起，其中针对美国提起诉讼 15 起，针对欧盟提起的诉讼 5 起。[①] 但是，司法救济在带有意识形态偏见的利益之争中往往无法取得令人满意的结果。一是因为在 WTO 规则框架下，市场经济地位的诉讼本就没有先例可循，是争端解决的一个难题。一些条款由于逻辑不清，表述模糊，造成了理解和执行的偏差，因此中国很难通过正当的诉讼渠道获得胜诉。二是因为诉讼所耗费的成本巨大，一些申诉案件甚至历时数年还无法结案，即便最终申诉获得了仲裁机构的支持，很多中国企业也因无法承受长年累月的诉讼和巨额的经费，丧失了竞争优势。

可以看出，市场经济地位在很大程度上是一个政治称谓，是西方国家迫使中国让步、试图从中谋取最大利益的一种说辞。但这并不意味着中国应当硬碰硬地去解决每一起诉讼，中国应在争取被承认市场经济地位时，衡量相应的成本和收益，采取相应的策略。首先，就是要尽快适应并遵循国际准则，如国际通用的会计准则、企业自主原则、市场决定

---

① 参见 Chad P. Bown, "Global Antidumping Database," www. brandeis. edu/~cbown/global_ad/，访问日期：2020 年 2 月 20 日。

原则等，参照国际公认的准则，加强自身建设，避免授人以柄。其次，不急于求成，在一些案件中摸清对方的底牌，在不违反原则的情况下作出适当的让步，积极获取广泛的支持和谅解。最后，可以通过必要的贸易反制、有针对性的市场开放等措施，赢得主动权，逐渐淡化市场经济地位问题造成的不利影响。

## 第二节　驻南使馆被炸赔偿案——国家责任的承担

1999 年 5 月 7 日夜，以美国为首的北约悍然用导弹袭击了中华人民共和国驻南斯拉夫联盟共和国大使馆，造成了使馆馆舍严重损毁，3 名媒体记者当场死亡，20 多人受伤。北约的这一行为，严重违反了国际法，违背国际关系基本准则，激起了中国人民的强烈愤慨。"炸馆事件"是冷战后中美两国双边危机的高潮。① 作为此次事件的受害者，中国通过对国际法和多边规则的应用采取了一系列措施，其出发点既有中国不容侵犯的根本利益，也有对中美双边关系的考量，对"炸馆事件"的处理为中国处理重大危机提供了决策经验。本节将通过对"炸馆事件"的回顾，分析中国受到损害的核心利益有哪些；在国际法和国际关系准则下，中国可以采取的行动和选择很多，包括采取军事报复、不作为、外交施压等，中国是基于何种考虑作出了最后的决定。

---

① 刘畅：《中国的外交危机决策机制与过程分析——以 1999 年"炸馆"事件为例》，《国际关系研究》2018 年第 2 期，第 79 页。

## 一、"炸馆事件"发生后

1999 年 3 月起，以美国为首的北约借口科索沃的"人道主义灾难"，对南联盟进行大规模空袭，科索沃战争爆发。[①] 科索沃战争给南联盟人民造成了巨大灾难，也对世纪之交的国际形势产生了重要影响。1999 年 5 月 7 日午夜，一架美国飞机对位于贝尔格莱德市新区的中国驻南联盟大使馆发射导弹，穿透使馆大楼主体及附属建筑，对使馆馆舍造成严重破坏，并造成了 3 人死亡、20 多人受伤的重大人员伤亡。

事件发生后，中国政府和人民感到极大的震惊和愤慨。8 日下午，中国政府发表声明，指出以美国为首的北约这一行径是对中国主权的侵犯，也是对《维也纳外交关系公约》的践踏，中国政府保留采取进一步措施的权利。中国驻美大使李肇星在华盛顿发表讲话，指出以美国为首的北约必须对这一事件承担全部责任。中国各地及高校学生纷纷举行游行、集会，强烈谴责北约暴行，群众前往美国等北约成员国的外交机构附近进行抗议示威。5 月 9 日下午，中国国家副主席胡锦涛向全国发表了电视讲话，谴责北约的野蛮行径，表示中国人民对以美国为首的北约袭击我驻南使馆暴行表现出极大愤慨和强烈的爱国热情。"中国政府坚决支持、依法保护一切符合法律规定的抗议活动。我们相信，广大人民群众一定会从国家的根本利益出发，自觉维护大局，使这些活动依法有序地进行。要防止出现过激行为，警惕有人借机扰乱正常的社会秩序，

---

① 科索沃是原南联盟所辖塞尔维亚共和国的一个省，由于历史原因，阿尔巴尼亚族人与塞尔维亚族人长期存在矛盾和冲突。以美国为首的西方国家利用科索沃民族矛盾，策动阿族进行全民公决，宣布独立。美国认为："科索沃问题是一个国际问题，不仅是南联盟的内政，必要时，北约可以动用武力解决危机。"1999 年 3 月 24 日，北约以"保护人权"之名发动了科索沃战争。参见芮立平、闫卫民：《科索沃战争影响初析》，《国际观察》1999 年第 5 期，第 24 页。

坚决确保社会稳定"。① 10 日，国家主席江泽民同俄罗斯总统叶利钦通电话，指出这一事件是一种极其野蛮的行为，以美国为首的北约必须对这一事件负全部责任，否则中国人民决不答应。② 外交部长唐家璇代表中国政府向美国驻中国大使尚慕杰提出严正交涉，提出四项要求：（一）公开、正式向中国政府、中国人民和中国受害者家属道歉；（二）对北约导弹袭击中国驻南斯拉夫联盟共和国大使馆事件进行全面、彻底的调查；（三）迅速公布调查的详细结果；（四）严惩肇事者。③ 为表明中国政府的立场，外交部发言人朱邦造宣布，根据中华人民共和国政府声明的精神，考虑到目前的情况，中方决定推迟中美两军高层交往；推迟中美防扩散、军控和国际安全问题磋商；中止中美在人权领域的对话。11 日，针对北约将袭击责任推卸为"个人错误"的做法，朱邦造指出，中国将密切关注事态的发展，北约应当承担袭击暴行的政治、道义、法律责任和相关刑事、民事责任，有关肇事者还应该承担国际法规定的个人刑事责任。④ 13 日，中国国家主席江泽民在北京发表了重要讲话，再次阐述了中国对"炸馆事件"的严正立场，表达了全国人民的心愿。同时，对当时形势和发展进行了深刻分析，他说："我们要继续坚定不移地贯彻执行独立自主的和平外交政策。在和平共处五项原则的基础上继续发展同世界各国的友好合作。对于一切国际事务，坚持从中国人民和世界人民的根本利益出发，根据事情本身的是非曲直来决定自己的立场和政策。"⑤ 这一讲话为"炸馆事件"的处理提供了根本遵循，指明了

---

① 参见《中共中央政治局常委、国家副主席胡锦涛发表电视讲话》，《人民日报》1999 年 5 月 10 日，第 1 版。

② 倪世雄：《江泽民与中美关系》，《毛泽东邓小平理论研究》2009 年第 6 期，第 60 页。

③ 《新华月报》1999 年第 6 期，第 10—11 页。

④ 张北根：《中国政府应付中国驻南斯拉夫大使馆被炸后的危机问题研究》，《北京科技大学学报》（社会科学版）2007 年第 3 期，第 103 页。

⑤ 参见《人民日报》1999 年 5 月 14 日，第 1 版。

解决方向，事实证明，这也是基于中国对国际国内形势判断后作出的正确选择。

袭击事件发生后，美国和北约领导人宣称这是一次"误炸"，是"一次可怕的错误"。5月8日晚，美国国务卿奥尔布赖特前往中国驻美大使馆致歉，对发生不幸事件表示深感痛心和遗憾。北约秘书长索拉纳表示，"北约轰炸中国驻南使馆是一个悲剧性错误"。加拿大、德国、意大利等北约成员国领导人分别向中国领导人致函或致口信，对事件发生表示遗憾，对遇难者家属表示慰问。9日，美国总统克林顿向江泽民主席致信表示道歉。10日，美国总统克林顿在白宫召开记者会，公开表示："我已经向江泽民主席和中国人民表示了道歉。我要再次对中国人民和领导人道歉，并对此次事件表示遗憾。同时，我也重申，美国致力于加强中美两国之间的关系。"[1] 12日，美国、英国、德国、法国、加拿大等国驻华使馆为遇难的3名中国记者降半旗志哀。14日，克林顿在白宫会见了中国驻美大使李肇星并在中国驻美大使馆悼念活动中向遇难者吊唁。当晚，江泽民主席应邀与克林顿总统通了电话，克林顿再次强调中美两国关系非常重要，他将查清事件发生的原因，让中国人民尽快了解事实真相，尽最大努力处理好这场悲剧，使两国关系恢复正常发展。同日，联合国安理会召开紧急会议，通过主席声明，要求必须对袭击中国驻南联盟使馆事件进行全面、彻底的调查。随后，美国国防部和中央情报局对"炸馆事件"进行了调查。6月16日，美总统特使、副国务卿皮克林率团到北京向中国政府报告调查结果，称美国要打击的目标是南联盟军需供应采购局，美方"使用了不合适的目标定位方法"，且"每一级审查均未能发现这一错误"。中方认为，美方所谓的不了解中国驻南联盟大使馆的确切位置之说完全站不住脚，美方的解释缺乏有

---

① Public Papers, Clinton, 1999, Vol. Ⅱ, p. 733.

力的事实依据和合理逻辑，难以令人信服，要求美国政府继续进行调查，并对中国的人员伤亡和财产损失进行迅速、充分、有效的补偿，给中国政府和人民一个满意的交代。中美双方代表在 7 月 15—16 日、7 月 28—30 日分别举行了两轮谈判，最终就中方伤亡人员的赔偿问题达成了共识，美方承诺尽快向中国政府赔偿 450 万美元。① 对于中方财产的损失，双方将继续进行谈判。

同年 9 月 11 日，在亚太经合组织第七次领导人非正式会议期间，江泽民与克林顿在新西兰首都奥克兰举行会晤，双方再次确认了一个中国的共识，并就中国加入世贸组织的问题交换了意见。这次会晤的成功举行，标志着中美双方走出了"炸馆事件"的阴霾，两国关系全面恢复，迈向了 21 世纪的建设性合作关系。12 月 16 日，中美两国政府就赔偿问题达成协议，美国政府向中国政府支付 2800 万美元，作为中方财产损失的赔偿。至此，"炸馆事件"得以结束。

## 二、"炸馆事件"的国际法逻辑

"在任何法律体系中，违背有效的法律义务通常都会引起责任的承担。"② 对于国家来说，作为国际法的基本主体，其行动必然也会引起一定的责任，即国家责任。从广义上讲，国家责任是指国际不法行为或损害行为所应承担的国际法律责任;③ 狭义上来说，国家责任仅指国家的国际不法行为所引起的法律后果。《奥本海国际法》将国家责任定义为"不遵守一项国际义务即构成国家的国际不法行为，引起该国的国际责

---

① 吴白乙：《中国对"炸馆"事件的危机管理》，《世界经济与政治》2005 年第 3 期，第 23 页。

② John O'Brien, *International Law* (Cavendish Publishing Limited, London/Sydney, 2001), p. 361.

③ 周忠海：《国际法评述》，法律出版社，2001，第 457 页。

任，由此对该国产生某些法律后果"。① 联合国国际法委员会 2001 年通过的《国家对国际不法行为的责任条款草案》中，将国家责任的范围限定为"国家对其国际不法行为的责任"，即狭义上的国家责任。"炸馆事件"无疑是严重违反《联合国宪章》《维也纳外交关系公约》和国际关系基本准则的国际犯罪行为，以美国为首的北约这一行为已构成国际犯罪，须承担相应的国际责任。

首先，国家主权是国家最重要的属性，是国家独立自主地处理自己内外事务、管理自己国际关系的权力。② 国家主权是国家利益的集中体现和根本保障，捍卫国家的主权就是维护国家的根本利益。使馆是派遣国主权的象征，外交使节和大使馆馆舍及文件、财产不受侵犯。根据主权平等原则，各国均享有派遣和接受使节的权利。派遣使节是国家主权的属性之一，派遣国使馆在驻在国馆舍上有权使用派遣国的国旗和国徽，其均具有派遣国的属性。③《维也纳外交关系公约》规定，"使馆馆舍不得侵犯"，"外交代表人身不得侵犯"。④ 因此，一国的驻外使馆是该国主权的象征，使馆及其工作人员在国际法上是受保护的。1973 年《关于防止和惩处侵害应受国际保护人员包括外交代表的罪行的公约》规定，对应受国际保护人员进行谋杀、绑架或其他侵害其人身或自由的行为，以及威胁或企图进行上述攻击，或协助参与这类攻击的行为都构成犯罪，对应受保护人员的公用馆舍、私人寓所或交通工具进行暴力攻击，因而可能危及其人身或自由的行为，构成"侵害国家元首、政府首脑、外交代表罪"，各国应当对此类罪行根据严重性给予适当处罚。现

---

① 詹宁斯、瓦茨修订：《奥本海国际法》（第一卷第一分册），王铁崖等译，中国大百科全书出版社，1995，第 401 页。

② 王铁崖：《国际法》，法律出版社，1981，第 68 页。

③ B. 森：《外交人员国际法与实践指南》，中国对外翻译出版公司，1987，第一章、第五章。

④ 参见 1961 年《维也纳外交关系公约》，载《国际法资料汇编》，法律出版社，1982，第599 页。

代国际法认为，大使馆是派遣国元首或最高当局派出的驻外最高机关，对派遣国使馆的尊重就是对国家主权的尊重，是国家间关系的基本前提，驻在国有特别义务采取一切适当的措施保护使馆馆舍，以免其遭到侵入或毁坏，并防止对使馆宁静的扰乱或对其尊严的损害。[①] 以美国为首的北约对中国驻南大使馆的袭击，侵犯了国际法中关于外交代表和使馆馆舍不得侵犯这一根本的国际法准则，构成了国际不法行为，理应承担全部责任。

其次，"炸馆事件"严重违反了《联合国宪章》精神。在现代国际法中，除国家在受到攻击时采取的单独或集体的自卫，或经联合国安理会授权外，其他任何武力行为都属于非法行为。《联合国宪章》是现代国际法的基本宣言，《联合国宪章》第二条第三款明确规定，各会员国应以和平方法解决其国际争端，俾免危及国际和平、安全及正义；第四款规定，各会员国在其国际关系上不得使用威胁或武力，或以与联合国宗旨不符之任何其他方法，侵害任何会员国或国家之领土完整或政治独立。[②] 美国及英国、法国等北约国家均为联合国会员国，应当遵循《联合国宪章》所倡导的维护和平、反对侵略的基本原则。但是，以美国为首的北约在未经过联合国安理会授权的情况下，从1999年3月24日就开始对南联盟进行狂轰滥炸，并轰炸中国驻外使馆，这些暴行，直接挑战了以《联合国宪章》为基础的现代国际法基本原则。根据1928年《白里安-凯洛格公约》、1945年《关于控诉和惩处欧洲轴心国主要战犯的协定》、1946年《盟军最高统帅部宣布成立远东国际军事法庭的特别通告》的有关规定，如果"炸馆事件"是以美国为首的北约或其下属机构

---

① 詹宁斯、瓦茨修订：《奥本海国际法》（第一卷第二分册），王铁崖等译，中国大百科全书出版社，1998，第493页。

② 参见《联合国宪章》第二条、第四条，法律图书馆网，http://www.law-lib.com/law/law_view.asp?id=296684，访问日期：2020年12月10日。

策划的，应当视为对中国的侵略，涉嫌犯下"危害和平罪""战争罪"。美国及北约领导人均称导弹属于误炸，是"意外事件"，但仍令人难以信服。

最后，"炸馆事件"公然违背了国际人道法。1899 年《海牙第二公约》和 1907 年《海牙第四公约》《海牙第九公约》明确规定，禁止攻击或轰击不设防的城镇、村庄、住所和建筑物，并对作战手段和作战方法作出了限制性规定。1923 年《空战规则草案》规定，为使平民发生恐怖，破坏或损坏非军事用性质的私人财产或伤害非战斗人员的目的而进行的空中轰炸应予禁止。① 1949 年《关于战时保护平民的日内瓦公约》规定，禁止对平民不分皂白地攻击，民用物体不应成为攻击和报复的对象。1977 年《1949 年 8 月 12 日日内瓦第四公约关于保护国际武装冲突受难者的附加议定书（第一议定书）》规定，战地新闻记者享受平民待遇，攻击记者视为攻击平民，构成"屠杀平民罪"。② "炸馆事件"造成了 3 名中国新闻记者遇难，严重违背战争或武装冲突中的国际人道法。如果其目的是报复中国记者而轰炸中国大使馆，那么其行为则构成了犯罪。

毫无疑问，"炸馆事件"严重侵犯了中国主权，违反了国际法基本原则和有关国际公约，构成国际不法行为，应当承担国际法律责任。构成国家责任必须具备以下条件：按照国际法规定，某一行为或不行为可归因于国家；产生国家责任的行为属于国际不法行为；国家因其违反国际法的行为对其他国家造成了损害，包括物质损害和精神损害。③ 1986 年联合国国际法委员会拟定了关于国家责任的条文草案，规定严重违背

---

① 程道德、吴涛：《北约袭击我驻南使馆必须承担国际法律责任》，《法学杂志》1999 年第 4 期，第 2 页。

② 求稣：《"使馆事件"中的若干国际刑法问题研究》，《福建法学》2000 年第 3 期，第 33—34 页。

③ 王铁崖主编《中华法学大辞典·国际法学卷》，中国检察出版社，1996，第 246 页。

对于保护国际社会的根本利益至关重要的国际义务，且被整个国际社会公认为犯罪的国际不当行为构成国际犯罪，其他国际不当行为构成国际不法行为。国家责任的承担可以通过终止不法行为、道歉、赔偿、恢复原状、对加害国主权限制、诉诸国际司法程序等形式进行。因此，在国际法框架下，任何国家均不能以政治或其他借口拒绝承担相应的国际法律义务，逃避国际责任，以美国为首的北约应当承担全部国际责任，并对中国进行赔偿。

## 三、中国的解决方案

"炸馆事件"揭穿了以美国为首的北约所谓的人权至上、人权高于主权的虚伪面目，表明其实质是其为了称霸，肆意用武力干涉别国内政、践踏国际法。对此，美国国际行动中心华盛顿办事处负责人马尔科姆·坎侬指出，袭击中国使馆是个大阴谋，是美国干的，是有意所为，是美国战略的一部分。[①] "炸馆事件"并非"失误""错误"，而是以美国为首的北约处心积虑的决策：一是以科索沃"人道主义灾难"为借口，不愿意将科索沃问题交由联合国安理会处理，阻止和平解决进程；二是企图破坏中国经济社会发展，将中国拖入混乱的泥沼。"炸馆事件"使中国的国家主权和民族尊严受到严重损害，与中国始终坚持的不干涉内政原则严重相悖，也严重影响了中国国内的稳定和和平发展形势。如果处理方式过于激进，将会对发展中的中国和中美关系造成不可逆转的伤害，但如果冷处理，中国将被霸权和强权政治所屈，不仅与中国的原则立场不符，也会损害中国的国际地位和声望。

---

① 陈海燕：《浅论科索沃危机对大国关系的影响》，《山东教育学院学报》2000 年第 1 期，第 3 页。

　　面对以美国为首的北约的野蛮侵略行径，中国政府从国家利益出发，进行了沉着冷静思考和分析决策。从应对措施上来讲，中国面临四种选择：一是采取与美国断交、宣战、军事援助南斯拉夫、召回大使等强硬外交措施，二是采取推迟或中止与美交往、利用国际国内舆论施压、要求美国道歉、强烈谴责等带有弹性的措施，三是诉诸司法解决，向国际法院提起诉讼，四是接受美国及北约方的解释，不作为的消极做法。上述四种选择从性质上来说，属于解决国际争端的两种方式，即通过政治或外交的方式和通过司法的方式。但是无论哪种方式，其根本遵循都是国际法的基本原则。

　　5 月 8 日，中国政府发表了严正声明，要求以美国为首的北约必须对此事件承担全部责任，强调中国政府保留采取进一步措施的权利。5 月 10 日，外交部长唐家璇代表中方向美方提出了四项要求。① 中国政府的这四项要求既具有国际法上的意义，也符合和平解决国际争端的原则；既表明了中国政府积极寻求政治解决问题的态度，也将国际法规则和外交方式结合运用，捍卫了国家的主权、利益和尊严。首先，在现代国际法中，道歉是承担国家法律责任的方式之一，并非一般政治意义上或道义层面的道歉。"炸馆事件"发生后，美国总统和国务卿即分别表达过歉意，但这里的致歉对事件的定性是"误炸"，使用的表述是"遗憾""惋惜"，发表歉意的场合也不够正式，缺乏诚意和严肃性。对此，中国政府没有第一时间发布美方的声明，而是坚定立场，强调美方正式道歉的严肃性和必要性，对维护国家尊严、引导舆论斗争起到了良好作用。其次，"炸馆事件"发生后，中方宣布推迟中美两军高层交往，推迟中美防扩散、军控和国际安全问题磋商，中止中美在人权领域的对

---

① 参见 1999 年 5 月 10 日中国政府对美国政府的照会。

话。① 此时，中美关系刚刚恢复正常不久，双方建立的双边对话机制并不多，其中军事、人权领域是双边关系的重中之重。中方通过暂停对话，表达了对"炸馆事件"的强烈谴责，推动美方作出正确的回应。可以说，中国政府提出的四项要求及保留采取进一步国际法上措施的权利的做法，不仅是捍卫国家主权、维护国家利益的体现，也是尊重国际法权威、行使国际法权利的体现。

"炸馆事件"看似是偶然发生的事件，其背后却有中美两国关系发展的必然逻辑。冷战后，中国经济飞速发展，中国融入国际社会的程度进一步加深。基于中国的社会主义国家性质，美国在双方实力差距逐渐缩小的情况下，对中国的疑虑和担忧不断加大，在多方因素的影响下极端事件发生。但是，中美双方的共识依然大于分歧，中国坚持以经济建设为中心的和平发展战略不会动摇。通过对"炸馆事件"的妥善应对处置，中美双方对双边关系的重要性有了更加清醒的认识。此事也为中美构建不冲突、不对抗、相互尊重、合作共赢的新型大国关系提供了借鉴。

## 第三节　美国涉台法案——国家关系的法治化

台湾问题是中美关系中最重要、最敏感的议题之一，事关中国的核心利益。② 台湾问题表面上是中美两国关系问题，但其实质却是冷战的产物，是冷战初期社会主义阵营与西方资本主义阵营对峙的结果，反映

① 刘连第编著《中美关系的轨迹：1993 年—2000 年大事纵览》，时事出版社，2001，第518 页。

② 仇朝兵：《中美关系新态势下的台湾问题：走向与评估》，《统一战线学研究》2021 年第 1 期，第 53 页。

了资本主义国家和社会主义国家的对立。中美建交后，从美国出台 1979 年"与台湾关系法"到 2018 年"与台湾交往法案"（又称"台湾旅行法案"），再到 2019 年"台北法案"，美国始终没有放弃通过立法干涉中国内政。可以说，美国国会通过立法手段将美国对台政策上升为"法律文件"，从而使其具有"法律效力"，形成美国的国家意志，成为影响中美关系及两岸关系的重要因素。国会是美国的立法机构。立法直接服务于美国对华战略，是美国对中国领土主权完整和国家统一等核心利益进行干涉的重要手段，也是美国两党长期以来遏制中国的战略手段。本节从美国对中国的角色认知入手，分析美国对华战略的基本逻辑，并以此为背景，分析美国通过国会立法对台湾问题进行干涉的核心问题和目的，以及对双边关系带来的不利影响。本节将通过对美国涉台法案这一案例的分析，较为清晰地解释国家角色、国家利益和法律外交三者之间的关系，为我们理解美国对华政策、美国国会立法特点、对台湾问题走向的判断提供参考。

## 一、社会主义角色认知下的美国对华战略

如前所述，一国对他国的国家角色认知决定了其国家行为，但国家角色认知并非一成不变，而是受到多种因素的影响。美国对中国的角色认知就是不断发展变化的，与其国家安全战略密切相关。从 1987 年开始，美国总统每年向国会提交一份"国家安全战略报告"，以阐明美国国家安全战略。[①] 冷战后初期，国际格局发生深刻变化，中美关系全面缓和，美国对华角色认知总体呈现积极态势，认识到了中国在国际事务

---

① 梅孜编译《美国国家安全战略报告汇编》，时事出版社，1996，第 426 页。

中的重要性，更加注重加强中美合作，也对中国的改革发展成就持肯定态度。① 到了克林顿政府时期，美国对中国的国家角色认知出现了明显的"两极性"。一方面，对中国在冷战后时期在国际体系中发挥的重要作用持积极态度，与中国进一步加强合作；另一方面，继续在意识形态、政治体制、人权等方面对中国进行打压。进入 21 世纪，尽管美国对中国的战略担忧和防范日益增强，但总体态势是希望两国关系可以融合发展，美国希望中国做一个"守规则，负责任"的大国。布什政府时期对中国角色的表述从 2001 年的"战略竞争者"转变为 2006 年的"负责任的利益攸关者"，而奥巴马时期进一步发展为"负责任的领导者"，体现出了美国对中美两国存在重大利益重合的认知。特朗普政府时期，美国对中国的国家角色认知出现了明显的调整，认为中国"正在挑战美国的权力、影响和利益，正在尝试侵蚀美国的安全和繁荣"，② 并首次将中国置于"首要竞争者"地位，认为中国是"对手国家"。

美国对中国国家角色认知的变化，呈现出三个特点：具体战略目标的设定由非传统安全向传统安全转变，对威胁的界定从模糊到逐渐清

---

① 关于中美双方的关系，美国在 1987 年"国家安全战略报告"中认为"中国在进行经济、社会和政治基本改革的同时所取得的高速经济发展，是其光辉历史上的又一伟大成就"。美国在 1988 年"国家安全战略报告"中称"加强与中华人民共和国的关系是美国的主要国家安全目标之一"；1990 年"国家安全战略报告"指出，"经过多年相互疏远之后于 20 世纪 70 年代初恢复的美中关系，已对地区稳定和全球力量平衡作出了重要贡献"。关于中国的改革发展。参见 "National Security Strategy of the United States," The White House, January 1987, accessed December 16, 2020, https://history. defense. gov/Portals/70/Documents/nss/1987. pdf? ver = 2020-12-25-121104-753, p. 15; "National Security Strategy of the United States," The White House, January 1988, accessed December 16, 2020, https://history. defense. gov/Portals/70/Documents/nss/1988. pdf? ver = 2020-12-25-121129-393, p. 4, p. 31; "National Security Strategy of the United States," The White House, March 1990, accessed December 16, 2020, https://history. defense. gov/Portals/70/Documents/nss/1990. pdf? ver = 2020-12-25-121139-080, p. 12。

② "National Security Strategy of the United States," The White House, December 2017, accessed December 16, 2020, https://whitehouse. gov/wp-content/uploads/2017/12/NSS-Final-12-25-2017-0905-2. pdf, p. 25.

晰，在具体战略实践中体现出"威胁导向型"。[①] 这种变化的原因，既有国际环境、国际格局变化的外部环境影响，也有美国对自身国家角色定位、国家利益的认知影响，还有中美双方实力变化、互相影响的因素。随着中国国家实力的增强，中国在地区和国际事务中发挥着越来越重要的作用，这是美国作为西方霸权国家所不愿意看到的。因此，美国将中国视为首要威胁和竞争对手，既有客观上中国经济发展带来的冲击方面的原因，更有对中国社会主义国家性质的深层次担忧。如 1988 年美国"国家安全战略报告"表示："美国谋求与中国建立一种紧密、友好、合作的关系，但不缔结任何联盟，也不抱有一方是另一方的政治或战略'牌'的任何幻想。"1991 年美国"国家安全战略报告"认为"中国在坚持进行重大的体制改革，这同苏联一样，构成了一个复杂的挑战"。1993 年美国"国家安全战略报告"表示美国将"密切关注中国在世界舞台的兴起，支持、遏制或平衡中国兴起以保卫美国利益"。[②] 1999年美国"国家安全战略报告"声称，在坚持一个中国原则的同时，也要"保持美国人民与台湾人民之间的非官方关系，全面执行'与台湾关系法'，以保持西太平洋地区的和平、安全和稳定，这也是推进美国对外政策的重要目标"。[③] 2002 年美国"国家安全战略报告"妄言中国"正在走政治上过时的道路"，"中国领导人迟早会发现，社会和政治自由是

---

① 韩召颖、黄钊龙：《对冷战后美国大战略的考察：目标设置、威胁界定与战略实践》，《当代亚太》2019 年第 5 期，第 30 页。

② "National Security Strategy of the United States," The White House, January 1993, accessed December 16, 2020, https://history. defense. gov/Portals/70/Documents/nss/1993. pdf? ver = 2020-12-25-121210-297, p. 8.

③ "National Security Strategy of the United States," The White House, December 1999, accessed December 16, 2020, https://history. defense. gov/Portals/70/Documents/nss/1999. pdf? ver = 2020-12-25-121300-170, p. 36.

国家兴盛的唯一途径"。① 上述表述进一步强化了美国对中国社会主义国家角色的认知，并在特朗普上台后达到新的高度。2017 年特朗普政府首份美国"国家安全战略报告"，以零和博弈方式理解中美关系，认为"中国与俄罗斯试图构建一个与美国价值观和利益相对立的世界。中国正在寻求一个能够替代美国在'印太'地区影响力的战略，正以扩展国有经济影响力的方式，用自己的价值取向重新整合东亚地区"。② 时任美国国务卿蓬佩奥在多个场合猛烈抨击中国和中国共产党，诬称中国共产党"正在塑造一种这个世界很长时间都没有见过的新威权主义"，"中国共产党存在严重信誉问题"。③ 应当说，尽管美国对中国的角色认知和对中国战略地位判断发生了显著变化，但基于对中国社会主义国家角色的基本判断，其遏制中国和干涉中国的定位没有改变。

美国对中国社会主义国家角色的认知，体现了国家利益目标层面的单边主义对国家战略的影响。冷战后，美国作为唯一的超级大国，单边主义一直占据主导地位。即使在中美关系发展良好的时期，在对中国根本利益的战略判断上，美国也始终秉持冷战思维。美国的国家战略始终以服务美国国家利益为首要目标，即中国是"伙伴""对手"还是"敌人"，最根本的判断准则就是其国家利益。2010 年美国"国家安全战略报告"声称，"毫无疑问，没有任何国家比美国更有条件在全球化时代发挥主导作用。正是美国促成了全球化，美国各种制度的目的在于，为

---

① "National Security Strategy of the United States," The White House, September 2002, accessed December 16, 2020, https://history. defense. gov/Portals/70/Documents/nss/2002. pdf? ver = 2020-12-25-121337-027, p. 27.

② "National Security Strategy of the United States," The White House, December 2017, accessed December 16, 2020, https://whitehouse. gov/wp-content/uploads/2017/12/NSS-Final-12-25-2017-0905-2. pdf, p. 25.

③ 参见蓬佩奥推特发文：We are watching the world unite to come to understand the threat from the Chinese Communist Party，2020 年 9 月 1 日。

个人在竞争的世界中获得成功创造条件"。① 因此，基于对中国社会主义
国家角色的偏见，美国始终对中国保持防范、遏制的态度，避免中国对
美国利益和霸主地位构成挑战。也因此，美国多次在事关我国领土主权
的核心利益问题上进行粗暴的干涉，从支持"台独"势力，西藏、新疆
分裂势力等多个方面制造矛盾，进行全面干涉。对中国采取强硬的姿态
和政策，越来越成为美国的"政治正确"。

## 二、美国涉台问题的"法制化"介入

基于对中国社会主义国家角色的认知，美国近年来对中国实施了广
领域、全方位的打压遏制。② 其中，由于台湾的重要战略地位和历史原
因，台湾问题是中美关系中最重要、最敏感的问题之一。中国在台湾问
题上的基本立场是坚持一个中国，反对"一中一台""两个中国"，美
国则虽多次强调不改变一个中国政策，但却以"与台湾关系法"、里根
政府"六项保证"为手段，不断挑战中国的底线。

美国的台湾政策中，国会扮演着重要角色，通过立法手段将美国意
志变为所谓法律，进而对中国进行遏制。1979 年 1 月 1 日，中美两国签
署的《中美建交公报》正式生效，标志着美国对中华人民共和国政府在
法律上的承认。在国际法意义上，对新政府的承认即意味着对旧政府承
认的撤销。③ 但是，美国并不打算完全放弃与台湾的关系，于同年制定
了"与台湾关系法"，阐明了美国对台政策的目标，即维持台海现状、
反对以非和平方式解决台湾问题、维持对台军售、维持美台商业文化和

① "National Security Strategy of the United States," The White House, May 2010, accessed December 16, 2020, https://nssarchive.un/NSSR/2010.pdf, p. Ⅱ.

② 朱峰、张乐磊：《美国对华遏制与秩序重塑背景下的中美关系》，《唯实》2020 年第 2 期，第 86 页。

③ 王铁崖主编《国际法》（第三版），第 81 页。

经贸关系、成立"美国在台协会"等。① "与台湾关系法"从性质上来讲，并非国际法，而是美国的国内法，显然违反了中美三个联合公报，违反了国际法原则，受到了中国政府和人民的强烈反对。"与台湾关系法"生效后，成为美国政府和国会介入台湾问题、影响两岸关系的"法律依据"。此后，美国国会不断通过立法重申"与台湾关系法"的地位。2009年，美国众议院通过的第55号联合决议案支持美台关系进一步深入发展，要求将"与台湾关系法"作为美台关系的"基石"。② 2012年，美国众议院提出的第5902号法案要求成立国会咨询委员会，评估美国对台军售政策以及2000年以来美国协助台湾扩大其"国际空间"的政策运作效果。③ 2016年，美国参议院、众议院共同通过了决议案，重申"与台湾关系法"是美台关系的"基石"。④ 据统计，1978—2016年的近40年，美国国会共发起了510项涉台湾问题的所谓提案，其中成为所谓法案或联合决议案的有369项，最终成为所谓国会正式立法的达52项。⑤

特朗普上台后，美国进一步强化"中国是竞争者"的认识，国会进一步加大了干涉台湾问题的力度，极力推动立法提案。在特朗普任期内，共发起68项涉台提案，其中54项成为"法案"或"联合决议案"，

---

① 庄去病、张鸿增、潘同文：《评美国的"与台湾关系法"》，《国际问题研究》1981年第1期，第21页。

② "Recognizing the 30th Anniversary of the Taiwan Relations Act," United States Congress, March 26, 2009, accessed December 16, 2020, https://www.congress.gov/bill/111th-congress/house-concurrent-resolution/55/text?q=%7B%22search%22%3A%5B%22taiwan%22%5D%7D&r=4.

③ "To Establish a Congressional Advisory Commission on the Implementation of United States Policy under the Taiwan Relations Act," United States Congress, June 6, 2012, https://www.congress.gov/bill/112th-congress/house-bill/5902/text?q=%7B%22search%22%3A%5B%22taiwan%22%5D%7D&r=6.

④ "Reaffirming the Taiwan Relations Act and the Six Assurances as Cornerstones of United States—Taiwan Relations," United States Congress, May 17, 2016, accessed December 26, 2020, https://www.congress.gov/bill/114th-congress/house-concurrent-resolution/88/text?q=%7B%22search%22%3A%5B%22taiwan%22%5D%7D&r=1.

⑤ 根据美国国会官网 https://congress.gov/历年数据整理，访问日期：2020年12月26日。

最终成为"法律"的有 7 项，创 2005 年以来新高。其中，以"与台湾交往法案"和"台北法案"性质最为恶劣，破坏中国主权统一的目的昭然若揭。

### （一）"与台湾交往法案"

2018 年 1 月 10 日，美国众议院通过了"与台湾交往法案"，2 月 28 日，美国参议院通过该法案，3 月 16 日，特朗普签署了"与台湾交往法案"，该"法案"生效成为美国联邦的正式"法律"。该"法案"声称，美国政府应当鼓励美台各层级官员"互访"，包括允许美国所有层级官员赴台"访问"并"会见"对等级别台湾官员，同意台湾高级官员以"有尊严的条件"进入美国并"会见"美国官员，鼓励"台北经济文化办事处"等台湾机构在美国开展业务。[①]　"与台湾交往法案"的实质，就是美国以国内法的方式，来规范涉及政府承认与继承的国际法问题，是"与台湾关系法"的重申和深化。该"法案"对美国与台湾的关系、性质、"正式外交关系"等本质问题并没有正面回答，企图以仅主张"西太平洋地区的和平与稳定事关美国的政治安全与经济利益""鼓励美台各层级官员'互访'"这些看似国内法可以予以规范的问题进行规定，来绕过国际法对国家承认问题的原则，完全视中国的主权、统一于不顾。同时，"法案"对美台"互访"这一实践性问题进行立法，具有较强的隐蔽性，在权利义务的分担模式上具有单务性的特点。通过这些具有国内法特征的法案形式，美国企图既保障自身利益在台湾问题上的最大化，又混淆国际法与国内法的界限，给破坏中国主权统一的行为披上"合法"的外衣。

---

[①]　"The Taiwan Travel Act（H. R. 535, Pbu. L. 115—135），" accessed December 26, 2020, https://govtrack. us/congress/bills/115/hr535/text.

## （二）"台北法案"

2020 年 3 月 26 日，特朗普签署生效"台湾友邦国际保护及加强倡议法"（即"台北法案"），这是其任内第二个专门针对台湾问题的"法律"。"法案"将中国台湾地区称为"一个由 2300 万人组成的'自由、民主和繁荣'的'国家'"，宣称美台经贸合作对促进美国和台湾地区经济增长和创造就业有积极作用，美国政府支持台湾地区加强与全世界国家的"邦交""外交关系"或其他伙伴关系，这对于加强台湾地区经济和维持"国际空间"有着重要意义；美国支持台湾当局加入所有美国参与的、不以国家身份为要求的国际组织，支持台湾当局获得国际组织观察员地位；为保障该条款得以实施，美国政府可考虑与那些显著加强、促进与台湾关系的国家增加相应的经济、安全与外交联系，对那些采取严厉措施或损害台湾安全和繁荣的国家，采取相应的调整措施；在"法案"生效后，国务卿应每半年向国会提交报告，汇报所采取的措施和效果。[①] 这一"法案"，在提升美台关系的基础上，明确了台湾的"国家"身份，并试图通过支持台湾参与国际组织等方式确认"国家"身份的"合法性"，以拓展台湾"国际空间"、发展经贸关系为手段，从而寻求美台关系"正常化"。"台北法案"对中美一个中国共识和中国原则底线造成了严重冲击，直接威胁中国的核心利益。

此外，在特朗普任期内签署通过的美国《2018 财年国防授权法案》《2019 财年约翰·S. 麦凯恩国防授权法案》《亚洲再保证倡议法案》《2020 财年国防授权法案》《2021 财年综合拨款法案》等法律，均在台湾问题上大做文章，通过增加对台军售、加强防务交流、提升美台经贸

---

[①] "Taiwan Allies International Protection and Enhancement Initiative (TAIPEI) Act of 2019," accessed December 27, 2020, https://www.congress.gov/116/plaws/pub1135/PLAW-116pub1135.pdf; 汪曙申：《美国"台北法案"的内容、影响与应对》，《统一战线学研究》2020 年第 5 期，第 61 页。

合作、推动台湾拓展"国际空间"等方式，使一个中国政策严重虚化，台湾地区在美国国内立法和政策话语中逐步被"准国家化"。[①] 总的来说，特朗普时期的涉台立法，意图更加具有指向性，紧紧围绕"印太战略"和"美国优先"的核心利益，诉求进一步明确，立场十分鲜明，具有明显的"以台制华"特点；从法案内容上来看，涉及财政、国防的相关具体条款不断地细化，并且具有现实性和可操作性，法案之间也相互联系，相互配合，涉及人员、经贸、军事等多个领域，既满足美国对台关系的实际需求，也兼顾针对中国的战略要求。可以说，美国国会将对"中国威胁论"的认识落实在了其台湾问题的"法制化"进程中，以干涉中国政府解决台湾问题的正当诉求。

## 三、美国涉台法案对中国核心利益的影响

可以看出，中美建交以来，美国在台湾问题上的立场呈负面发展态势。两岸关系越是紧张，美国国会越是积极鼓动美国与台湾地区关系的实质化、法律化进程。尤其是特朗普主政后，美国国会通过强化涉台立法的方式，持续加大干涉台湾问题的力度、广度与深度，不仅违背了国际法基本原则，损害了中美关系的发展，而且不利于两岸关系的发展与中国的和平统一。通过分析不难发现，上述这些法案的真实意图，就是令美国政府可以违背一个中国原则和国际法上关于政府承认的国际义务，与台湾当局进行全面"互访与交流"，实现"以台制华"。

首先，美国涉台法案严重冲击了一个中国的底线。"中国的核心利益包括：国家主权，国家安全，领土完整，国家统一，中国宪法确立的

---

① 汪曙申：《美国"台北法案"的内容、影响与应对》，《统一战线学研究》2020 年第 5 期，第 65 页。

国家政治制度和社会大局稳定，经济社会可持续发展的基本保障。"① 美国的涉台法案支持向台湾出售武器，试图改变两岸军事实力的现状，严重威胁了中国国家安全；法案中涉及美台各层级官员的"互访和礼遇"，相当于对台湾身份的认同，给两岸关系的和平发展带来了巨大的障碍，给台湾问题的和平解决埋下了隐患。很显然，美国在对中国采取遏制与干涉的战略下，通过国会立法的形式干涉中国内政，侵犯中国核心利益，已经突破了中美共识和国际法基本原则。从近年来美国涉台问题的"法制化"路径来看，大量的国会立法将不断抬高美国对台政策的"法律基础"。更为严重的是，"台北法案"中将台湾作为"国家"的表述，已经实质上超出了美国传统的一个中国政策范畴，属于明显的对中国的挑衅。台湾作为中国不可分割的一部分，并不具有独立的国际法主体资格，美国涉台法案中推动台湾谋求"国际空间"的做法，挑战了国际社会普遍奉行的一中原则。此外，以立法的形式对台湾的"国家身份"进行背书，为美国与台湾当局发展进一步的政治、经济、军事关系提供了国内法律基础，为美国其他部门、行业与台湾关系"正常化"乃至升级提供了借口。同时，其他西方国家也可能以此为参照，最终产生掏空一个中国原则的效果。

其次，涉台法案助长了"台独"分裂势力的气焰。近年来，美国涉台法案逐渐成为"台独"分子的"护身符"，使"台独"分裂势力错误估计了形势，逐渐走向极端。一方面，涉台法案增强了"台独"分子"倚美谋独"的心理，特别是"台北法案"生效后，"台独"分裂势力更加膨胀，坚决不承认"九二共识"，民进党当局更是欣喜若狂，不接受一个中国的基本原则。2018 年美国"与台湾交往法案"生效后，台

---

① 国务院新闻办公室：《中国的和平发展》白皮书，中国国务院新闻办公室网，http://www.scio.gov.cn/ztk/dtzt/58/3/Document/999959/999959.htm，访问日期：2020 年 12 月 27 日。

湾当局发言人林鹤明当即表达了对美国国会和特朗普的"感谢",称这是一部"友台"的法案;另一方面,涉台法案传递了美国支持分裂的信号,煽动台湾社会民众"仇中""抗中",加剧了台湾社会"亲美反中"的政治倾向,使社会不稳定因素陡然增多,两岸间的政治、经济、文化疏离。可以说,在一系列涉台法案的影响下,两岸关系的和平友好氛围正逐渐被削弱。

最后,美国涉台法案严重破坏了中美新型大国关系。涉台法案严重违背了中美建交初期提出的"断交、废约、撤军"原则,破坏了中美新型大国关系。处理好台湾问题是中美两国关系的核心问题和重要前提,奥巴马时期,中美双方达成了共同努力构建新型大国关系的共识,秉持"不冲突、不对抗、相互尊重、合作共赢"的理念,此后两国元首多次重申这一共识。但是,基于意识形态对抗,美国国会始终在立法层面背道而驰。特别是特朗普执政后,涉台立法激增。可以说,在零和博弈的角色认知下,美国对中国的直接利益诉求降低,更倾向于通过破坏和干扰中国的稳定来谋取战略优势,而美国反华势力认为涉台法案就是一种成本最低、收益最大的手段。同时,美国涉台法案的出台,是美国社会对华遏制的体现,这种情况短期内不会因美国政府更迭而改变。① 因此,要认识到美国涉台法案出台背后的政治逻辑,认识到美国对台湾问题的"法制化"进程不仅损害了中美两国的政治基础,而且加剧了中美冲突发生的风险。

总的来看,美国一系列涉台法案是美国冷战思维的立法表现,是一种基于意识形态的对抗性战略。在多种形式的角色认知冲突中,意识形态的冲突是最难妥协、最难调和的冲突之一,而美国对中国社会主义国家角色的认知随着中美竞争的加剧,将进一步加强。台湾问题,实质上

---

① 李捷、杨恕:《遏制与干涉:美国涉华核心利益法案分析》,《亚太安全与海洋研究》2020年第4期,第35页。

就是中国政府的承认问题，这些国内法性质的所谓法案，既非国际条约，也不是国际习惯，仅为美国联邦法律，改变不了中国独立自主的外交政策，更改变不了台湾是中国一部分的事实。从立法主体上来讲，美国国会有权制定国内法，但其国内法不能侵犯他国的主权，无法产生域外管辖的效力，美国国内对台湾问题的多项条款，事实上已经侵犯了中国的主权，构成了立法权的滥用。对此，早在 2016 年，中国国家主席习近平就指出，在维护国家核心利益上要敢于针锋相对，不在困难面前低头，不在挑战面前退缩，不拿原则做交易，不在任何压力下吞下损害中华民族根本利益的苦果。[①] 面对美国涉台法案的出台，中国既要坚持一个中国原则，坚定不移维护国家核心利益，高度重视美国在台湾问题上的动向，又要加强沟通与协调，积极推动两国关系回到正轨，推动中美关系、两岸关系走出消极模式。

---

① 习近平：《对照贯彻落实党的十八届六中全会精神　研究加强党内政治生活和党内监督措施》，《人民日报》2016 年 12 月 28 日，第 1 版。

# 第四章

# 冷战后的中国法律外交与发展中国家角色

本章考察了冷战后中国法律外交与发展中国家角色的互动。发展中国家这一概念经常被使用，但如何界定至今没有明确的标准。正是基于此，世界贸易组织规则下，中国的发展中国家角色成为 WTO 改革中一个很重要的议题。是否赋予中国发展中国家地位与中国能否享受发展中国家在 WTO 项下的特殊和差别待遇条款密不可分，直接关系到多边贸易体制的改革和中国国际经济贸易竞争优势，关系到中国国家经济利益。如果说第一节中的案例属于中国在发展中国家角色下的法律外交应对，第二节中的反腐败追逃追赃国际合作则是中国政府主动履约、积极适约，通过国际条约公约开展的法律外交，体现了既不能让腐败分子逍遥法外，也"不能让腐败分子在经济上捞到好处"的坚定信念。① 正是因为中国作为发展中国家，在经济高速发展过程中，法制不健全，腐败问题比较严重，所以中国逐渐尝试通过法律外交的手段，将外逃人员和资金追回。通过案例分析可以看出，国家角色是以国家利益为基础的，国家利益决定了国家法律外交所采取的政策和行为，维护国家利益既是法律外交的基本动因，也是法律外交的目的。发展经济是中国发展中国

---

① 人民网：《没收违法所得 决不让腐败分子在经济上捞到好处》，www.people.com.cn，访问日期：2020 年 11 月 20 日。

家角色下最主要的国家利益，在这一国家角色下法律外交的开展也以采取法律手段维护国家经济利益为重心。

# 第一节　中国的发展中国家地位
## ——世界贸易组织规则的视角

发展问题是世界贸易组织改革的重要议题之一，发展中国家角色地位也一直受到高度关注。特朗普执政以来，对世界贸易组织多次发难，通过提交报告、阻挠世界贸易组织上诉机构法官任命等各种方式强迫世界贸易组织进行改革，提出要求中国等经济取得快速发展的发展中国家"毕业"，不再享受相关优惠政策。特殊和差别待遇，对中国当前形势下提供必要保护、指导贸易谈判、弥补能力短板等方面具有重要的意义。面对美国、欧盟等发达国家对中国发展中国家角色的质疑，中国应当从概念、发展现状、规则制定、改革方向等多个角度，向国际社会进一步阐释"中国是世界上最大的发展中国家"这一国家角色和法律事实。同时，也应做好承担更多国际责任的准备，继续积极参与世界贸易组织的改革，为化解外部矛盾、缓解外部压力、维持经济发展空间作出积极回应。

## 一、发展中国家地位问题的提出

发展中国家的概念在 1961 年经济合作与发展组织（OECD）成立时提出，各国在讨论资源的转移分配时，使用了从发达国家向发展中国家转移的表述，将已经发展起来的、人均 GDP 高的先进国家称为发达国家，而发展中国家既指发展水平不高的国家，也包括低收入国家。1964年，联合国第一届贸易和发展会议上，77 国集团正式提出了发展中国家的表述，[①] 此后发展中国家这一表述被广泛使用。

但是，对于发展中国家的认定，至今没有一个统一的标准。联合国统计司根据地区和国家分类标准，将整个欧洲、北美洲的美国和加拿大、亚洲的日本、大洋洲的澳大利亚和新西兰认定为发达国家，将其余地区和国家认定为发展中国家。[②] 这一划分标准按照地理位置确定，无法反映各大洲内部的发展情况，较为简单笼统。国际货币基金组织根据购买力平价法计算出的国内生产总值，将经济体划分为发达经济体与新兴国家和发展中经济体，其中美国、英国、加拿大、欧元区、日本属于发达经济体，其他地区和经济体为新兴国家和发展中经济体。在这一划分标准下，发展中国家与新兴经济体同属一个类别。但是，国际货币基金组织的划分标准仅依托国内生产总值这一经济指标来衡量发达国家和发展中国家，忽略了各国国内的发展布局和人口问题，缺乏总体性。世界银行根据不同经济体和国家的人均国民总收入进行划分，将不同经济体和国家分为高收入、中等偏高收入、中等偏低收入和低收入四种类型，高收入国家为发达国家，其他三类即为发展中国家。根据世界银行的报告，中国属于中等偏高收入经济体，距离高收入经济体还有较大差距。采取人均国民总收入为指标，更有利于反映一个经济体的真实经济实力，但是仅使用经济指标来界定发达国家和发展中国家，不考虑政治、文化、发展等其他因素去综合评价，还是略显片面。为此，世界银行从 2016 年起逐步放弃使用发展中国家这一概念，认为应当建立一个

---

① 姚为群：《中国还是发展中国家吗?》，《中国报道》2018 年第 8 期，第 50 页。

② 参见马莹：《WTO 改革视角下再论中国的发展中国家地位》，《上海对外经贸大学学报》2019 年第 6 期，第 15 页；"Standard Country or Area Codes for Statistical Use," United Nations Statistics Division, accessed November 30, 2020, https://unstats.un.org/unsd/metodology/m49/。

新的更为全面的评价标准。联合国开发计划署采用的衡量各国发展程度的指标为人类发展指数，该指数综合考虑各国人均收入、预期寿命和两个教育水平指标等多个方面，按程度分为极高人类发展指数、高人类发展指数、中人类发展指数及低人类发展指数四个组别，其中拥有极高人类发展指数的国家为发达国家，其余国家为发展中国家。根据联合国开发计划署的人类发展指数，中国属于高人类发展指数国家，处于发展中国家。相比于联合国统计司、国际货币基金组织和世界银行，联合国开发计划署的人类发展指数指标考察的内容更全面，划分标准更为科学，因此用人类发展指数来界定发达国家和发展中国家是当前国际社会较为普遍的做法。但是，无论采取何种指标，根据上述四个机构的评价，中国都属于发展中国家的行列。

世界贸易组织对于发展中国家没有明确的定义，采用各国自我认定的方式。在世界贸易组织规则下，发展中国家可以享受特殊和差别待遇。① 当前，一些发达国家成员对发展中国家提出质疑，认为发展中国家享受和适用特殊和差别待遇条款影响了公平贸易，对发达国家不利。其中，质疑声最大的就是美国。美国是世界贸易组织的创建者，也是规则建立者和长期受益者。但是，特朗普执政后，对世界贸易组织表达了强烈不满。2017 年 12 月，美国贸易谈判代表在世界贸易组织贸易部长会议上声称，中国、印度、巴西不适合继续享受发展中国家待遇，世界贸易组织应当考虑发展中国家的"毕业"问题。2018 年 4 月，特朗普在

---

① 目前，在世界贸易组织的 164 名成员中，超过三分之二都是发展中国家成员。特殊和差别待遇（Special and Differential Treatment, S&DT），是指世界贸易组织各种协议中包含的旨在推动发展中国家经济和贸易发展的特殊条款，这些条款要求发达国家履行给予发展中国家更为优惠政策的义务，并赋予了发展中国家一些特殊权利。根据 2018 年世界贸易组织公布的特殊和差别待遇规定，发展中国家成员享受 155 项优惠政策，其中包括增加贸易机会、维护发展中国家成员利益、对贸易政策工具的灵活性安排、过渡期规定、技术援助规定等。当然，特殊和差别条款会根据情况变化进行调整。参见李双双：《WTO "特殊和差别待遇" 透视：改革争议、对华现实意义及政策建议》，《国际贸易》2019 年第 8 期，第 4 页。

其社交平台推特上公然质疑中国的发展中国家地位，认为世界贸易组织对中国发展中国家地位的认定是"不公平的"。① 随后举行的 G20 峰会将中国能否继续自称发展中国家、享受特殊和差别待遇作为世界贸易组织改革的重要议题进行了讨论。7 月，在世界贸易组织总理事会上，美国代表声称，中国从现有的经济模式中获益，尽管中国在某些领域无疑在与贫困等挑战进行斗争，但中国继续声称自己是一个发展中国家，由此免除其在促进全球贸易自由化方面的责任，是不合适的。② 2019 年 1 月，美国向世界贸易组织提交了一份分析文件，题为《一个无差别的世界贸易组织：自我认定的发展地位威胁体制相关性》，称中国等发展中国家近年来经济发展显著，不宜再自我认定为发展中国家，应当取消一些发展中国家特殊和差别待遇条款项下的权利。随后 2 月的世界贸易组织总理事会上，美国明确提出建议取消部分国家的发展中国家特殊和差别待遇，中国等发展中国家就此议题与美国进行了辩论，就发展中国家与发达国家存在的现实差距、面临的外部压力以及发展中国家的能力缺失问题进行了说明。7 月，美国发布《改革世界贸易组织发展中国家地位备忘录》，称"世界贸易组织仍停留在过时的发达与发展中国家的二分法，使一些成员在国际贸易中获得不公平的竞争优势"。③ 9 月，世界贸易组织裁定美国对中国商品加征超过 2000 亿美元的关税不合法后，美国总统特朗普即表示美国受到了世界贸易组织的"不公平对待"，美

---

① 参见特朗普 2018 年 4 月 6 日推特发文：China, which is a great economic power, is considered a Developing Nation within the World Trade Organization. They therefore get tremendous perks and advantages, especially over the U. S.. Does anybody think this is fair? We were badly represented. The WTO is unfair to U. S., See "Trump Takes Aim at the WTO for Giving China an Unfair Advantage over The US," https://dailycaller.com/2018/04/06/trump-bashes-wto/。

② 转引自李双双：《WTO "特殊和差别待遇" 透视：改革争议、对华现实意义及政策建议》，《国际贸易》2019 年第 8 期，第 5 页。

③ 参见 "Memorandum of Reforming Developing Country Status in the World Trade Organization," The White House, July 26, 2019, accessed December 22, 2020, https://www.whitehouse.gov/presidential-actions/memorandum/reform-ng-developing-country-status-world-trade-organization/。

国一些政客在国会上威胁要求美国退出世界贸易组织。

对于美国的强烈要求，同为发达经济体的欧盟表达了基本支持的立场。2018 年 9 月，欧盟公布了针对世界贸易组织改革的《欧盟关于世界贸易组织现代化的提案》，认为世界贸易组织应当对发达国家和发展中国家的"自我认定"规则进行调整，并建议一些成员逐步退出特殊和差别待遇，但是在退出的时间和方式上可以灵活把握，也可以通过个案的形式予以研究。加拿大与欧盟则采取了同样的观点，认为可以基于一定的事实条件，在一定范围内给予特殊和差别待遇，并不是所有的发展中国家都应当从中获利。[①] 可以说，发展中国家地位问题，已经成为世界贸易组织改革的一个重要争议内容。

## 二、回应与事实

应当说，发达国家和发达经济体提出所谓公平贸易并不奇怪。面对全球化进程的日益深入，发达国家和发达经济体的首要目标就是要继续巩固、持续稳定和继续扩大其比较优势，以便充分实现自身的经济利益。早在 19 世纪末英国的经济霸权面临挑战时，它就将"公平贸易""互惠"作为维护贸易优势的借口。面对美国和欧盟等发达国家和经济体的提案，发展中国家表达了坚决反对的立场。2019 年 2 月 15 日，中国、印度、南非、委内瑞拉等国共同提交了《惠及发展中成员的特殊和差别待遇对于促进发展和确保包容的持续相关性》的分析文件，对发展中国家自我认定规则的历史合法性进行了重申，并通过一系列数据、指标和对比说明发达国家与发展中国家之间存在的显著差异，报告认为，目前国际贸易体系的核心问题不是对于发展中国家自我认定规则的制定

---

① WTO General Council: Strengthening and Modernizing the WTO: Discussion Paper—Communication from Canada, September 24, 2018, JOB/GC. 201.

问题，而是不断增长的贸易保护主义、单边主义、世界贸易组织上诉机构法官产生机制的停止以及多哈回合谈判僵局。① 在上述发展中国家看来，对于发展中国家自我认定的规定，是保证各经济体发展灵活性、维持谈判继续推进的重要前提。特殊和差别待遇是鼓励发展中国家加入世界贸易组织、融入全球经济体制的动力。② 首先，自我认定的条款有助于发展中国家顺利融入世界贸易组织框架，将更多的发展中国家纳入多边贸易体制中来，并且符合发达国家增加成员的利益。自我认定发展中成员地位的做法，有助于发展中成员遵守世贸组织规则，它已成为世界贸易组织所遵循的惯例的一部分。③ 同时，采取自我认定的方式，体现了对各成员和经济体主权的尊重。针对美国的要求，联合国贸易与发展会议官员也指出，"以自我认定的方式来确定成员自身的发展地位，是所有世贸组织成员协商一致后作出的决定，任何单个成员无权随意对其他成员重新分类"。④

　　就中国的发展中国家地位而言，相关国际组织在进行发达国家和发展中国家划分时，也给予了很大灵活性，主要目的是服务于合理而有意义的分析目标。⑤ 经过 40 多年的改革开放，中国经济实力不断增强，国际地位显著提升，目前已经成为世界第二大经济体。特别是加入世界贸易组织后，中国对外贸易迅速发展，贸易结构不断优化，中国积极主动

---

　　① 中华人民共和国常驻世界贸易组织代表团：《发展中成员特殊和差别待遇原则不容否定——张向晨大使在 2019 年 2 月 28 日世贸组织总理事会上的发言》，中国商务部网，2019 年 3 月 1 日，http://wto.mofcom.gov.cn/article/todayheader/201903/20190302839143.shtml，访问日期：2020 年 12 月 22 日。

　　② UNCTAD, Research Paper No. 33, UNCTAD/SER. RP/2019/5, June 2019, p. 31.

　　③ WTO, The Continued Relevance of Special and Differential Treatment in Favour of Developing Members to Promote Development and Ensure Inclusiveness, WT/GC/W/765/Rev. 1, February 26, 2019.

　　④ 《贸易大国一定是发达国家？联合国官员：中国仍是发展中国家》，中国日报网，2019 年 8 月 3 日，http://ex.chinadaily.com.cn/exchange/partners/80/rss/channel/cn/columns/o87wjf/stories/WS5d454bf1a31099ab995d70bd.html，访问日期：2020 年 12 月 22 日。

　　⑤ 刘伟、蔡志洲：《如何看待中国仍然是一个发展中国家？》，《管理世界》2018 年第 9 期，第 2—3 页。

扩大进口，稳步推进贸易高质量发展。2019 年，中国进出口总额达 31.54 万亿元人民币，进出口、出口、进口规模均创历史新高，前三季度出口增速较全球高 2.8 个百分点；同时，中国主动向世界开放市场，连续 11 年成为全球第二大进口市场，进口额占世界进口总额的 10%以上；国际金融危机以来，中国进口贡献全球进口增量的六分之一，是全球经济复苏的助推器和稳定器。① 但是，就人均水平来说，中国在世界上的排名都还比较靠后。2018 年，中国的人均国内生产总值刚刚接近 1 万美元，不足全球 1.1 万美元的平均水平，仅为发达国家一半左右的水平，与 G7 国家将近 5 万美元的平均水平差距更大。同时，中国还面临环境问题、贫富差距问题、地区间发展不平衡、科技人才储备不足等诸多社会文化方面的挑战，要达到发达国家水平还有很长一段路要走。同时，随着中国自身能力的不断提高，中国承担的国际责任也不断增加，处理国际事务的能力也显著提升。但是，与美国、日本等发达国家相比，中国在国际组织中的话语权还有很大的进步空间，在人均收入、产业结构、人类发展指数等方面都体现出发展中国家的鲜明特征。中国的加工制造业还处在担当"世界工厂"、做代工的发展阶段，对高科技产品的研发能力还不够，另一方面中国人口红利却在减少。因此，无论是从经济体量、产业政策，还是尖端技术、国际影响等方面来看，中国仍然属于发展中国家是不争的事实。

1999 年，中国将发展中国家地位作为加入世界贸易组织的基本原则之一。中国在入世文件《中国加入工作组报告书》中，就中国的发展中国家地位进行了明确表述，"虽然经济发展取得了重要成就，但是中国仍然是一个发展中国家，因此应有权根据《WTO 协定》享受给予发展

---

① 《商务部外贸司负责人谈 2019 年全年我国对外贸易情况》，中国政府网，2020 年 1 月 15 日，http://www.gov.cn/xinwen/2020-01/15/content_5469513.htm，访问日期：2020 年 12 月 22 日。

中国家的所有差别和更优惠待遇"。① 2011 年，中国入世 10 周年高层论坛上，时任国家主席胡锦涛指出，"中国仍然是世界上最大的发展中国家，发展中不平衡、不协调、不可持续问题依然突出"。② 2018 年 11 月，中国政府对世界贸易组织改革提出的报告中，指出改革应保障发展中成员的发展利益，遵循协商一致的决策机制，应该优先处理危及世界贸易组织生存的关键问题，保证发展中成员的特殊和差别待遇，尊重成员各自的发展模式。③ 习近平总书记在党的十九大报告中再次强调，中国仍处于并将长期处于社会主义初级阶段的基本国情没有变，中国是世界最大发展中国家的国际地位没有变，并提出要"坚定实施科教兴国战略、人才强国战略、创新驱动发展战略、乡村振兴战略、区域协调发展战略、可持续发展战略……突出抓重点、补短板、强弱项，特别是要坚决打好防范化解重大风险、精准脱贫、污染防治的攻坚战，使全面建成小康社会得到人民认可、经得起历史检验"。④ 可以说，中国的发展中国家地位，不仅是加入世界贸易组织时的基本情况，也是中国的长期国情。

## 三、质疑发展中国家身份的背后

发展中国家地位与特殊和差别待遇条款兼具身份和规则的双重属

---

① 参见《中国加入工作组报告书》，2005 年 5 月 21 日，商务部产业损害调查局网，http://dcj. mofcom. cn/article/zcfb/cw/200504/20050400077995. shtml，访问日期：2020 年 12 月 22 日。

② 胡锦涛：《在中国加入世界贸易组织 10 周年高层论坛上的讲话（2011 年 12 月 11 日）》，人民出版社，2011，第 13 页。

③ 张向晨、徐清军、王金永：《WTO 改革应关注发展中成员的能力缺失问题》，《国际经济评论》2019 年第 1 期，第 34—57 页。

④ 习近平：《决胜全面建成小康社会　夺取新时代中国特色社会主义伟大胜利——在中国共产党第十九次全国代表大会上的报告》，人民网，2017 年 10 月 18 日，http://cpc. people. cn/n1/2017/1028/c64094-29613660. html，访问日期：2020 年 12 月 22 日。

性，美国等发达国家要求中国放弃发展中国家地位，本质上旨在继续维持其在国际经济秩序中的主导地位。①

对于中国等发展中国家的地位问题，美国之所以态度强硬，既有特朗普"美国优先"的个人风格的原因，更有美国近年来经济竞争力相对走弱、国内矛盾激化突出等多方面政治经济社会的原因。从短期看，特朗普政府以对中国的发展中国家地位进行发难为谈判筹码，争取本国的经济利益，是对国际金融危机和美国国内经济困境的一种应激反应。当前，发展中国家和新兴经济体经济快速增长，已经取代发达国家成为推动全球经济增长的主要力量，特别是中国经济高速发展，不断地缩小与美国的差距，甚至在工业和制造业等方面进行赶超，发展中国家出口的增长占了美国贸易赤字的一半以上。特朗普政府将其制造业萎缩、人口失业等问题归咎于现行多边贸易机制，指责现有的规则严重损害了美国企业的利益。出于对美国可能失去霸权国家和超级大国地位的焦虑，美国寄希望于改变世界贸易组织规则，恢复采取对其有利的贸易规则，以所谓的"对等"诉求服务于"美国优先"的战略，从而实现再次强大。

从长期看，美国赢者通吃的单赢思维根深蒂固，其不希望中国继续以发展中国家的身份获得长足稳定的发展。美国认为世界贸易组织目前对发展中国家不加区分的做法严重侵害了其自身发展利益，允许出口大国、发展水平更高的发展中国家与更贫穷、弱小的最不发达国家享有相同的特殊和差别待遇，创造了不对称性，且发展中国家中的重要参与者不会提出有意义的建议，② 导致世界贸易组织的大部分规则成为发达国家的负累。因此，要求取消中国等国家发展中国家的身份，既出于展示

---

① 彭德雷、周围欢、屠新泉：《多边贸易体制下中国发展中国家地位问题研究——基于历史、现实与规范的多维考察》，《太平洋学报》2010 年第 1 期，第 64 页。

② 李双双：《WTO"特殊和差别待遇"透视：改革争议、对华现实意义及政策建议》，《国际贸易》2019 年第 8 期，第 7 页。

美国维护自身利益的强硬形象的需要，也出于扭转贸易格局、再次主导世界贸易组织改革方向、遏制新兴经济体发展的需要。

中国作为世界贸易组织的成员之一，应当认清发达国家成员关于中国发展中国家地位诉求的本质，坚定维护发展中国家的权利。针对下一阶段的改革谈判，中国应当争取更多的盟友，共同维护发展中国家合理权益。在谈判中，也可以考虑摒弃死守发达国家、发展中国家这样的二分法，借鉴世界银行、联合国开发计划署等机构的分类标准，采取更易为发达国家接受的合理分类方式，以回应发达国家的不满。考虑到我国经济发展水平与发达国家的差距不断缩小，"十四五"时期有望迈入世界银行分类标准下的高收入国家行列，也应当尽快做好适应新角色、新身份的准备。同时也要看到，在规则和实践层面，坚持中国的发展中国家地位并不意味着完全等同于享受特殊和差别待遇条款。中国可以根据具体的案例去进行具体分析，根据不同情况去研究哪些特殊和差别待遇条款能够带来更加实际的和灵活的利益，对于部分意义不大的条款，可以采取与不发达国家保持差异的选择，以退为进地争取更大利益。

综上所述，面对全球化时代来自国际社会尤其是发达国家的种种质疑，中国应当继续坚持多边贸易体制，反对单边主义和贸易保护主义，积极发挥世界贸易组织发展中成员的角色影响，推动世界贸易组织改革顺利进行，营造和谐共融的经济发展环境。

# 第二节　反腐败追逃追赃国际合作
## ——国家利益的法律宣示

腐败犯罪损害社会公平正义，影响经济健康发展，危及国家长治久安，是困扰人类社会发展的毒瘤。腐败是世界各国都面临的严峻挑战，也是国际执法司法合作的重要内容。发展中国家在经济快速增长的同时，由于法律制度不健全，法治水平较低，容易产生较大面积的腐败。随着中国经济社会的不断发展，中国对全球经济参与度不断加深，中外交流日趋便利，腐败犯罪呈现出跨境犯罪的趋势，腐败分子外逃现象持续增多，国有资产流失严重。据统计，20 世纪 90 年代中期到 2014 年，外逃的党政干部、政法干部、企事业单位高层管理人员，以及驻外中资机构外逃、失踪人数高达 16000—18000 人，携带款项达 8000 亿元人民币。① 2014 年 10 月，中央反腐败协调小组国际追逃追赃办公室成立，包含中央纪委、最高人民法院、最高人民检察院、外交部、公安部、安全部、司法部、人民银行等 8 家成员单位，协调组织成员单位开展追逃追赃国际合作，推动突破大要案办理。2015 年 4 月 22 日，中央反腐败协调小组国际追逃追赃办公室会同国际刑警组织公布了针对 100 名涉嫌犯罪的外逃国家工作人员、重要腐败案件涉案人的"红色通缉令"，向国际社会和外逃犯罪嫌疑人员释放了境外追逃追赃虽远必追、虽久必追的信号。

习近平总书记强调，要搭建追逃追赃国际合作平台。加大交涉力度，突破一批重点个案，使企图外逃分子丢掉幻想、望而却步。要加快与外逃目的地国签署引渡条约、建立执法合作。要继续推动在二十国集团、亚太经合组织、《联合国反腐败公约》等多边框架下加强追逃追赃国际合作。要加强对国际规则和国际组织情况的研究……及时了解和掌

---

① 《"聚焦中国打击外逃贪官系列行动"系列之一：中国和外国缔结的引渡条约一览》，人民网，http://world. people. com. cn/n/2014/1021/c1002-25874521. html，访问日期：2020 年 12 月 3 日。

握国际反腐败最新动态，提高追逃追赃工作的针对性。① 中央纪委牵头开展中国反腐败追逃追赃工作，本节以"中国银行开平支行案"境外追逃追赃司法合作为例，展示当前开展境外追逃追赃法律外交的主要手段，总结开展反腐败追逃追赃工作的基本原则。可以说，中国这一最大的发展中国家，在以西方语境为主的国际社会中，为全球反腐败治理提供了新的视角和有益经验。

## 一、追逃追赃国际合作的基本原则

境外追逃追赃反腐败国际合作，直接关系到各国的主权和司法制度，不仅需要遵循国际法和国际关系基本准则，还需要遵循符合司法执法特点的原则，不仅需要法律层面的沟通，还需要积极开展合作的政治意愿。

首先，国家间开展司法执法合作必须相互尊重主权，国家主权原则是普遍适用于各种司法协助关系的一般原则。②《联合国打击跨国有组织犯罪公约》《联合国禁止非法贩运麻醉药品和精神药物公约》也对主权原则进行了类似规定。主权原则在我国的国内立法中也有明确的规定，如《中华人民共和国引渡法》中规定："引渡合作，不得损害中华人民

---

① 2014 年 10 月 9 日，习近平总书记在十八届中央政治局常委会第七十八次会议上发表了关于加强反腐败国际追逃追赃工作的重要讲话，参见《习近平谈海外腐败：让腐败分子在海外永无"避罪天堂"》，人民网，http://finance. people. com. cn/n/2015/0924/c1004-27627114. html，访问日期：2020 年 12 月 3 日。

② 《联合国反腐败公约》规定：缔约国在履行其根据本公约所承担的义务时，应当恪守各国主权平等和领土完整原则以及不干涉他国内政原则。本公约任何规定概不赋予缔约国在另一国领域内行使管辖权和履行该另一国本国法律规定的专属于该国机关的职能的权利。参见《联合国反腐败公约》第四条，联合国网，https://www. un. org/zh/issues/anti-corruption/uncac_ text. shtml，访问日期：2020 年 12 月 3 日。

共和国的主权、安全和社会公共利益。"① 我国对外缔结的所有刑事司法协助条约均明确规定了主权原则。② 从本质上来说，反腐败工作归根到底是一国的内政，各国开展司法执法合作，必须以相互尊重主权、尊重社会制度和发展阶段、取得当事国同意为前提。

其次，开展反腐败追逃追赃工作，必须遵守法律规定，遵循法治原则。习近平总书记指出："中国司法机关在进行反腐败国际合作时，对具体案件都应该提供确凿证据。中国是一个法治国家，无论是在国内惩治腐败，还是开展反腐败国际合作，都依法办事，坚持以事实为依据、以法律为准绳。"③ 具体来说，法治原则体现在两个方面，一是要尊重国际刑事司法协助的基本原则，如"双重犯罪""政治犯不引渡""已决犯不引渡""一罪不二审""正当程序"等原则，二是要重视保障犯罪嫌疑人、被告人或被判刑人的正当权利。在国际刑事司法协助中，如果被请求方有充分理由相信，提出的某项刑事司法协助请求是基于某人的种族、性别、宗教、政治观点或国籍等原因对其起诉或处罚，或该人在诉讼中的地位会因上述原因而受到损害，则应当拒绝提供协助。一国要想与其他国家开展反腐败追逃追赃国际合作，必须在刑事司法协助的基本原则下，尊重和理解对方的法律制度、体系和相关规定，在多边条约、双边协定、当事国法律规定的框架下进行合作，这也是法治原则的明确要求。

---

① 《中华人民共和国引渡法》第三条，中国人大网，http://www.npc.gov.cn/wxzl/gongbao/2001-03/05/content_5123887.htm，访问日期：2020 年 12 月 3 日。

② 《中华人民共和国国际刑事司法协助法》第四条规定："中华人民共和国和外国按照平等互惠原则开展国际刑事司法协助。国际刑事司法协助不得损害中华人民共和国的主权、安全和社会公共利益，不得违反中华人民共和国法律的基本原则。非经中华人民共和国主管机关同意，外国机构、组织和个人不得在中华人民共和国境内进行本法规定的刑事诉讼活动，中华人民共和国境内的机构、组织和个人不得向外国提供证据材料和本法规定的协助。"参见中国人大网，http://www.npc.gov.cn/zgrdw/npc/xinwen/2018-10/26/content_2064576.htm，访问日期：2020 年 12 月 3 日。

③ 《习近平接受路透社采访》，新华网，2015 年 10 月 18 日，http://www.xinhuanet.com/world/2015-10/18/c_111 6859131.htm，访问日期：2020 年 12 月 3 日。

最后，开展反腐败追逃追赃工作必须秉持合作原则，这是《联合国宪章》确立的国际关系基本准则之一。联合国大会于 1970 年一致通过了《关于各国依联合国宪章建立友好关系及合作之国际法原则之宣言》，要求"各国不问在政治、经济及社会制度上有何差异均有义务在国际关系之各方面彼此合作，以期维持国际和平与安全，并增进国际经济安定与进步、各国之一般福利，及不受此种差异所生歧视之国际合作"。① 反腐败追逃追赃具有很强的政治性，将合作原则确定为基本原则，具有很重要的现实意义。这就要求各国在相互尊重主权和平等互利的基础上，在各自的法律允许范围内，最大限度地便利国际合作，为促进合作而解决和克服法律障碍。尽管如此，由于各国的法律和司法体系存在重大差异，加之请求国与被请求国两国之间的双边关系、利益衡量、政治互信程度等多重因素的影响，反腐败追逃追赃国际合作仍有待继续探索前进。

应当说，推进反腐败国际合作不仅仅是法律和司法层面的对外协调或制度衔接，更是代表国家意志和国家利益的政治宣示。② 在我国境外追逃追赃实践中，具体个案能否获得成功，更大程度上仍然受制于被请求国提供合作的政治意愿和利益考量。因此，在反腐败追逃追赃的国际合作实践中，中国应当积极主动参与国际准则和法律规则的制定，推动建立"零容忍、零漏洞、零障碍"的反腐败国际合作机制，积极履约适约，不断扩大与被请求国的共同利益和法意诉求，加强在信息互通、法律文书送达、犯罪资产追回、犯罪资产分享、被判刑人移管等方面的协调合作，寻求在《联合国反腐败公约》《联合国打击跨国有组织犯罪公约》以及双边条约项下的司法合作，加快与重点国家签订双边刑事司法

---

① 参见《关于各国依联合国宪章建立友好关系及合作之国际法原则之宣言》，联合国大会 1970 年 10 月 24 日通过。

② 王田田：《国际反腐败合作的中国经验》，《中国社会科学报》2017 年 3 月 29 日，第 6 版。

协助条约或引渡条约，争取获得国际反腐败合作更大的主动权。

## 二、中国银行开平支行案

2001年10月12日，中国银行为加强管理，统一资金内部结算系统和方式，对全国系统进行了联网。通过核查，工作人员发现了一个巨大的资金缺口，最初以为是电脑系统出现了技术故障，几番复算之后结论仍然相同，经查缺口数额为4.83亿美元。与此同时，涉案的广东省分行开平支行前后三任行长许超凡、余振东、许国俊突然失踪。至此，中国银行发生了中华人民共和国成立以来最大的银行资金盗窃案（中国银行开平支行案），涉案资金折合人民币超过40亿元。

根据出入境记录和飞行信息，有明显迹象表明犯罪嫌疑人潜逃到了美国和加拿大，并在之前的3年内通过家人和亲属将资金转移过去，准备长期藏匿。中国司法部依据《中美刑事司法协助协定》《中加刑事司法协助条约》，向美国和加拿大两国的司法部分别提出紧急刑事司法协助请求，要求查找上述外逃犯罪嫌疑人的行踪，提供出入境记录和移民手续情况，调取上述犯罪嫌疑人的金融交易记录，冻结和扣押犯罪嫌疑人转移到美国和加拿大的资产。但是，由于犯罪嫌疑人作案时间长，准备充分，大部分涉案资金都通过洗钱公司进行了转移，再经过不同银行反复的账户变更，使账户资金转移链条断裂、混乱或者模糊，警方无法掌握确切的证据。只有一笔案发后10月15日余振东从我国香港渣打银行分别汇往美国旧金山花旗银行和美洲银行的355万美元比较明确，因此也进入了调查人员视线。在提出刑事司法协助请求的同时，中国银行也在美国当地进行起诉，要求旧金山民事法庭对355万美元实施民事扣押。当然，这些行动都遭到了犯罪嫌疑人的负隅顽抗，他们通过藏匿、拒绝接受法院文书、通过律师发布中国政府的追诉属于"政治迫害"等一系列行为阻挠法院的诉讼程序，使得开庭时间一推再推。与此同时，中方专案组迅速摸清了资金转移链条，对会计凭证、银行记录和证明材料进行分析、梳理和筛选，整理出了一份既具有充分说服力又符合美国诉讼要求的证据材料。12月6日，中国司法部官员将证据材料寄往美国司法部刑事局国际事务办公室。

12月8日，旧金山民事法庭由于对余振东及其律师提出的涉及政治迫害等问题表现出了同情，作出了解除中国银行提出的民事扣押的决定。但犯罪嫌疑人还没来得及高兴，就发现早在几个小时前，美国司法部根据中国的刑事司法协助请求，对355万美元发出了刑事扣押令，355万美元由检察官办公室带走。对355万美元实施刑事扣押仅是追缴资产的第一步，要想将犯罪资产追回中国，还需要开展更艰苦的工作。经过沟通，两国一致认为需要在领导层面上开展工作。2002年10月23日，美国时任司法部部长阿什克罗夫特（John David Ashcroft）来华访问，与中国司法部副部长举行了会晤，在双边司法合作问题上达成了一些重要的共识，尤其提到了中国银行开平支行案。美方表示，将尽快启动民事没收程序，将犯罪资产返还中方，同时继续调查其他犯罪所得。对于逃匿的犯罪嫌疑人，一旦在美国境内抓获他们，将在美国对其绳之以法，或者设法将其遣返给中方。

美国的民事没收是指对"物"所进行的诉讼，独立于刑事诉讼，只要证据认定355万美元属于犯罪所得，就可以对资产进行没收。但是，民事没收程序需要一定的时间，需要对与财产有利害关系的人员进行通知，进行除权后再进行诉讼。2002年12月21日，余振东在洛杉矶因其他问题被拘留，正巧中国司法部官员在当地与美国检察官共同执行调取证据的任务。两方官员抓住机遇，立即向美国移民法庭提出余振东是犯有严重罪行、受到通缉的逃犯，不能进行保释，并决定将其移送刑事司法机关接受调查和追诉。在刑事审判期间，余振东对所犯罪行供认不讳，承认了 355 万美元属于贪污所得。自此，针对 355 万美元的民事没收程序顺利告终。2003 年 9 月 23 日，中方司法部代表团访美期间，美国司法部部长将 355 万美元的支票交给中方。

2002 年 12 月，余振东在洛杉矶被美方执法人员拘押。2004 年 2 月，余振东在美国拉斯维加斯联邦法院受审，因非法入境、非法移民及洗钱三项罪名被判处 144 个月监禁。2004 年 4 月 16 日，美方将余振东驱逐出境并押送至中国。① 这是第一个由美方正式押送移交中方的外逃经济犯罪嫌疑人。2004 年 4 月 17 日余振东被广东检方正式批捕，2005 年 1 月 3 日被移送至江门市检察院审查起诉。2005 年 8 月 16 日，江门市中级人民法院公开审理了余振东涉嫌贪污、挪用公款案，判处有期徒刑 12 年。结合余振东在服刑期间的表现，对其进行了 2 次减刑，他于 2014 年出狱。在余振东之前先后担任中国银行开平支行行长的许超凡、许国俊也于 2003 年、2004 年在美国先后被捕。由于两人拒绝回国，在美国当地进行了刑事诉讼，2009 年一审分别被判刑 22 年和 25 年。2018 年 7 月 11 日，在中美两国多个部门的密切配合、通力合作下，外逃美国 17 年的许超凡被强制遣返回国，其贪污挪用的 20 多亿元资金也被追回。②

中国银行开平支行案是中国第一次依据《中美刑事司法协助协定》与美国执法部门就反腐败开展的合作，是第一次组织中方证人通过远程视频向美国法院作证，实现了中国、美国、加拿大以及中国香港三个国家四个法域的执法司法长时间、高密度、宽范围、深领域的合作。该案也是我国在西方发达国家实现异地追诉、异地服刑后强制遣返重要职务犯罪嫌疑人的第一起成功案例。中美两国执法司法部门共同开展反腐败合

---

① 根据余振东此前与美方达成的辩诉交易协议，美国政府把余振东遣送回中国以前，应从中国政府得到关于余振东在中国起诉和监禁的相应保证，即假如余振东在中国被起诉的话，应当被判处不超过 12 年刑期的有期徒刑，并不得对余进行刑讯逼供和判处死刑。

② 参见《"超凡"美梦终破碎——中国银行开平支行案主犯许超凡归案纪实》，人民网，http://fanfu.people.com.cn/n1/2018/0712/c64371-30142470.html，访问日期：2020 年 12 月 3 日。

作，不仅符合双边协定、各自国内法律的规定，更符合两国共同打击腐败和洗钱犯罪的需求。美国助理司法部长布鲁尔在案件宣判后的新闻发言中称："对于在各自国内滥用金融系统，随后采取欺诈手段潜逃美国，用非法所得过富足的生活的外国人，我们要让他们为行为负责。"①

## 三、反腐败追逃追赃国际合作的中国方案

中国是一个具有 14 亿多人口的世界人口大国，长期执政的中国共产党是世界第一大党，在这样一个国家治理腐败，无疑是艰巨的。据统计，2014 年至 2020 年 6 月，中国共从 120 多个国家和地区追回外逃人员 7831 人，其中追回党员和国家工作人员 2075 人，追回赃款 196. 54 亿元。② 这些数据有力印证了中国开展反腐败国际追逃追赃工作是符合各国利益的正义事业，也获得了国际社会、国际组织和很多国家的认可和支持。中国的反腐败成就，惠及的不仅仅是中国人民，也为全球反腐败治理提供了新的视角和范式，它表明发展中国家走向廉洁国家完全可以有自己的道路。③

长期以来，人们总认为西方国家的制度是遏制权力腐败的最优选择，经常以西方发达国家的反腐败法律制度和评价标准来衡量中国的反腐败工作。当然，这与近代以来西方国家早已形成一套话语体系有

---

① 参见《中行开平案两主犯在美获刑　犯人应还 4. 82 亿美元》，搜狐网，http://news. sohu. com/20090508/n263837581. shtml，访问日期：2020 年 12 月 3 日。

② 王卓：《履行法定职责　彰显治理效能——反腐败国际追逃追赃工作系列报道之五》，中央纪委国家监委网站，http://www. ccdi. gov. cn/toutiao/202008/t20200811_223561. html，访问日期：2020 年 12 月 10 日。

③ 赵林：《为反腐败国际治理贡献中国经验》，《中国纪检监察报》2020 年 12 月 10 日，第 7 版。

直接关系。① 发展中国家无论是在经济、政治还是反腐败领域，话语权、表决权都非常有限。西方发达国家对发展中国家的反腐败国际合作，特别是国际追逃追赃工作大多采取袖手旁观、置之不理的态度，甚至采取不合作、不协助的方式。在一些西方发达国家看来，腐败分子大多都是由发展中国家外逃至发达国家，腐败资产也都由此进入了发达国家，反腐败追逃追赃只是发展中国家的需求。但是，随着腐败问题的日益严重，发达国家也逐渐意识到，这些腐败分子和腐败资产同样对本国的经济社会和法律秩序造成了极大的损害，这个问题必须予以解决。从置若罔闻到开展合作，根本原因还在于打击跨国犯罪、维护本国的经济社会发展利益也符合发达国家的利益，也是国际司法合作的必然趋势。当前，在反腐败问题上，国际社会已经形成了共同利益理念，各国普遍认为在维护自身利益的同时也应维护世界经济金融秩序稳定和经济社会可持续发展，共同致力于打击腐败犯罪，增强各国政府公信力，维护发展秩序。以中国为主导的反腐败国际合作规则，凸显了中国政府参与反腐败国际合作的主动性和引导性，使中国实现了从全球治理的局外人、参与者到规则制定者的角色转变。②

中国在倡导和引领国际反腐败新秩序建立的道路上所迈出的坚实步伐，从一个侧面证明中国正积极参与全球治理体系建设，努力为完善全

---

① 20世纪末，美国学者弗朗西斯·福山发表了《历史的终结与最后的人》，宣称西方的自由民主制度是"人类意识形态发展的终点"，是"人类最后一种统治形式"，并构成"历史的终结"。这一理论在西方政治学领域制造了一种重要的话语环境，即西方资本主义制度是人类政治制度发展的最高形式，包括腐败与反腐败问题，都在西方的历史中找到了最终答案和解决方案，"只此一家，别无分店"。参见赵林：《为反腐败国际治理贡献中国经验》，《中国纪检监察报》2020年12月10日，第7版。

② 滕抒：《引领反腐败国际合作的"中国方案"——从北京反腐败宣言到G20反腐败行动》，人民网，http://fanfu.people.com.cn/n1/2016/0921/c64371-28730075.html，访问日期：2020年12月10日。

球治理贡献中国智慧，并推动国际秩序和全球治理体系朝着更加公正合理的方向发展。可以说，作为世界上最大的发展中国家，中国为完善腐败治理的全球治理体系贡献了"中国方案"，彰显了"中国之治"。

# 第五章

# 冷战后的中国法律外交与负责任大国角色

　　本章考察了冷战后中国法律外交与负责任大国角色的互动。如前所述，塑造负责任大国角色不仅是中国回应国际社会"中国威胁论""中国责任论"的必要国家角色调整，也是实现自身发展、实现国家利益的实际需要。自 20 世纪 90 年代中期提出要做负责任大国以来，中国政府不断向外宣示自己的负责任姿态，并且在全球治理、区域发展、地区安全等方面均取得了不错的成绩，作出了应有的贡献，负责任大国形象日益鲜明。"中国已经开始将自己看成具有各种利益且负有各种责任的新兴强国。"① 负责任大国最显著的特征即体现在参与全球治理、在多边体制框架下解决问题。因此，本章第一节通过中国"一带一路"倡议对国际治理体系和国际制度的创新，考察国际社会对中国负责任大国形象的认知和反馈，探索"一带一路"倡议如何在法治化道路上继续推进；第二节探讨了美国"长臂管辖"制度的滥用。美国的这种对国内法的域外滥用不符合国际法的基本原则，冲击了以规则为基础的多边贸易体制，给世界经济复苏带来了不利影响。为此，中国通过法律外交的手段，表明了中国政府反对外国法律与措施不当域外适用的严正立场，提供了保

---

　　① Evan S. Mederios and M. Taylor Fravel, "China's New Diplomacy," *Foreign Affairs* 82, no. 6 ( November/December 2003) : 21.

障企业合法权益的救济渠道，也体现了中国维护国际经贸秩序的责任担当。[①] 第三节通过中国在《巴黎协定》中发挥的作用，展现了中国广泛参与全球治理、构建人类命运共同体的负责任大国担当。从总体上看，中国接受现有的国际机制，可以判定中国已成为国际体系的支持方、稳定者与改革者。[②] 负责任大国的国家角色认知，既是中国与国际社会互动的产物，也是中国自身创造性自我认知的结果，更是未来影响中国法律外交行为的新变量。在负责任大国角色下，中国的法律外交既体现出了对国际秩序和国际规则的维护、改善，也同时体现出创新、主导和积极主动的特点。

# 第一节　"一带一路"倡议
## ——中国引领多边机制的实践

2013 年 9 月和 10 月，中国国家主席习近平访问哈萨克斯坦和印度尼西亚时先后提出共建"丝绸之路经济带"和"21 世纪海上丝绸之路"的重大倡议。"一带一路"倡议得到了越来越多的国家和国际组织的积极响应，受到国际社会广泛关注，影响力日益扩大。[③] "一带一路"倡议以共商共建共享为原则，以和平合作、开放包容、互学互鉴、互利共赢的丝绸之路精神为指引，以政策沟通、设施联通、贸易畅通、资金融

---

① 参见《专家就〈阻断外国法律与措施不当域外适用办法〉答问》，《人民日报》2021 年 1 月 9 日。

② Alastair Iain Johnston, "Is China a Status Quo Power?" *International Security* 27, no. 4 (2003): 5–56.

③ "一带一路"建设工作领导小组办公室：《共建"一带一路"倡议：进展、贡献与展望》，中国一带一路网，2019 年 4 月 22 日，yidaiyilu. gov. cn/p/86708. html，第 2 页。

通、民心相通为主要内容，跨越不同国家地域、不同发展阶段、不同历史传统、不同文化宗教、不同风俗习惯，不搞地缘政治联盟或军事同盟，不是关起门来搞小圈子或者"中国俱乐部"，不以意识形态划界，不搞零和游戏，致力于造福共建国家人民、推动构建人类命运共同体，提供全球范围内的公共产品。① "一带一路"倡议是中国主动参与全球治理体系的第一次系统性倡议，② 推行以规则为导向的治理架构，并且遵循国际法的基本原则。这一倡议不仅是中国统筹国内国际两个大局提出的重要成果，也为推动各国共同发展提供了助力，体现了负责任大国的担当。截至 2020 年 11 月，我国已与 138 个国家和 31 个国际组织签署了 201 份共建"一带一路"合作文件，③ 与共建国家签署双边投资协定、民航协定、避免双重征税协定各 60 余项，双边银行监管协议 30 余项，司法协助、引渡和打击三股势力条约 70 余项，"一带一路"合作法律框架基本建成，合作成效初步显露。

## 一、中国的角色认知和选择

进入 21 世纪，世界面对着一个快速发展和更加自信、开放的中国，中国面对一个形势更加复杂、变化更加深刻、机遇与挑战并存的世界，中国迎来促进与世界良性互动、塑造新战略机遇期的关键时刻。④ 中国的快速发展已经成为国际社会不可忽视的重要组成事实，并且中国逐渐走向世界的中心。"一带一路"倡议是中国面对错综复杂的国内国际形

---

① "一带一路"建设工作领导小组办公室：《共建"一带一路"倡议：进展、贡献与展望》，中国一带一路网，2019 年 4 月 22 日，yidaiyilu. gov. cn/p/86708. html，第 4—12 页。

② 王明国：《"一带一路"倡议的国际制度基础》，《东北亚论坛》2015 年第 6 期，第 87 页。

③《我国已与 138 个国家、31 个国际组织签署 201 份共建"一带一路"合作文件》，中国政府网，http://www.gov.cn/xinwen/2020-11/17/content_5562132. htm，访问日期：2020 年 11 月 29 日。

④ 门洪华：《"一带一路"与中国—世界互动关系》，《世界经济与政治》2019 年第 5 期，第 4 页。

势，以习近平同志为核心的党中央统揽全局、审时度势、多方权衡之后提出的重要发展倡议，① 不仅是解决中国自身不平衡、不协调问题的有效途径，也是在世界范围内整合资源、互利共赢的重要机遇。

从国际形势来看，经济全球化依旧是 21 世纪的主流。但此时，世界经济处于深度调整期，逆全球化潮流涌动。西方国家作为全球治理的主导者，频频拒绝为世界发展贡献力量。尤其是特朗普政府执政后，强调美国优先、美国第一，频频发出"退群"威胁。特朗普政府不愿意承担国际责任的举动使美国受到国际社会的非议。为了应对中国崛起，美国一方面不得不与中国接触，开展双边贸易，推动美国跨国公司和金融机构全面进入中国市场，另一方面却对中国进行"双反"诉讼，主导跨太平洋伙伴关系协定（TPP），意图遏制中国崛起。这给中国在东亚和平发展带来了很大的限制，中国不得不向其他区域寻找机会，从而消解美国从东向中国施加的压力。欧洲国家则尚未从经济危机中恢复，加之英国"脱欧"带来欧盟震荡，民粹主义盛行，给欧洲的全球治理能力打上了问号。在逆全球化势力抬头时，中国高举经济全球化的旗帜，并审时度势，就国际形势作出了重要的判断。一方面中国看到各国相互联系、相互依存，全球命运与共、休戚相关，和平力量的上升远远超过战争因素的增长，和平、发展、合作、共赢的时代潮流更加强劲；另一方面中国也深刻认识到世界进入转轨时期，出现了严重的逆全球化潮流，各国间宏观政策协调难度加大，各国利益诉求和政策着力点的差异日益显现。各国保护主义抬头，贸易壁垒逐渐增加。有些国家和利益群体把利益分配不均、贫富分化加剧错误地归咎于全球化，成为反全球化的力

---

① 邢广程：《海陆两个丝路：通向世界的战略之梯》，《人民论坛·学术前沿》2014 年第 7 期，第 90—95 页。

量。① "一带一路"倡议是中国推动新型全球化、改善全球治理的可行方案，不仅契合了世界多数国家对基础设施建设的需求，有助于实现亚欧非大陆一体化，还进一步使中国与世界其他国家合作，互联互通，并推动全球经济向开放共赢的方向迈进。同时，"一带一路"倡议具有开放包容的鲜明特点，打破了以往以发达国家为中心的发展模式，既向发达国家敞开大门，更重要的是致力于推动发展中国家的繁荣发展，并且更突出平等、公平，提升了发展中国家自主创新发展经济的内生动力。

从中国自身的发展来看，改革开放以来，中国经济取得了举世瞩目的成就。中国全面参与全球和区域合作，成为世界经济发展的重要推动者，也形成了开放的社会经济体系。中国经济步入了一个新的发展阶段，从高速增长转为中高速增长，经济结构不断优化升级，从要素驱动、投资驱动转向创新驱动。② 为了消除世界经济放缓与国内经济发展新常态带来的压力，中国亟须借助"一带一路"来克服面临的能源和产能等方面的约束。首先是能源问题，天然气、石油等能源是经济增长的必需，尽管中国政府日益重视发展环保型经济，但有限的能源存储与发展的巨大需求之间依旧不平衡，需要通过进口能源来解决这个问题。"一带一路"共建国家中有不少国家盛产能源，是中国能源合作的重要伙伴。其次是产能问题，中国目前过剩的产能主要集中在与基础设施建设相关的领域，如水泥、钢铁等，"一带一路"共建国家正好在基础设施领域有巨大的需求，供需对接可实现互助共赢。最后是出口市场问题，由于美欧等发达国家对中国出口商品实行"双反"措施，中国大批中小企业面临行业危机，出口市场受到严重挤压，造成了经济下行压

---

① 林毅夫：《一带一路与自贸区：中国新的对外开放倡议与举措》，《北京大学学报》（哲学社会科学版）2017 年第 1 期，第 11—13 页。

② 习近平：《谋求持久发展　共筑亚太梦想——在亚太经合组织工商领导人峰会开幕式上的演讲》，《人民日报》2014 年 11 月 10 日，第 1 版。

力。"一带一路"倡议促进中国与共建国家开展互补性经贸合作，从而拓展了商品市场，拉动了彼此经济，切实保护了中国企业的海外利益。

当然，"一带一路"倡议也是中国根据"负责任大国"角色和总体外交战略要求作出的重要选择。冷战结束后，周边国家在中国外交总体布局中的地位越来越重要，党的十四大报告认为"我们同周边国家的睦邻友好关系处于建国以来的最好时期"；① 党的十七大报告提出"将继续贯彻与邻为善、以邻为伴的周边外交方针，加强同周边国家的睦邻友好和务实合作，积极开展区域合作，共同营造和平稳定、平等互信、合作共赢的地区环境"；② 党的十八大报告提出，"我们将坚持与邻为善、以邻为伴，巩固睦邻友好，深化互利合作，努力使自身发展更好惠及周边国家"。③ 党的十九大报告中进一步强调，"按照亲诚惠容理念和与邻为善、以邻为伴周边外交方针深化同周边国家关系，秉持正确义利观和真实亲诚理念加强同发展中国家团结合作"。④ 同时，党的十九大报告对推动"一带一路"倡议行稳致远作出了明确的规划，明确提出以"一带一路"建设为重点，坚持引进来和走出去并重，遵循共商共建共享原则，加强创新能力开放合作，形成陆海内外联动、东西双向互济的开放格局。⑤

总的来说，从自我认知的角度看，中国负责任大国的国家角色取决

---

① 江泽民：《加快改革开放和现代化建设步伐 夺取有中国特色社会主义事业的更大胜利——在中国共产党第十四次全国代表大会上的报告》，《人民日报》1992 年 10 月 12 日。

② 胡锦涛：《高举中国特色社会主义伟大旗帜 为夺取全面建设小康社会新胜利而奋斗——在中国共产党第十七次全国代表大会上的报告（2007 年 10 月 15 日）》。

③ 胡锦涛：《坚定不移沿着中国特色社会主义道路前进 为全面建成小康社会而奋斗——在中国共产党第十八次全国代表大会上的报告》，人民网，2012 年 11 月 8 日，http://politics.people.com.cn/n/2012/1118/c1001-19612670.html，访问日期：2020 年 12 月 3 日。

④ 习近平：《决胜全面建成小康社会 夺取新时代中国特色社会主义伟大胜利——在中国共产党第十九次全国代表大会上的报告》，第 39 页。

⑤ 习近平：《决胜全面建成小康社会 夺取新时代中国特色社会主义伟大胜利——在中国共产党第十九次全国代表大会上的报告》，第 33—35 页。

于中国对自身实力、特征的理性评估；从其他国家对中国的国家角色期待来看，大部分国家希望中国在国际体系和国际秩序中发挥进一步的作用。将"一带一路"倡议作为发展周边外交的重要举措，从与周边国家的互惠互利到更加注重对后者的利益"惠及"和"溢出"，体现了中国在和平发展过程中所具有的负责任大国的角色担当。[①] 基于这样的国家角色认知，中国作为负责任大国的重要利益之一就是在日益融入全球政治经济体系的过程中，与世界各国一道，秉持共商共建共享原则，携手应对世界经济面临的挑战，开创发展新机遇，谋求发展新动力，拓展发展新空间，实现优势互补，互利共赢，不断朝着人类命运共同体方向迈进。[②]

## 二、"一带一路"倡议与国际社会

"一带一路"倡议开启了新时代中国对外开放的新征程，构建了国际治理体系和国际经济合作新模式。"一带一路"倡议提出以来，为世界经济发展注入了新的活力和新的动能，推动共建国家优势互补，联动发展，成为开放包容的国际合作新平台。"一带一路"建设作为一项涵盖经济贸易、政治外交、人文交流等诸多领域的系统工程，在中国特色大国外交的保驾护航下，构建国内国际"双循环"相互促进的新发展格局，展现出美好前景。[③]

首先，从中国的国内经济发展来看，"一带一路"优化了中国经济

---

① 李晓、李俊久：《"一带一路"与中国地缘政治经济战略的重构》，《世界经济与政治》2015 年第 10 期，第 50 页。

② 习近平：《开辟合作新起点 谋求发展新动力——在"一带一路"国际合作高峰论坛圆桌峰会上的开幕辞》，《人民日报》2017 年 5 月 16 日，第 1 版。

③ 王志民、陈宗华：《"一带一路"建设的七年回顾与思考》，《东北亚论坛》2021 年第 1 期，第 104 页。

的格局，使中国经济朝着更加平衡的方向发展。"在不存在任何重大体系力量的时候，政策制定者能够成为变迁的施动者。"① "一带一路"倡议提出后不久，中国即将其与京津冀协同发展、长江经济带共同确定为经济发展的三大战略。此后，中国又将"一带一路"作为泛珠三角区域发展、海南自由贸易试验区、粤港澳大湾区、成渝地区经济发展的举措，通过构建广泛参与的区域合作新平台，从政策层面不断优化经济发展格局。在海上，确立了三条蓝色经济通道，贯通并环绕亚欧大陆，连接太平洋、印度洋、大西洋和北冰洋，并延伸辐射至大洋洲、非洲及北美洲地区。② 2020 年 5 月，党中央、国务院出台"以共建'一带一路'为引领，加大西部开放力度"的重大举措，将西部地区多层次开放、拓展区际互动合作、东中西部多个板块联动发展作为主要发展目标，使资源丰富但技术欠缺的西部成为中国经济新的增长点。

其次，从国际合作发展方面来看，"一带一路"倡议得到了联合国大会 193 个会员国和安理会 15 个理事国的一致同意。基础设施是"一带一路"带动共建国家发展的基础。在基础设施建设方面，截至 2020 年 6 月，中欧班列已开往 20 个国家，成为新时代的钢铁丝绸之路，2020 年上半年，中欧班列共计开行 5122 列，运输货物 46.1 万个标准箱。③ 在贸易合作方面，2017 年发布的《推进"一带一路"贸易畅通合作倡议》中强调中国"愿通过推进贸易便利化、发展新业态、促进服务贸易合作，推动和扩大贸易往来"。④ 此后，"一带一路"共建国家之间开启

---

① Charles F. Hermann, "Changing Course: When Government Choose to Redirect Foreign Policy?" *International Studies Quarterly* 34, no. 1 (1990): 20.

② 王志民：《"一带一路"：新时代新布局》，《国际贸易问题》2018 年第 2 期，第 49 页。

③ 王志民、陈宗华：《"一带一路"建设的七年回顾与思考》，《东北亚论坛》2021 年第 1 期，第 107 页。

④ 中华人民共和国商务部：《〈推进"一带一路"贸易畅通合作倡议〉在京发布》，中国政府网，http://www.gov.cn/xinwen/2017-05/15/content_5194212.htm，访问日期：2020 年 12 月 3 日。

了频繁、共通、互利的贸易往来，推动市场开放，提高了贸易便利化水平。① 在资金融通方面，中国作为倡议国出资设立了"丝路基金"，发起成立亚洲基础设施投资银行，截至 2020 年 9 月，亚投行成员国数量已经发展到 103 个，是仅次于世界银行的全球第二大多边开发平台，并在 24 个成员国投资 87 个项目，金额近 200 亿美元。② 应当说，"一带一路"在取得国际社会支持、基础设施联动、推动贸易共融、促进资金融通方面取得了超乎预期的成就。

最后，从国际社会对"一带一路"倡议的态度来看，亚欧非国家和地区总体上持积极评价态度，认为"一带一路"倡议与实践总体上遵循和对接通行国际规则，其中共建国家评价较非共建国家更为积极。③ 但是，作为超级大国，美国对"一带一路"倡议的态度却十分复杂，将"一带一路"倡议视为对美国在亚洲领导地位的一个重要挑战，并且认为"一带一路"并没有为西方跨国公司提供一个与中国企业公平竞争的环境，④ 甚至还有报道称"一带一路"倡议是对当前通行国际规则的挑战和破坏。在具体内容方面，国际社会普遍对"一带一路"倡议"打造利益共同体、责任共同体和命运共同体"的价值理念表示欢迎，但也有人对其具体规则如债务与融资、透明与反腐败等领域持消极态度。基于此，"一带一路"倡议应当进一步加强国际规则的制定和完善，探索符

---

① 据统计，2013—2019 年，我国对"一带一路"相关国家贸易累计超过 7.8 万亿美元，年均增长达 6.1%。2019 年，我国与共建国家贸易额达到 9.27 万亿元人民币，高出我国整体外贸增速 7.4 个百分点。参见王志民、陈宗华：《"一带一路"建设的七年回顾与思考》，《东北亚论坛》2021 年第 1 期，第 107—108 页。

② 新华社：《亚投行成员国数量增至 103 个》，新华网，https://baijiahao.baidu.com/s?id=1673474077161701460&wfr=spider&for=pc，访问日期：2020 年 12 月 3 日。

③ 陶平生：《全球治理视角下共建"一带一路"国际规则的遵循、完善和创新》，《管理世界》2020 年第 5 期，第 166 页。

④ Peter Buxbaum, "China's Belt and Road Initiative: What Does It All Mean?" January 30, 2018, Accessed December 3, 2020, http://www.globaltrademag.com/global-logistics/chinas-belt-road-initiative-mean.

合"一带一路"倡议发展的法治化路径。

## 三、"一带一路"倡议的法治化路径

当前，"一带一路"倡议已经成为全球治理的重要推动力，受到了国际社会的极大关注，"一带一路"的制度建设和发展模式对于 21 世纪全球经济治理最终能否成功将产生重大影响。[①] 法治是人类共同的文明成果，通过国际合作制定国际规范，建立可预期的国际制度，进而逐步塑造公正、有效的、法治化的全球治理模式是人类社会发展、进步的必然选择。[②] 毫无疑问，全球治理需要全球化的法律秩序，当代全球治理的重大特征是以联合国为核心的国际体系、以国际法为基础的国际秩序。[③]"一带一路"倡议推进的过程离不开法治的保障，只有与共建各国协商建立以规则为导向的发展体系，才能确保"一带一路"倡议长期、稳定、健康地发展。

首先，"一带一路"倡议应当维护联合国在国际规则制定中的主导地位。现有的全球经济治理体制是以发达国家为主导的治理体制，这一体制及其法律制度为世界经济的增长与国际经贸关系的重建作出了历史性贡献，中国也是这一体制的长期参与者和受益者。尽管这一体制的模式是"多国合作的俱乐部模式"，主要反映西方发达国家的立场，发展中国家只能服从，造成了国际民主的缺失，[④] 但是不可否认，这一体制

---

① 刘敬东：《"一带一路"法治化体系构建研究》，《政法论坛（中国政法大学学报）》2017年第 5 期，第 125 页。
② 刘敬东：《"一带一路"法治化体系构建研究》，《政法论坛（中国政法大学学报）》2017年第 5 期，第 126 页。
③ 陶平生：《全球治理视角下共建"一带一路"国际规则的遵循、完善和创新》，《管理世界》2020 年第 5 期，第 161 页。
④ 罗伯特·O. 基欧汉：《局部全球化世界中的自由主义、权力与治理》，门洪华译，北京大学出版社，2004，第 249 页；刘志云：《当代国际法的发展：一种从国际关系理论视角的分析》，法律出版社，2010，第 174 页。

有关贸易、投资和争端解决的国际规则依旧是当前国际经济社会发展最为成熟的制度。对接联合国相关制度，借鉴世界银行等国际组织相关经验，可以为"一带一路"倡议在绿色发展、透明与反腐败、包容性发展、融资和债务、创新与知识产权保护等领域提供有力的国际规则和制度支撑，从而使各国在多边框架下更快地融入和接受"一带一路"的制度设计。

其次，"一带一路"倡议应当秉持共商共建共享的原则。中国提出"一带一路"倡议之初，就提出了共商共建共享的发展理念，提出要遵循平等、追求互利的基本原则。这也是"一带一路"倡议的根本原则。世界贸易组织可供借鉴的是规范意义上的设置，其对国家实行差别待遇的做法则坚决不可取，特别是"非市场经济地位""特殊保障措施"等歧视性政策，使包括中国在内的广大发展中国家经济付出了极高的代价。正因为如此，"一带一路"倡议应当摒弃"老大"思维，反对赢者通吃的霸权义利观，通过与共建国家多边或双边平等协商，共同制定"一带一路"法律基本框架。"一带一路"绝不只是中国一家的"独角戏"，而是共建国家合作共赢的大合唱。① 在这一过程中，应充分考虑到共性和差异性，以求更好地实现各共建国的利益诉求。应在此基础上，充分利用各国的资源禀赋和比较优势，共同建设国际经济合作新平台，共同分享机遇和成果，促进"一带一路"共建国家共同发展。

最后，"一带一路"倡议应当坚持国际法导向的原则。营造稳定、可预期的发展环境是"一带一路"倡议的必然选择，这是"一带一路"倡议法治化的核心所在，这要求"一带一路"建设中的所有活动均遵照国际法原则和制度规则，在法治轨道上进行合作。当前，"一带一路"建设还有很多领域需要制定新的国际规则、建立新机制加以规范，比如

---

① 王志民、陈宗华：《"一带一路"建设的七年回顾与思考》，《东北亚论坛》2021 年第 1 期，第 111 页。

基础设施建设领域的相关规定，世界银行、国际货币基金组织等均没有可供借鉴的规范。再比如，亚投行的多边开发平台机制还没有体系化的制度。国际法导向包含三个方面的含义，既要充分借鉴和尊重现有国际贸易投资法律制度，沿袭国际贸易中关于平等保护、诚信原则、正当程序原则等国际社会普遍遵循的法律原则，也要根据当前面临的互联网经济、环境保护等新生事物制定新的国际法规则，同时要考虑到各国政府及司法机关在解决纠纷时的特殊规定，根据实际情况制定争端解决规则。

## 第二节　中国对美"长臂管辖"的应对
## ——回击法律的滥用

2018年3月，美国挑起中美贸易摩擦，中美两国先后宣布向对方国家的商品征收关税。[①] 紧随其后，2018年4月16日，美国宣布中兴通讯涉嫌违反美国对伊朗的出口管制政策，对其采取出口管制措施，禁止美国公司向中兴通讯销售零部件、商品、软件和技术7年，直到2025年3月13日；8月1日，美国又以国家安全和外交利益为理由，将44家中国企业（8家实体和36家附属机构）列入出口管制"实体清单"；同年12月6日，因怀疑违反美国对伊朗的贸易制裁，加拿大应美国要求扣押了华为公司首席财务官孟晚舟，在全球引起极大反响。2019年4月10

---

①　2018年3月22日，特朗普政府宣布将对中国600亿美元的商品加征关税，3月23日，中国政府作出回击，商务部宣布计划对美国30亿美元商品征收关税。4月3日，美国正式提出要求对500亿美元商品加征关税，次日，中国商务部也提出将对美国500亿美元商品加征关税，中美贸易摩擦全面升级。

日，美国商务部公布了一批"危险名单"（red flag），包含物流、供应链、仓储和科技企业在内的 37 家内地公司及院校，以及 7 家香港公司。2019 年 5 月 15 日，美国商务部工业安全局宣布将把华为公司及其附属公司添加到该局的管制实体名单中。2020 年 12 月 8 日，美国财政部宣布了针对伊朗和朝鲜的新一轮制裁措施，在有关朝鲜的措施中，其制裁了涉朝贸易的 6 家企业和 4 艘货轮，其中 4 家为中国内地及香港的企业。对此，中国外交部多次回应："中国政府始终全面、严格执行安理会有关涉朝决议，履行自身承担的国际义务，决不允许中国公民和企业从事违反安理会决议的活动。对经调查确属违反安理会决议、违反中国法律法规的行为，中方都将依法依规作出严肃处理。""在执行安理会决议问题上，中方一贯全面认真执行自身国际义务。中方坚决反对任何国家根据国内法对中国实体和个人实施单边制裁和长臂管辖。中方将继续坚定维护中国企业和个人的正当合法权益。"① 在此次中美贸易摩擦中，美国不仅采取了加征关税、进行反倾销反补贴诉讼的措施，还挥舞着法律的大棒。这种以其本国利益为导向，将其国内法强行适用于中国的行为，就是"长臂管辖"。

## 一、美国"长臂管辖"的主要做法

"长臂管辖"最初源于美国法院行使的一种司法管辖权，主要涉及民商事领域，指即使当事人的住所不在法院所在地，美国法院仍可依据

---

① 《外交部回应美国涉朝制裁》，新华网，2018 年 2 月 25 日，http://www.xinhuanet.com/world/2018-02/25/c_1122449046.htm；《美国对朝制裁涉及中企　中方回应：坚决反对单边制裁长臂管辖》，中华网，https://news.china.com/socialgd/10000169/20201210/39058447.html，访问日期：2021 年 1 月 9 日。

当事人与法院所在地有某种最低限度联系，对有关诉讼行使管辖权。① 这种最低限度的联系一般在其他国家看来并不构成充分的管辖权依据。近几十年来，美通过《国际紧急状态经济权力法》《出口管制法》《爱国者法案》《反海外腐败法》等法律，以及《控制苏联石油和天然气修正案》《对伊朗全面制裁、追责和撤资法》等国别制裁法案，不断扩大"长臂管辖"的范围，涵盖了民事侵权、金融、投资、出口管制、网络安全、反腐败、反垄断等诸多领域，动辄要求其他国家的机构和个人遵守美国法律，否则就予以行政甚至刑事制裁。目前美国的"长臂管辖"实际上已经超出了法律意义上的"长臂管辖"范畴，由民商事领域扩展到刑事领域，超越司法管辖扩展到立法、行政管辖，统指对外国机构或个人行使的一种过分的管辖权。也就是说，美国司法、执法、立法的"手"伸得太长了。

美国学者认为，国际法允许一国将其国内法进行域外适用，② 同时，"长臂管辖"也符合国际法上关于属地原则、属人原则、保护原则和普遍原则的规定。③ 美国的"长臂管辖"制度，不需要关注地域之间的横向关系，而更侧重于管辖法院地和外国被告之间的诉讼关系，基于此，美国对"长臂管辖"制度的适用，是在其国内法的框架下进行的，只不过被告恰好位于其他国家，因此并不侵犯他国的管辖权。④ 从美国法律

---

① 美国学者布莱恩·加纳在其主编的《布莱克法律词典》中，将"长臂管辖"定义为："在原告提起诉讼时，即使被告属于非法院地居民，但当被告与法院地存在联系时，法院对该被告拥有管辖权。"参见 Bryan A. Garner ( ed. ), *Black's Law Dictionary* 10th edn. ( West Group, 2014)。

② 杜涛：《美国单边域外经济制裁的国际法效力问题探讨》，《湖南社会科学》2010 年第 2 期，第 29—68 页。

③ Christopher L. Blakesley, "United States Jurisdiction over Extraterritorial Crime, " *The Journal of Criminal Law and Criminology* 73, no. 3 ( 1982): 1109-1163，转引自魏志朋：《中美贸易战背景下美国长臂管辖适用研究》，硕士学位论文，辽宁大学法律系，2020，第4—5页。

④ Ralf Michaels, "Jurisdiction, Foundations, " in *Encyclopedia of Private International Law* ( volume 2), eds. Jürgen Basedow, et al. ( Cheltenham: Edward Elgar Publishing, 2017), p. 1048; Ralf Michaels, "Two Paradigms of Jurisdiction, " *Michigan Journal of International Law* 27, no. 4 ( 2006): 1059.

和实际案例来看，法院适用"长臂管辖"需考虑是否符合"最低限度联系"标准、"正当程序"要求和"国际礼让原则"，能否适用"长臂管辖"最终由法院裁定。值得注意的是，美国行政执法机关在调查和处罚阶段无须考虑是否符合这些条件，法院在自由裁量时，有时也会从美国自身利益出发，作出有利于美国的裁决。

近年来，随着中国国际地位和国际影响力快速上升，美国等西方国家对中国的猜疑和戒惧加深，同中国合作的水平有所下降，而对中国进行遏制的举措和行为不断增加。美西方国家在经济、军事、高新技术等诸多领域更加频繁地对中国的企业、机构与个人实施"长臂管辖"，严重威胁中国的政治安全、经济安全和外交战略布局，损害中国海外利益以及机构和个人合法权益。美国对中国实施"长臂管辖"的主要做法有四种。

一是以违反美法律为由直接实施制裁。这是美国对中国实施"长臂管辖"的典型手法。中国北方工业公司、昆仑银行、珠海振戎、中兴通讯、保利科技等企业都被美以违反其出口管制法规及制裁法案等为由实施制裁。美国实施"长臂管辖"的法律，不仅有经济管理领域的法律，还有打击贿赂犯罪、恐怖主义以及紧急状态等领域的法律。其中，《出口管制法》《反海外腐败法》《爱国者法案》《制裁和反击美国敌人法案》是对中国适用较为频繁的几项法案，其制裁措施包括罚款、禁止进口或使用美原产地产品、技术，禁止使用美金融体系，禁止在美从事相关行业，禁止美国实体（个人）与其开展任何经济往来，等等。

二是以民商事诉讼为手段进行经济讹诈。通过诉讼对外国企业实施打压和经济讹诈是美国的惯用伎俩。中国企业频频被以侵权、垄断、证券欺诈等理由提起诉讼，要求巨额经济赔偿，例如河北维尔康制药等药企被控"价格操纵"案、福建晋华公司被诉专利侵权案、北新集团建材股份有限公司等集体被诉侵权案等。由于美国所定义的"长臂管辖"原则具有极大的不确定性，赋予美执法、司法机构极大的自由裁量权，美国企业或者政府机构可以"便捷"地对他国企业和公民提起诉讼，索取巨额赔偿。在河北维尔康制药等药企被控"价格操纵"案中，美国法院一审判处中国企业支付1.5亿美元的经济赔偿。当时被诉中国企业在美国维生素C市场的营销收入仅占其总收入的0.7%，但1.5亿美元的罚款却相当于该企业当年全部净利润的8倍。①

三是进行送达、取证、保全财产或执行。美国的"长臂管辖"是把本国利益凌驾于他国主权之上的司法霸权，普遍不被其他国家法律所承认和接受，难以通过正常的法律程序实施。为此，美国绕开符合国际法原则的双多边司法协助机制，自行创设了"长臂管辖"的有关程序规则，规定美国可按国内法单方面对非美国人进行送达、取证、保全财产或执行。中国银行等多家金融机构以及中国国航等被美法院要求直接向美提交我境内客户信息或冻结、划扣我境内客户资产，如不执行则面临美巨额罚款，并可能被切断与美金融体系的联系。为逃避我主管部门监管，美执法、司法机构甚至威胁相关公民或企业不得向我主管部门报告提供协助的情况，否则将面临严厉的处罚。

四是提出刑事指控。近年来美国对中国企业和公民直接提起刑事指控的情况时有发生，包括攀钢集团"经济间谍"案、吴振洲违反美出口管制案、何志平行贿案、吴立胜行贿案、华为孟晚舟案等。美国刑事指控采取"最低程度联系"的管辖原则，中国企业和个人可能"动辄得咎"，在华为孟晚舟案中美方指控的所谓"欺诈行为"与美国实际联系十分微弱，但美方单方面认定"欺诈行为"给美国利益造成损害，从而建立起与美国的联系点，强行提起刑事诉讼。美国通过刑事诉讼的"长臂管辖"，进行人身恐吓和极限施压，以达到逼迫对手就范、维护自身

① 《华北制药被美国法院判定操纵维C价格　罚款10亿》，https://finance.gucheng.com/201303/2340253.shtml，访问日期：2021年1月9日。

利益的目的。为免于刑事处罚，多数被诉企业和个人都会选择接受美方开出的"和解条件"，这一做法在法国阿尔斯通公司、巴西石油公司等相关案件中屡屡奏效，美国意图对中国企业和个人故技重施。

随着中美贸易摩擦的不断升级，美国的"长臂管辖"实践也发生着新的变化，其适用的范围不断扩大，适用方式也不断翻新，呈现出如下特点。

一是"最低限度联系"标准的模糊性。"最低限度联系"没有法律上的明确定义，法官在解释时有很大的自由裁量权，实际运用时也被不断降低标准，使用美元、美邮件系统或涉及美国人等，都可被认为符合"最低限度联系"标准，尤其是在可能导致美利益受损的情况下，一些与美没有直接联系的行为也被纳入管辖范围，美国"长臂管辖"的范围越来越大。

二是立法、司法与执法的联动性。美在进行"长臂管辖"时，通常由多部门共同采取行动。通过立法确立法律依据，行政和司法部门具体开展执法调查或提起诉讼，保障法律执行，最终实现了美在制裁、反洗钱、反海外腐败、侵权等实体领域，以及送达、取证、财产保全和执行等程序领域的管辖霸权。

三是适用对象的选择性。从实践看，美国司法和执法部门在适用"长臂管辖"时有极强的选择性，往往根据国家利益需要进行。在适用对象上多选择与美国有敌对或竞争关系的国家或实体，在适用领域上多对他国金融机构、支柱产业、高科技企业等进行打击，以遏制和阻挠他国经济发展，维护其霸权地位。

四是美对待"长臂管辖"的两面性。美在"长臂管辖"问题上采取双重标准。一方面美通过"长臂管辖"在全球范围内推行霸权主义，另一方面在涉及自身利益时也承认这种"长臂管辖"违反国际法。例如以色列建国后，阿拉伯联盟为遏制以色列，禁止各国与以色列开展贸易，并将多家美国公司列入黑名单。对此，美国不仅修改其国内法鼓励本国公司与以色列开展贸易，制定"阻断法"，惩罚配合制裁的公司，参议院还于 1977 年通过决议，指出阿拉伯联盟禁止各国与以色列交易的次级制裁违反国际法，"美国政府不容忍对主权的干涉"。

## 二、应对美国"长臂管辖"的措施

美国"长臂管辖"尤其是在单边制裁领域的"长臂管辖"超出联合国安理会制裁决议范围，缺乏国际法上的合法性基础，违反国际通行做法，对很多国家造成危害。俄罗斯、伊朗、朝鲜、津巴布韦、古巴等国家直接被美制裁，其机构和个人被纳入美国的单边制裁名单；法国、德国、英国、加拿大、日本等国家的机构和个人，也因美国适用"长臂管辖"遭到处罚。对此，各国和各经济体纷纷采取相应措施予以阻断或反制。

### （一）通过立法阻断或者反制

1996 年，为对抗美国的"长臂管辖"和单边制裁的效力，欧盟出台阻断法令，建立了损害通知机制、统一协调机制和违规处罚措施、确立域外判决或行政决定不执行机制和损害赔偿机制，以减轻欧盟公司和个人在美国对第三方实施制裁时所受到的损害，并于 2018 年更新该法令。[①] 加拿大 1985 年的《外国域外管辖应对措施法案》以及后来的两个修正案，明确列举了抵制外国有关法律的清单，以防止他国运用其国内

---

① "阻断法令"是欧盟 1996 年 11 月 22 日通过的《欧盟理事会第 2271/96 号条例》，当时美国颁布《古巴自由与民主团结法案》以及《伊朗和利比亚制裁法案》，对古巴、伊朗和利比亚三国实行贸易禁运，并将"长臂"伸向欧盟。为了反制美国"域外法权"，保护那些从事合法国际贸易的欧盟经营者免受美国制裁影响，欧盟通过了该法令。参见《应对美国"长臂管辖"，欧洲要搞"阻断法案"》，https://user.guancha.cn/main/content?id=157390，访问日期：2021 年 1 月 10 日。

法对加拿大企业和个人实施法律制裁。[①] 墨西哥 1996 年出台了专门的阻断法令，意图阻断在本国适用非本国的域外法案。为了回击美国针对俄罗斯的一系列制裁措施，俄罗斯 2018 年 6 月由总统普京签署《关于影响（反制）美国和其他国家不友好行为的措施的法律》。澳大利亚没有类似欧盟的专门的阻断性法令，但相关法律为阻断美单边制裁行为提供了依据。例如澳大利亚《1984 年外国程序（越权管辖）法》规定，对于特定行为或决定，或者外国法院的判决，澳总检察长出于保护国家利益的考虑，可以发布禁令，禁止该行为、决定或判决在澳生效。

## （二）通过多边争端解决机制、行政处罚、司法诉讼和反制措施予以反制

欧盟以美国制裁"剥夺欧洲企业自由贸易权"为由向世界贸易组织争端解决机制提出控诉，最终通过谈判促成美国同意限制部分条款对欧盟的效力。[②] 美国 1996 年出台《古巴自由与民主声援法》对古巴实施制裁后，加拿大联合墨西哥向北美自由贸易区仲裁机构提出上诉。为在与美国"长臂管辖"博弈中制造抓手，各国不断强化其行政手段和司法工具，通过国内行政处罚、司法诉讼手段进行反制，以增加对冲砝码。2014 年法国巴黎银行遭到美司法部、财政部等机构联合罚款 89.7 亿美元后，[③] 2016 年欧盟委员会就美国苹果公司与爱尔兰的税务纠纷作出裁

---

① 加拿大 1984 年出台了《外国域外措施法》（Foreign Extraterritorial Measures Act, FEMA），该法于 1985 年生效，旨在对抗在美国对古巴制裁下的域外"连坐"。该法主要是一项授权法规，加拿大司法部长可依据该法的授权而下令采取阻断命令。违反 FEMA 或 FEMA 项下的阻断命令可能会受到处罚。迄今为止，FEMA 仅用于对冲与古巴有关的美国域外制裁。参见《应对美国"长臂管辖"，欧洲要搞"阻断法案"》，https://user.guancha.cn/main/content?id=157390，访问日期：2021 年 1 月 10 日。

② 张劲松：《论欧盟对美经济法域外效力的法律阻却》，《欧洲》2001 年第 2 期，第 55—56 页。

③ 《法国巴黎银行被罚 89.7 亿美元　都是美元惹的祸》，《中华工商时报》2014 年 7 月 7 日。

决，认定美国苹果公司须向爱尔兰补缴 130 亿欧元税款。[①] 针对美起诉马来西亚富商和高盛集团前高管，马来西亚反向起诉高盛子公司卷入马资金挪用案，以诉讼反制诉讼。2014 年美国对俄罗斯实施制裁时，俄罗斯立即宣布采取反制措施，包括对美国航天员拒发签证、限制美国牛肉和水果等食品进口、发布俄罗斯制裁名单等。[②] 此后，在每次美国宣布扩大对俄罗斯制裁后，俄罗斯也立即宣布加大反制措施，包括扩大禁止从美国及其盟国进口产品的类别名单等。

## （三）通过游说、交涉、提供法律支持或促进和解，降低损失

首先，美国大部分制裁法均授予总统豁免权，外国可通过外交交涉和斡旋争取获得豁免。有的国家试图通过国家层面的交涉和游说获得豁免。2017 年美国国会通过对俄制裁法案前后，欧盟积极游说，减少欧盟受制裁企业的数量。其次，为涉案企业提供法律支持。把握执法司法领域国际合作的"度"，一方面通过加强合作将美单边执法和司法行为引导到正常途径，从而避免涉案企业和个人陷入法律冲突，直面美单边执法和司法行为；另一方面通过实施阻断立法，阻断外国司法行为的效力，为企业和个人提供保护。加强对企业合规的指导，避免企业因违反美法律遭受损失。最后，支持涉案企业积极应对，通过和解等降低损失。在一些案件中，被制裁的企业选择积极应诉、争取和解，通过积极沟通达到了降低损失的目的。反之，不配合反而被追加处罚，遭受更大损失。

## （四）提升自身实力，降低对美依赖，增加博弈筹码

为了减少对美国金融体系的过度依赖，各国和各经济体尝试不同途

---

① 张如君：《苹果被欧盟裁定补缴税款 130 亿欧元》，《国际融资》2016 年第 10 期，第 77 页。
② 《欧美抛出对俄罗斯最严厉制裁　俄宣布报复措施》，观察者网，https://www.guancha.cn/europe/2014_07_31_252156.shtml，访问日期：2021 年 1 月 10 日。

径规避使用美元，减少对美金融依赖。针对美国掌控的环球银行间金融通信协会（SWIFT）支付体系，欧盟正在打造特殊目的工具（SPV），提高欧元作为国际清算货币的地位，俄罗斯正开发金融信息传输系统（SPFS），力图部分取代美国主导的SWIFT系统。有的国家通过第三方结算、地下外汇转移系统，或用贸易对象国货币、黄金结算以及易货贸易方式躲避美国制裁。同时，加强自身建设，增强战略自主性。欧盟国家认识到美"长臂管辖"依赖于其经济、金融、科技领域的优势地位，因此力图通过全方位加强自身能力建设，降低对美依赖，加强防务能力，提升科技水平，增强战略自主性，力争在"长臂管辖"问题上与美博弈时占据主动。有的国家成立专门机构应对美"长臂管辖"和单边制裁。俄罗斯2018年批准财政部成立反制裁司，①负责制定和落实反制裁措施并协调部委，跟踪分析经济制裁发展情况，与施加制裁的外国机关进行交涉，制定反制外国制裁的全面措施，出台政策减少制裁对俄罗斯国家、机构和个人造成的负面影响等。

## 三、中国对"长臂管辖"的法律应对

美国通过不断使用"长臂管辖"在中美贸易摩擦中攫取海外利益，对中国频频发难，给中国造成了极大的危害。

首先，严重危害了我国主权和核心利益。美国一方面通过对中国机构或个人实施"长臂管辖"，在重点领域对中国持续实施打压，意图遏制中国发展和崛起，另一方面迫使中国在对朝、对伊政策上配合，限制中国发展对俄关系，分化瓦解中俄新时代全面战略协作伙伴关系，这是对中国主权的粗暴干涉。其次，侵犯中国司法主权。美执法、司法机构

---

① 《俄总理批准财政部成立反制裁司》，人民网，2018年7月21日，http://world.people.com.cn/n1/2018/0721/c1002-30161716.html，访问日期：2021年1月10日。

越过或者刻意规避两国互认的司法协助机制，要求中国企业协助执行或提供证据材料，完全脱离两国互认的司法协助机制，侵犯中国司法主权。中国企业不按美法院要求直接提交信息和冻结资产的，会被判蔑视法庭，面临高额处罚，还可能面临客户赔偿责任转嫁自身的风险；而直接执行美法院要求，则与中国国内法不符，还面临在国内被客户起诉的风险。对于美国这种司法霸凌行为，中国如果不坚决予以反制，还可能导致他国纷纷效仿。再次，威胁中国国家经济和金融安全。美国通过"长臂管辖"限制我发展高新技术，阻挠中国企业"走出去"。中国部分大型企业处在被美法律和司法控制之下，最典型的就是中兴通讯。①最后，危害中国机构和个人利益。遭到美"长臂管辖"的企业或者个人不仅可能面临美方的严厉处罚，人身和财产安全受到威胁，并且参与旷日持久的诉讼还需要在美支付大量的诉讼开销。为应对美"长臂管辖"，中国境内机构需投入大量的人力、物力研究美国相关规定和案例，并通过IT系统确保落实，中国境内机构合规成本明显提升。据不完全统计，中国商业银行为应对美制裁和反洗钱等"长臂管辖"，花费在IT系统上的支出每年达上百万元人民币。此外，美国以涉嫌"洗钱""贿赂""欺诈"等理由对中国机构和个人进行调查起诉，经常大肆渲染中国企业的"不法行为"，损害中国企业商誉和形象。

从中国应对美国"长臂管辖"的情况来看，首先，我国法律法规对以美国为代表的西方国家的"长臂管辖"规定了一些阻断和反制措施。《中华人民共和国民事诉讼法》《中华人民共和国对外关系法》《中华人民共和国国家安全法》《中华人民共和国外国国家豁免法》《中华人民

---

① 美国在2018年6月7日达成的和解协议中要求，美政府向中兴派驻合规团队，监督中兴执行和解协议、遵守美制裁法规，为期10年。近年来，美在金融领域不断使用制裁"域外效力"，针对中国金融机构开展调查，调取中国金融领域重要信息，屡次威胁切断中国大型金融机构与美金融体系的联系，将中国排除在美元结算体系之外，对中国金融信息安全、金融资产安全以及金融主权均构成严重损害。

共和国国际刑事司法协助法》《中华人民共和国反外国制裁法》《中华人民共和国出口管制法》《中华人民共和国外商投资法》《中华人民共和国海关法》《中华人民共和国网络安全法》《中华人民共和国国家赔偿法》等 11 部法律，《中华人民共和国进出口关税条例》等行政法规，《不可靠实体清单规定》等部门规章中规定了具有阻断效力的条款。例如《中华人民共和国国际刑事司法协助法》规定，"非经中华人民共和国主管机关同意，外国机构、组织和个人不得在中华人民共和国境内进行本法规定的刑事诉讼活动，中华人民共和国境内的机构、组织和个人不得向外国提供证据材料和本法规定的协助"。① 其中，除《中华人民共和国民事诉讼法》外，这些法律法规都基于国外对中国公民及机构采取的限制或不公平措施，规定可按照对等原则对相关国家公民及机构采取相应措施。2020 年 9 月和 2021 年 1 月，经国务院批准，商务部先后发布《不可靠实体清单规定》和《阻断外国法律与措施不当域外适用办法》，为反制美国的贸易霸凌提供了法律依据，表明了中国政府反对外国法律与措施不当域外适用的严正立场，提供了保障企业合法权益的救济渠道，也体现了中国维护国际经贸秩序的责任担当。② 其次，通过交涉和斡旋，以其他途径提交材料。例如 2013 年美在民事诉讼中直接要求中国工商银行、中国银行等六家银行直接提供境内客户信息，经司法部沟通协调，最后通过司法协助途径将材料提交美方。另如 2017 年就美在刑事诉讼中直接要求中国浦发银行、招商银行和交通银行三家银行提供境内客户信息案，中国司法部两次致函美法官表明立场，引起美法院高度重视。中国司法部数次推后提供材料时限，并要求美司法部考虑通过刑事司法协助渠道调取材料，在国家层面挡住美"长臂"行为，保护了境内机构利益。再次，直接拒绝美基于"长臂管辖"实施的执法行

---

① 《中华人民共和国国际刑事司法协助法》第四条。

② 《〈阻断外国法律与措施不当域外适用办法〉发布》，《人民日报》2021 年 1 月 9 日。

为。例如，2012 年在美要求丹东银行提供境内客户材料案中，经综合研判，为保护国家利益，中国相关部门要求丹东银行拒绝提供相关材料。最后，通过与其他国家签署相关法律协议，对美国"长臂管辖"行为进行还击。2021 年 3 月 27 日，中国和伊朗正式签署 25 年全面合作协议，内容包括政治、战略和经济合作。这一协议，是对《中华人民共和国和伊朗伊斯兰共和国关于建立全面战略伙伴关系的联合声明》的践行，也是对美国"长臂管辖"给各国制造麻烦的有力还击。[①]

随着中美贸易摩擦的持续升级，美国"长臂管辖"的手段也将发生更多的变化。首先，针对性将越来越强。从案件数量上来看，近年来美国对中国实施"长臂管辖"的案例数量呈逐年上升趋势，且从民商事诉讼不断向行政、刑事领域延伸，手段和强度都不断加码。从国别对比来看，中国受到美国"长臂管辖"的重点关注，2005—2018 年美国仅以《反海外腐败法》为由涉及中国执法达 62 起；2016 年至 2017 年 12 月，54% 的美国证监会案例和 36% 的美国司法部案例都与中国有关。[②] 其次，美国对中国重点领域的"长臂管辖"将越来越频繁。针对《中国制造 2025》，美国加紧在高新技术领域对中国实施围追堵截，企图扰乱中国发展战略，延缓中国赶超势头。中兴、华为事件后，美很可能继续打压中国更多的高科技企业。同时，在金融、国防军事等领域实施的"长臂管辖"可能还会不断升级。2018 年，美国商务部以国家安全和外交利益为由，一次性将中国 44 家军工企业（8 个实体和 36 个附属机构）列入出口管制实体清单，实施技术封锁。[③] 美国"长臂管辖"不再局限于中国企业和个人，已经延伸到党政实体部门。最后，逼迫盟友联手对中国

---

① 范鸿达：《中国和伊朗签署"25 年全面合作计划"，这个协议不寻常、不简单》，《新京报》2021 年 3 月 28 日。

② 根据美国司法部网站统计。参见 https://www.justice.gov/，访问日期：2021 年 1 月 9 日。

③ "Addition of Certain Entities; and Modification of Entry on Entity List," 美国联报公报网，2018 年 8 月 1 日，http://pic.carnoc.com/file/180801/18080104000028.pdf，访问日期：2021 年 1 月 9 日。

开展攻击。美国依靠"五眼联盟"，以军事安全为杠杆胁迫欧盟、日本、加拿大、澳大利亚等，配合其实施"长臂管辖"，对中国机构和个人展开调查，对中国公民实施拘捕、引渡。未来或将在亚非拉国家进一步划分阵营，以单边制裁相要挟，要求其他国家在国际政治经济格局中"选边站队"，联合对中国施压，阻挠其他国家参与"一带一路"建设，抵制人民币国际化，联合排挤打压中国企业。

美国"长臂管辖"是美国出于维护其全球战略和海外利益需要，依靠其在政治、经济、军事、科技、文化、金融等领域的优势地位，打着法治幌子，服务其政治、经济和外交目标的司法霸权行径，也是其推行美国价值观的重要载体。"长臂管辖"严重违背国际法基本原则，是对他国主权的严重侵犯。在特朗普政府"美国优先"战略下，"长臂管辖"是美国遏制其战略对手尤其是中国的重要手段，已成为维护美国利益最大化的重要"抓手"。"长臂管辖"表面上看是法律问题，实际上是国与国之间政治、经济、科技等方面的综合较量。中国应当做好运用法律、政治、经济等武器应对的准备，不断完善中国的阻断法律体系，积极同其他国家一道进行抵制。同时，也要积极构建切实可行的中国法域外适用体系，① 塑造更加友善、有担当的负责任大国形象。

---

① 2019年10月31日，十九届四中全会通过了《中共中央关于坚持和完善中国特色社会主义制度 推进国家治理体系和治理能力现代化若干重大问题的决定》，提出要"完善以宪法为核心的中国特色社会主义法律体系，加强重要领域立法，加快我国法域外适用的法律体系建设，以良法保障善治"。2020年1月19日，中国司法部就加快推进我国法域外适用的法律体系建设作出了要求，明确：健全现行法律域外适用的标准和程序，强化涉外执法司法实践，提升我国司法实践的国际影响力。推动法治领域国际交流合作。发挥"一带一路"律师联盟和"中国-上合组织法律服务委员会"的平台作用，各地依法治省（区、市）办、司法厅（局）要组织专家学者、律师，按国别系统研究"一带一路"沿线国家法律制度和规则体系，为"一带一路"建设提供法治服务和保障。履行国际司法协助中央机关和条约审核职责，推动建立国家刑事司法协助部际协调机制，用法律武器坚定地维护国家利益。利用好上合组织、联合国毒罪办、中德、中法、中欧、中芬等双边、多边机制，加强国际交流，讲好中国法治故事。参见《司法部：加快我国法域外适用体系建设》，《中国日报》2020年1月20日。

# 第三节　国际气候变化协议
## ——全球治理体系的贡献者

气候变化是人类在 21 世纪面临的最紧迫挑战之一，是当前国际环境治理领域的热点和焦点问题。① 气候变化谈判，是南北矛盾和发展问题的斗争焦点，也是大国外交博弈的新战场。自 20 世纪 70 年代起，气候问题日益成为国际多边议程的重点。1988 年 6 月多伦多会议、1989 年 11 月荷兰诺德韦克大气污染和气候变化部长级会议以及 1990 年 11 月日内瓦第二次世界气候大会部长级会议，均强调应立即采取措施应对气候变化，呼吁准备并通过一项关于气候变化问题的公约。1988 年 12 月 6 日，第 43 届联合国大会根据马耳他的建议通过 "为人类当代和后代保护全球气候" 的第 43/53 号决议，明确提出气候变化是人类共同关心的问题，决定在全球范围内对气候变化问题采取必要和及时的行动，要求政府间气候变化专门委员会（IPCC）对气候变化开展全面评估，并就未来应对气候变化国际公约的要素等重要问题提出评审意见。自此，国际社会开始着手制定应对气候变化的国际公约。进入 21 世纪，应对气候变化谈判步步深入，从纽约到哥本哈根，从京都到巴厘岛，最终于 2015 年达成《巴黎协定》。然而，2019 年 11 月，作为超级大国的美国宣布正式退出《巴黎协定》，特朗普政府表示气候变化是骗局，受到了国际社会的广泛批评。2021 年 2 月，新任美国总统拜登宣布美国正式重

---

① 胡锦涛：《携手应对气候变化挑战——在联合国气候变化峰会开幕式上的讲话（2009 年 9 月 22 日）》，中国政府网，http://www.gov.cn/ldhd/2009-09/23/content_1423825.htm，访问日期：2021 年 1 月 15 日。这是中国国家元首第一次在联合国讲坛上就气候变化问题阐述中方立场。

返《巴黎协定》，宣布"美国回来了"，中美再次成为有着一致目标和方向的利益共同体。① 在气候变化谈判过程中，中国政府始终以积极、建设性姿态参与其中，致力于与各国携手构建合作共赢、公平合理的气候变化治理新机制，② 展示了负责任大国的担当。

## 一、艰难的谈判之路

1972 年 6 月，联合国在瑞典举行首次人类环境会议，113 个国家和地区的 1300 名代表出席。会议通过了《联合国人类环境会议宣言》（《斯德哥尔摩宣言》）以及《行动计划》，呼吁各国政府和人民为维护和改善人类环境，造福子孙后代而共同努力。③ 1972 年 12 月，联合国大会决议建立环境规划署，作为联合国统筹全球环境保护工作的组织，总部设在肯尼亚。1992 年 5 月，《联合国气候变化框架公约》正式通过，采用"框架公约"的法律形式，规定了可持续发展原则、公平原则、共同但有区别的责任原则和各自能力原则、预防原则等，为国际气候治理打下了法律基础。《联合国气候变化框架公约》确立了应对气候变化的最终目标是将大气中的温室气体的浓度稳定在防止气候系统受到危险的人为干扰④水平上，但并未规定具体的量化义务和技术细节等问题，确保了法律的稳定性和可预期性，是全球气候变化谈判重要的阶段性成果。我国于 1992 年 6 月 11 日签署并于 1993 年 5 月 7 日批准了该公约。

---

① 《美国重返〈巴黎协定〉，中美合作或现良机》，人民网百家号，2021 年 2 月 24 日，https://baijiahao.baidu.com/s?id=1692538025980966987&wfr=spider&for=pc，访问日期：2021 年 2 月 24 日。

② 习近平：《携手构建合作共赢、公平合理的气候变化治理机制——在气候变化巴黎大会开幕式上的讲话》，人民出版社，2015，第 3 页。

③ 此次会议开创了人类社会环境保护事业的新纪元，是人类环境保护史上的一座里程碑。参见联合国网，https://legal.un.org/avl/pdf/ha/dunche/dunche_c.pdf，访问日期：2021 年 1 月 15 日。

④ 《联合国气候变化框架公约》第二条。

　　在《联合国气候变化框架公约》的原则和要求下，气候变化谈判继续推进。1995 年 4 月，《联合国气候变化框架公约》第一次缔约方大会通过了"柏林授权"，启动了为发达国家规定具体减排义务的谈判进程。经过 2 年多的谈判，《京都议定书》于 1997 年 12 月 11 日在第三次缔约方大会上通过。① 《京都议定书》确定了发达国家自上而下的减排模式，为发达国家（也称"附件 1 国家"）规定了有法律约束力的量化减排义务，而没有为发展中国家规定减排或限排义务。同时，《京都议定书》规定了"联合履行""清洁发展机制""排放贸易"三种域外减排的灵活机制，即发达国家可以通过这三种机制在本国以外取得减排的抵消额，从而以较低成本实现减排目标。② 然而，《京都议定书》没有具体规定上述三种机制的适用规则，也令这一问题成为后续谈判的焦点问题之一。③ 2001 年 10 月，《联合国气候变化框架公约》第七次缔约方大会通过了《马拉喀什协定》，达成了有关《京都议定书》履约问题的"一揽子"高级别政治决定，在美国退出《京都议定书》的情况下，该协定稳定了国际社会对应对气候变化行动的信心。2005 年 2 月，《京都议定书》终于在通过近 8 年后正式生效。

　　2007 年 12 月，在印度尼西亚巴厘岛召开的《联合国气候变化框架公约》和《京都议定书》缔约方大会（也就是"巴厘岛会议"）经过艰苦谈判，决定启动具有里程碑意义的"公约+《议定书》"双轨制的

---

　　①　《京都议定书》于 1998 年 3 月 16 日至 1999 年 3 月 15 日开放签署，2005 年 2 月 16 日生效，目前共有 192 个缔约方。我国于 1998 年 5 月 29 日签署并于 2002 年 8 月 30 日核准《京都议定书》。

　　②　《京都议定书》，参见联合国网，https://legal. un. org/avl/pdf/ha/kpccc/kpccc_ ph_ c. pdf，访问日期：2021 年 1 月 15 日。

　　③　《京都议定书》面临三大问题："汇"的利用、"三项机制"的运行规则和遵约机制。在这些问题上，欧盟之外的其他发达国家组成的伞形国家集团，包括美国、日本、加拿大、澳大利亚、新西兰、挪威、俄罗斯、乌克兰等，与欧盟存在尖锐的矛盾。以"77 国集团加中国"为代表的发展中国家则与欧盟立场比较接近。美国主张利用"三项机制"帮助实现减排义务不设数量上的限制，但欧盟和发展中国家对此坚决反对。这些根本性问题的严重分歧，导致《联合国气候变化框架公约》第 6 次缔约方大会未取得预期效果，进而导致《京都议定书》迟迟未能生效。

"巴厘路线图"谈判。过程中，各方开始酝酿制定一个 2020 年后实施、适用于所有缔约方的新的法律文书。2011 年，《联合国气候变化框架公约》第 17 次缔约方大会在南非德班举行，会议决定建立"加强行动德班平台特设工作组"，负责在《联合国气候变化框架公约》下谈判制定一个适用于所有缔约方的京都议定书、法律文书或各方同意的具有法律拘束力的成果，并规定有关谈判应于 2012 年启动，最迟 2015 年完成。[①] 历经 2013 年华沙会议、2014 年利马会议，最终《巴黎协定》在 2015 年 12 月的巴黎会议上由《联合国气候变化框架公约》200 个缔约方一致通过。在谈判的最后时刻，中国国家主席习近平亲自与美国、法国领导人通电话，就谈判关键问题交换意见。12 月，习近平主席不但出席巴黎会议，还在开幕式上发表了重要讲话。联合国秘书长及美国、法国等多国领导人都称赞中国为达成《巴黎协定》所发挥的重要领导力。[②]

《巴黎协定》于 2016 年 11 月 4 日正式生效，成为历史上生效最快的多边国际条约之一。联合国秘书长潘基文在联合国总部举行的庆祝活动上表示，今天，我们在人类抗击气候变化的努力方面创造了历史——人类共同努力应对气候变化，具有里程碑意义的《巴黎协定》正式生效。全球气温已上升到了一个制高点，我们此时迎来了这一全球性气候协定的生效，这是历史性的一天。全球共同应对气候变化决心已下，关键在于行动。[③] 当日，习近平主席致信潘基文秘书长，对《巴黎协定》生效表示祝贺。他强调，《巴黎协定》开启了全球合作应对气候变化新阶段。中国坚持创新、协调、绿色、开放、共享的发展理念，将大力推

① 黄惠康：《中国特色大国外交与国际法》，法律出版社，2019，第 274 页。

② 谢玮：《气候变化巴黎大会：不仅敲警钟，还要分任务》，2015 年 12 月 8 日，人民网，http://env. people. com. cn/n/2015/1208/c1010-27902100. html，访问日期：2021 年 1 月 15 日。

③ 《联合国举行活动庆祝〈巴黎协定〉正式生效》，2016 年 11 月 5 日，新华网，http://www. xinhuanet. com/world/2016-11/05/c_129351684. htm，访问日期：2021 年 1 月 15 日。

进绿色低碳循环发展，采取有力行动应对气候变化。中国对下阶段全球气候治理进程充满信心，愿同各方加强沟通合作，为构建合作共赢、公正合理的全球气候治理机制作出贡献。① 至此，气候变化国际治理的重点转入了合作落实的新阶段。

2018年12月，联合国举行了气候变化卡托维兹大会，完成了《巴黎协定》实施细则谈判，通过了"一揽子"全面、平衡、有力度的成果，全面落实了《巴黎协定》各项条款的要求。中方代表团团长介绍，经过艰难谈判，与会各方就《巴黎协定》关于自主贡献、减缓、适应、资金、技术、能力建设、透明度、全球盘点等内容涉及的机制、规则基本达成共识，并对下一步落实《巴黎协定》、加大全球应对气候变化的行动力度作出进一步安排。大会成果传递了坚持多边主义、落实《巴黎协定》、加强应对气候变化行动的积极信号，彰显了全球绿色低碳转型的大势不可逆转，提振了国际社会合作应对气候变化的信心，强化了各方推进全球气候治理的政治愿意。② 中国为卡托维兹气候大会的成功作出了重要贡献，受到了与会各方的高度赞赏。《联合国气候变化框架公约》秘书处执行秘书表示，"人们越来越认识到中国正在努力减少排放，使其成为清洁技术的领导者，真正能够与世界不同国家分享他们的良好经验"。上届气候大会主席国斐济总理表示，"我非常感谢中国在南南合作中吸引全球目光、应对气候变化发挥的领导作用"。欧盟气候行动与能源委员讲道，"中国对本轮气候大会作出了基础性的贡献。中方代表

---

① 《习近平就气候变化〈巴黎协定〉正式生效致信联合国秘书长潘基文》，2016年11月4日，新华网，http://www.xinhuanet.com/politics/2016-11/04/c_1119853185.htm，访问日期：2021年1月15日。

② 张家伟、张章、金晶：《卡托维兹气候大会成果推动〈巴黎协定〉实施》，2018年12月16日，新华网，http://www.xinhuanet.com//tech/2018-12/16/c_1123860166.htm，访问日期：2021年1月15日。

展示了灵活性，起到了桥梁的作用，是达成共识的关键人物"。①

## 二、气候变化谈判背后的利益格局

气候变化问题，表面上是一个环境保护问题，但归根结底是一个综合性的发展问题，实际上隐含着发达国家之间以及发达国家和发展中国家之间的经济、贸易及环保技术的竞争问题，是国际政治博弈的新领域，也是各国特别是大国角逐国际秩序主导权的新切入点。②

20 世纪 90 年代初，气候变化框架公约开始谈判时，正值国际格局巨变。东西方冷战的两极格局瓦解，全球化和多极化趋势显现，经济发展不平衡特点突出。人权、裁军、发展、环境、气候变化等问题在国际议程中的位置前移。美国、日本等国为代表的发达国家经济处于支配和主导地位，发展中国家居次要和附属地位，"发展鸿沟"巨大。与此同时，发达国家与发展中国家间的贸易摩擦日益增多，环境保护和气候变化上升成为新的问题。发达国家认为发展中国家正在进行的工业化对气候变化构成了现实威胁，而发展中国家则认为，发达国家历史上为了发展进行的工业化及由此形成的资源消耗性生产方式和生活方式导致了全球环境的恶化，发达国家对气候变化负有历史责任。应对气候变化不应牺牲发展中国家消除贫困和发展经济的优先需要。③

围绕应对气候变化这一主题，发达国家和发展中国家两大阵营针锋相对。以英法德为核心的欧盟集团、以美国为首的伞形国家集团、"77

---

① 韩琳：《联合国气候变化卡托维兹大会通过巴黎协定实施细则》，中国新闻网百家号，2018 年 12 月 16 日，https://baijiahao.baidu.com/s?id=1619966568780218849&wfr=spider&for=pc，访问日期：2021 年 1 月 15 日。
② 黄惠康：《通往德班之路：气候变化谈判前景展望》，《外交季刊》2011 年第 2 期，第 37 页。
③ 《气候谈判话中国——外交部历任气候变化谈判代表讲述谈判历程》，《世界知识》2019 年第 5 期，第 20 页。

国集团加中国"三股力量相互制衡，南北矛盾、北方矛盾（发达国家之间的矛盾）、南方矛盾（发展中国家的内部矛盾）、大国矛盾相互交织。其中，南北矛盾是主要矛盾，贯穿于气候变化谈判的全过程和各领域。1992 年里约环发大会为融合两大阵营利益，提出了共同但有区别的责任原则，成为《联合国气候变化框架公约》和《京都议定书》的基本原则。谈判过程中，一些发达国家转移谈判焦点，转嫁减排责任，试图否定发达国家与发展中国家的差别，模糊南北界限，否定共同但有区别的责任原则，给气候变化谈判制造了巨大的障碍。因此，气候变化谈判的关键环节就是发达国家和发展中国家在气候变化问题上对自身利益分配的认知问题，如何正视本国在气候变化问题上的历史责任和现实能力，是谈判的重中之重。

由于气候变化国际治理问题涉及面广、难度大，关系到各国能源结构和经济结构的调整与改革，是各国经济和社会发展的根本。比如，对温室气体排放的限制，技术先进、经济实力强的发达国家尚需付出很大的代价，对于正致力于工业化的发展中国家，尤其是能耗大国来说更是十分困难。但是，以美国为首的发达国家并不愿意承担应有的责任和义务，提出应当由发展中国家和新兴经济体承担减排或限排义务，从而转嫁自身的责任、阻碍发展中国家和新兴经济体，而中国就是其施压的首要对象。同时，发达国家不履行《联合国气候变化框架公约》规定的向发展中国家提供资金和技术的义务也引发了激烈的斗争。中国人口众多，经济快速增长，能源需求量大，作为最大的发展中国家和新兴经济体，可以预见中国对能源的需求将不断加大，但受自然条件限制，中国能源结构单一，煤是最主要的能源，开发新能源、节能的潜力十分有限，在相当时期内中国难以承担强制性的量化减排任务。

2017 年 6 月 1 日，美国总统特朗普宣布美国将退出《巴黎协定》，引发了世界各国的强烈反应，美国成为 195 个成员国中唯一宣布"退群"的国家。特朗普政府认为，《巴黎协定》损害了美国经济，并且对美国并不公平，美国不应该在气候变化行动上再承担如此多的责任，认为这是"将美国的财富重新分配到其他国家"。<sup>①</sup> 这种单边主义、"美国优先"的外交战略，目的是维持美国的经济发展地位优势和国家利益。当然，美国的这一做法与特朗普的认知有很大关系。特朗普是全球气候危机的怀疑论者，认为"全球变暖的数据不真实"，"这个概念是中国人为了削弱美国制造业的竞争力创造出来的"，"即使所有缔约国达成当前减排目标，到 2100 年也只能抵消全球温度上升中的 0.2℃"。<sup>②</sup> 由于《巴黎协定》不同于大多数国际法自上而下的结构，对于不遵守协定的情况，只能在非对抗、非惩罚性的原则下通过谈判方式解决。因此，特朗普绕过了美国国会直接宣布退出《巴黎协定》。此举不仅遭到了国际社会的谴责，美国各界也表达了强烈不满。《联合国气候变化框架公约》最高决策机构缔约方大会的第 22 届会议主席迈祖阿尔表示了对特朗普政府的失望，认为尽管美国作出了这一决定，气候行动仍然是"不可否认和不可逆转的"。《联合国气候变化框架公约》秘书处则就此发表声明，表示《巴黎协定》已有 194 个国家签署，并经 147 个国家批准，不能根据单方面要求重新谈判。法国、德国和意大利发表联合声明说道："我们认为 2015 年 12 月在巴黎达成的契机是不可逆转的，我们坚信不能重新商议巴黎协定，这是对我们的星球、社会和经济至关重要的文件。"中国外交部发言人表示，《巴黎协定》凝聚了国际社会应对气候变

---

① 按照《巴黎协定》，美国应在 2025 年之前降低 2005 年温室气体排放量的 26%—28%，并且在 2020 年之前每年筹集 1000 亿美元作为"绿色气候基金"，此后到 2025 年间每年向发展中国家提供 1000 亿美元援助。参见杨双梅：《制度地位、"退出外交"与美国的国际制度选择》，《外交评论》2020 年第 4 期，第 98 页。

② 参见特朗普："Thinks that climate change is a hoax, invented by the Chinese," stated on January 24, 2016 in an interview on NBC's "Meet the Press", https://www.politifact.com/factchecks/2016/jan/24/bernie-s/yes-donald-trump-really-did-tweet-climate-change-h/，访问日期：2021 年 1 月 15 日。

化的最广泛的共识，各方应共同珍惜和维护这一来之不易的成果。① 中国将会严格遵守《巴黎协定》，目前正在积极落实已提出的控制温室气体排放行动目标，并向联合国提交了到 2030 年的"国家自主贡献"行动目标。因此，基于对气候问题对美国国家利益和外交政策的重新理解，美国新任总统拜登在 2021 年 2 月 19 日宣布美国将重返《巴黎协定》，并表示将气候问题作为美国外交政策的重点之一。②

## 三、角色认知下的中国全球气候治理

应当说，应对气候变化国际合作并非零和游戏，经济竞争力与应对气候变化也并非当然对立。中国政府坚持以积极、建设性态度参与气候变化谈判和国际合作，推进形成了公平合理、合作共赢的全球气候治理体系，与国际社会共同促进全球绿色低碳转型与发展路径创新，作出了积极贡献。这不仅是中国立足于自身实际、从维护国家利益出发作出的决定，也是兼顾全人类共同利益，展示负责任大国形象的生动实践。

当前，大国竞争往往体现在对国际制度的竞争，谋求根据国家自身利益修订甚至重构国际制度。1992 年联合国环境与发展会议后，中国坚定了走可持续发展道路的决心，制定了《中国环境与发展十大对策》。③但是，在京都会议上面对发达国家提出的"发展中国家自愿承诺"以减

---

① 赵星：《美国退出〈巴黎协定〉影响及气候治理的中国对策》，《青年与社会》2019 年第 23 期，第 15 页。

② 《美国重返〈巴黎协定〉，中美合作或现良机》，人民网百家号，2021 年 2 月 24 日，https://baijiahao.baidu.com/s?id=1692538025980966987&wfr=spider&for=pc，访问日期：2021 年 2 月 24 日。

③ 1992 年 8 月，为做好我国环境保护工作和推动经济加速发展，按照联合国环境与发展大会精神，根据我国具体情况，国家环保总局提出《环境与发展十大对策》，其中包括实施可持续发展战略，并提出了四项重点战略任务和四项战略措施，是中国第一份环境与发展方面的纲领性文件。参见 http://www.cciced.net/dxhd/nh/1993nh/nhxw/201210/t20121019_84398.heml，访问日期：2021 年 1 月 15 日。

轻发达国家责任的问题，中国进行了坚决抵制。这不仅是维护中国作为发展中国家的国家利益的需要，也是对《联合国气候变化框架公约》中共同但有区别的责任原则的坚持。2002 年后，随着国际气候谈判的深入，中国开始意识到气候变化带来的不利影响，认识到这种不利影响最终很可能会阻碍中国经济社会的可持续发展，损害国家利益。同时，中国注意到了欧盟等通过引领《京都议定书》的谈判，主动设置议题影响讨论局势，因此在气候谈判中的态度开始有所转变。

2010 年，中国国内生产总值首次超越日本，中国成为全球第二大经济体，成为新兴经济体的代表。但是与此同时，中国的发展出现了瓶颈，经济发展受制于能源结构和环境恶化的影响，这促使中国开始全面转变经济发展方式，调整产业结构。[①] 同时，作为负责任大国，中国认识到应当参与全球气候治理，发挥积极作用。全面转变经济社会发展方式的国家利益需求、负责任大国的身份认知，使中国转变了发展观念，提出了适合自身经济发展、与环境治理相匹配的低碳战略，在国际气候治理中取得了一定的话语权。中国在面对减排压力的情况下，坚决维护全球气候变化治理机制的基本框架，体现了中国在全球气候治理中由积极参与者向规则引领者的角色转变。

2015 年《巴黎协定》的通过开启了全球气候治理的新局面。但是此后，一系列国际事件的发生，使全球气候治理面临严峻的挑战。英国宣布"脱欧"使原本位居全球气候治理领导者位置的欧盟处于"内外力撕裂"的状态，[②] 美国特朗普政府的"退群"使全球气候治理形势进一步严峻。在这一情况下，中国秉持"人类命运共同体"的理念，不断提

---

① 李波：《中国在全球气候治理中的角色研究》，博士学位论文，山东大学，2020，第 152 页。

② 赵斌：《全球气候治理困境及其化解之道——新时代中国外交理念视角》，《北京理工大学学报》（社会科学版）2018 年第 4 期，第 3 页。

升自己在国际社会的话语权和影响力。自 2015 年起，中国进一步加大了南南合作的力度。2015 年 9 月，习近平主席在由中国和联合国共同举办的南南合作圆桌会议上宣布，未来 5 年中国将向发展中国家提供"6个 100"项目支持，其中包括 100 个生态保护和应对气候变化项目；9月，中国宣布设立 200 亿元人民币的"中国气候变化南南合作基金"；同年 11 月，中国宣布将启动"十百千"项目，用于支持联合国推动气候变化南南合作。2018 年 9 月，中非合作论坛北京峰会上，中国呼吁在《联合国气候变化框架公约》第 24 次缔约方大会上达成《巴黎协定》实施细则，并重申了将坚定不移地共同应对气候问题的立场。习近平主席在巴黎气候大会上指出："巴黎协议不是终点，而是新的起点。"① 这既符合中国"引导应对气候变化国际合作，成为全球生态文明建设的重要参与者、贡献者、引领者"的角色认知，也是"秉持共商共建共享的全球治理观""发挥负责任大国作用，积极参与全球治理体系改革和建设，不断贡献中国智慧和力量"的角色表达。

总的来说，中国在参与全球气候治理的过程中，根据自身利益和国家角色认知，通过在《联合国气候变化框架公约》《京都议定书》框架下积极推动《巴黎协定》谈判，履行负责任大国的角色责任和义务，推动国际社会共同建立公平、合理、合作共赢的全球气候治理体系，"日益走近世界舞台中央"②，引领着全球气候治理前进的方向。

---

① 谭晶晶、赵超：《六大关键词解码习近平气候变化巴黎大会讲话——巴黎协议不是终点而是新的起点》，新华网，2015 年 12 月 1 日，http://www.xinhuanet.com/world/2015-12/01/c_11 17322341.htm，访问日期：2021 年 1 月 15 日。

② 习近平：《决胜全面建成小康社会　夺取新时代中国特色社会主义伟大胜利——在中国共产党第十九次全国代表大会上的报告》，新华社，2017 年 10 月 18 日，中国政府网，http://www.gov.cn/zhuanti/2017-10/27/content_5234876.htm，访问日期：2021 年 1 月 15 日。

# 结　语

　　本书通过冷战后中国法律外交与中国社会主义国家、发展中国家、负责任大国三重角色身份的互动，研究了中国法律外交的理论与实践变迁。

　　冷战结束后，中国面临的国际形势、国际力量对比、国际格局发生了很大变化，中国国家角色定位既有变化也有不变。首先，中国的社会主义国家角色不会变，我国《宪法》第一条规定："中华人民共和国是工人阶级领导的、以工农联盟为基础的人民民主专政的社会主义国家。"其次，中国的发展中国家角色没有变，尽管中国的经济发展取得了显著成就，社会生产力提高到新水平，综合国力迈上了新台阶，人民生活水平提升到了新高度，中国的国际地位也得到了迅速提升，但中国仍然是发展中国家的属性没有变，中国仍处于并将长期处于社会主义初级阶段的基本国情没有变，对此中国始终有着清醒的认识。第三，从提出和平共处五项原则到构建人类命运共同体，中国的外交政策越来越成熟，不仅推动地区和平与发展，而且对完善和发展全球治理体系和治理能力作出了实质性的贡献。尤其是党的十八大之后，在习近平主席提出的亲诚惠容周边外交理念、构建人类命运共同体等思想指引下，中国正在成长为一个更加坚定、自信的负责任大国，世界对此有目共睹。社会主义国家、发展中国家、负责任大国共同构成了当今中国的国家角色。

　　法律外交是维护、发展和扩展国家利益的一种新的外交方式，而国家利益的界定和实现，又受到国家角色定位的影响，因而，国家角色定位是直接影响法律外交的重要因素，它决定了不同时期法律外交的不同特点。中国法律外交在不同时期有不同的侧重点，它受到中国的社会主义国家、发展中国家、负责任大国三种不同的国家角色定位的明显的影响。新中国成立初期，中国明确将自己定位为社会主义国家，采取了"一边倒"的政策，认为中国是世界社会主义阵营的重要组成部分，对苏联东欧社会主义国家的法律外交相对友好，合作程度高；而对当时西方国家在历史上强加于中国的各种不平等条约，采取了"另起炉灶""打扫干净屋子再请客"的政策，斗争性较强。在20世纪70—80年代，中国一方面继续坚持自己的社会主义国家角色定位，另一方面又因为中苏矛盾、中美矛盾缓和导致的国际局势的变化，开始实行独立自主的和平外交政策，坚持和平发展、对外开放的战略方针，把发展经济作为中国最主要的国家利益，并增加了发展中国家的定位，所以，这一时期中国的法律外交，把加入西方主导的世界经济体系和对外开放作为主要的任务。到20世纪90年代，中国的经济有较大发展，在国际上的影响开始增强，中国在社会主义国家、发展中国家的角色定位基础上，又提出负责任大国的国家角色定位，更多地参与国际组织的建立、国际规则的制定和国际秩序的维护与改善等活动，法律外交也增加了更多的功能和作用。这三种不同的法律外交，体现出不同的风格：社会主义国家角色影响下的法律外交，体现出对西方主导的秩序、规则斗争性较强的特点；发展中国家角色影响下的法律外交，体现出对西方主导的国际秩序、国际规则的融入、合作、遵守的特点；负责任大国角色影响下的法律外交，体现出对国际秩序和国际规则的维护、改善的特征，并同时体现出创新、主导、推动和积极主动的特点。冷战结束后，这三种国家角色叠加在一起，构成了和中国法律外交互动的复杂体系，在不同的问题上体现出不同的特点，整体上维护、争取和发展了中国的国家利益。

从法律外交和国家角色的互动发展中不难看出，国家利益是国家在复杂的国际环境下维护本国和本民族生存与免受外来侵蚀的根本原则，也是国家制定对外目标与开展政治、经济法律等各方面合作的重要依据和决定因素。法律外交与国家角色的关系并不是恒定不变的，而是会随着国家利益的变化而产生相应的调整。随着中国社会主义国家、发展中国家、负责任大国三重国家角色的变化发展，明确中国开展法律外交的出发点和最终目标，以及站在国家利益的角度去开展法律外交，是中国必须面对的问题。作为具有社会主义国家、发展中国家和负责任大国三重国家角色的大国，中国能够在不同的意识形态与政治体制的国家之间、在发展中国家与发达国家之间，扮演好"斡旋者"的角色，帮助协调解决国际冲突和国际社会发展进程中的某些"瓶颈"问题，推动国际秩序与国际体系健康发展。比如，在全球气候变化谈判、世贸组织谈判中，中国既维护发展中国家的利益，又承担了负责任大国的规则制定义务，逐渐掌握国际治理体系的话语权和主导权。

需要说明的是，囿于作者的研究能力，本书仅仅大致描绘了中国法律外交的发展脉络，还存在一些可以继续深化研究之处。首先，本书研究的时间跨度为冷战后的中国法律外交，可以将研究视域延伸至中国历史发展的进程中，进行中国法律外交史的研究，进而探寻中国法律外交的渊源。其次，从社会主义国家、发展中国家、负责任大国三重国家角色在开展法律外交过程中的角色互动出发，研究中国作出法律外交行为的判断依据和原因，从而对具体的法律外交事件和行为进行评价，这也是本书未能解决的问题。最后，本书采取的主要方法是案例研究，必然面临案例的代表性和普遍性问题。国家的法律外交行为并非仅仅基于对国家角色的认知，其影响因素还有国际环境、国家间关系、领导人决策等，由于篇幅的限制，并没有展开论述，还有待进一步分析和探讨。

最后，当今世界，作为国际社会最重要的行为规范，法律在全球治理中发挥着不可替代的作用。坚持统筹国内、国际两个大局，不仅要全面推进依法治国，加强国内法治，而且要在全球治理中高度重视和善于发挥法律外交的作用，积极参与国际规则的制定，增强中国在国际法律事务中的话语权和影响力，运用法治思维和法治方式依法处理涉外事务。中国的法律外交，任重道远。

# 参考文献

## 中文部分

### 一、档案（集）/文件集/资料集

中华人民共和国外交部编《外事动态》。

中华人民共和国外交部档案馆。

### 二、年谱/文集

《邓小平文选》（第一、三卷），人民出版社，1993。

《建国以来毛泽东文稿》（第1、3、4、5、7、8、10册），中央文献出版社，1990。

《建国以来重要文献选编》（第20册），中央文献出版社，1998。

《江泽民文选》（第三卷），人民出版社，2006。

《毛泽东选集》（第一、二、四卷），人民出版社，1991。

《三中全会以来重要文献选编》，人民出版社，1982。

《我国代表团出席联合国有关会议文件集（1976）》，人民出版社，1977。

中共中央文献研究室编《邓小平年谱（1904—1974）》（上、中、下卷），中央文献出版社，2009。

中华人民共和国外交部、中共中央文献研究室编《毛泽东外交文选》，中央文献出版社、世界知识出版社，1994。

中华人民共和国外交部档案馆、人民画报社编《解密外交文献——中华人民共和国建交档案》，中国画报出版社，2006。

三、中文著作

《当代中国》丛书编辑部主编《当代中国外交》，中国社会科学出版社，1988。

陈弘毅：《一国两制下香港的法治探索》，中华书局（香港）有限公司，2010。

陈向阳：《中国睦邻外交：思想·实践·前瞻》，时事出版社，2004。

陈佐洱：《我亲历的香港回归谈判》，凤凰书品文化出版有限公司，2012。

郭树勇：《大国成长的逻辑：西方大国崛起的国际政治社会学分析》，北京大学出版社，2006。

何方：《论和平与发展时代》，世界知识出版社，2000。

宦乡主编《当代世界政治经济基本问题》，世界知识出版社，1989。

黄惠康：《中国特色大国外交与国际法》，法律出版社，2019。

蒋廷黻：《中国近代史》，上海古籍出版社，1999。

江国青、许军珂主编《法律外交（第一期）》，世界知识出版社，2016。

刘连第编著《中美关系的轨迹：1993年—2000年大事纵览》，时事出版社，2001。

刘志云：《当代国际法的发展：一种从国际关系理论视角的分析》，法律出版社，2010。

刘志云：《国家利益视角下的国际法与中国的和平崛起》，法律出版社，2015。

刘志云：《现代国际关系理论视野下的国际法》，法律出版社，2006。

鲁毅等主编《外交学概论》，世界知识出版社，1997。

倪世雄等：《当代西方国际关系理论》，复旦大学出版社，2001。

牛军：《后冷战时代的中国外交》，北京大学出版社，2009。

牛军：《冷战与新中国外交的缘起（1949—1955）》，社会科学文献出版社，2012。

牛军：《冷战与中国外交决策》，九州出版社，2012。

牛军编著《中华人民共和国对外关系概论（1949—2000）》，北京大学出版社，2010。

钱其琛：《外交十记》，世界知识出版社，2003。

秦亚青：《国际关系理论：反思与重构》，北京大学出版社，2012。

秦亚青：《权力·制度·文化》，北京大学出版社，2005。

阮宗泽：《中国崛起与东亚国际秩序的转型》，北京大学出版社，2007。

石佑启等：《"一带一路"法律保障机制研究》，人民出版社，2016。

时殷弘：《现当代国际关系史（从16世纪到20世纪末）》，中国人民大学出版社，2006。

王缉思：《国际政治的理性思考》，北京大学出版社，2006。

王泰平主编《新中国外交50年》，北京出版社，1999。

王泰平主编《中华人民共和国外交史（1957—1969）》（第二卷），世界知识出版社，1998。

王泰平主编《中华人民共和国外交史（1970—1978）》（第三卷），世界知识出版社，1999。

王铁崖：《国际法引论》，北京大学出版社，1998。

王铁崖主编《中华法学大辞典·国际法学卷》，中国检察出版社，1993。

王逸舟：《创造性介入：中国外交新取向》，北京大学出版社，2011。

王逸舟主编《磨合中的建构：中国与国际组织关系的多视角透视》，中国发展出版社，2003。

吴建民：《外交案例》，中国人民大学出版社，2007。

谢益显：《中国外交史：中华人民共和国时期（1979—1994）》，河南人民出版社，1995。

宿景祥：《从中国市场经济地位看美国贸易政治》，时事出版社，2005。

阎学通：《国际政治与中国》，北京大学出版社，2005。

阎学通：《中国国家利益分析》，天津人民出版社，1997。

杨光斌：《中国政府与政治导论》，中国人民大学出版社，2003。

杨奎松：《读史求实：中国现代史读史札记》，浙江大学出版社，2011。

杨奎松：《学问有道：中国现代史研究访谈录》，九州出版社，2009。

杨勇：《中国国家角色定位与外交战略》，黑龙江大学出版社，2008。

叶自成、李红杰主编《中国崛起——华夏体系 500 年的大历史》，人民出版社，2013。

叶自成：《地缘政治与中国外交》，北京出版社，1998。

叶自成：《中国大外交——折冲樽俎 60 年》，当代世界出版社，2009。

余意：《爱德华·卡尔国际关系思想研究》，九州出版社，2008。

俞新天等：《国际体系中的中国角色》，中国大百科全书出版社，2008。

张清敏：《美国对台军售政策研究：决策的视角》，世界知识出版社，2006。

郑永年：《中国模式：经验与困局》，浙江人民出版社，2010。

周忠海：《国际法评述》，法律出版社，2001。

四、外文译著

阿拉斯泰尔·伊恩·约翰斯顿、罗伯特·罗斯主编《与中国接触——应对一个崛起的大国》，黎晓蕾、袁征译，新华出版社，2001。

艾米·蔡：《大国兴亡录》，刘海青、杨礼武译，新世界出版社，2011。

爱德华·卡尔：《20 年危机（1919—1939）：国际关系研究导论》，秦亚青译，世界知识出版社，2005。

保罗·肯尼迪：《大国的兴衰：1500—2000 年的经济变迁与军事冲突》，王保存等译，求实出版社，1988。

池田大作、汤因比：《展望 21 世纪——汤因比与池田大作对话录》，荀春生、朱继征、陈国梁译，国际文化出版公司，1997。

戴维·W. 张：《邓小平领导下的中国》，喻晓译，法律出版社，1991。

道格拉斯·诺斯：《理解经济变迁过程》，钟正生等译，中国人民大学出版社，2008。

费正清：《中国：传统与变迁》，张沛译，世界知识出版社，2001。

戈尔-布思：《萨道义外交实践指南》，杨立义等译，上海译文出版社，1984。

汉斯·摩根索：《国家间政治：权力斗争与和平》（第七版），徐昕等译，北京大学出版社，2006。

霍布豪斯：《自由主义》，朱曾汶译，商务印书馆，1996。

杰夫·贝里奇：《外交理论与实践》，庞中英译，北京大学出版社，2005。

卡伦·明斯特：《国际关系精要》（第三版），潘忠岐译，上海人民出版社，2007。

肯尼思·沃尔兹：《国际政治理论》，胡少华等译，中国人民公安大学出版社，1992。

孔华润主编《剑桥美国对外关系史》（下），王琛等译，新华出版社，2004。

罗伯特·基欧汉、约瑟夫·奈：《权力与相互依赖》（第三版），门洪华译，北京大学出版社，2002。

罗伯特·基欧汉：《霸权之后：世界政治经济中的合作与纷争》，苏长和等译，上海人民出版社，2006。

罗伯特·基欧汉：《局部全球化世界中的自由主义、权力与治理》，门洪华译，北京大学出版社，2004。

迈克尔·斯温、阿什利·特利斯：《中国大战略》，洪允息、蔡焰译，新华出版社，2001。

梅孜编译《美国国家安全战略报告汇编》，时事出版社，1996。

让-马克·夸克：《合法性与政治》，佟心平、王远飞译，中央编译出版社，2002。

斯塔夫里阿诺斯：《全球通史》，吴象婴等译，北京大学出版社，2005。

亚历山大·温特：《国际政治的社会理论》，秦亚青译，上海人民出版社，2014。

伊丽莎白·埃克诺米、米歇尔·奥克森伯格主编《中国参与世界》，华宏勋等译，新华出版社，2001。

伊曼努尔·康德：《永久和平论》，何兆武译，上海人民出版社，2005。

约瑟夫·奈：《硬权力与软权力》，门洪华译，北京大学出版社，2005。

詹姆斯·多尔蒂、小罗伯特·普法尔茨格拉夫：《争论中的国际关系理论》，阎学通等译，世界知识出版社，2002。

詹姆斯·瓦茨修订《奥本海国际法》，王铁崖等译，中国大百科全书出版社，1995。

兹比格纽·布热津斯基：《大棋局：美国的首要地位及其地缘战略》，上海人民出版社，2007。

佐藤英夫：《对外政策》，王晓滨译，经济日报出版社，1990。

**五、期刊论文**

安应民：《论南海争议区域油气资源共同开发的模式选择》，《当代亚太》2011 年第 6 期。

蔡拓：《中国如何参与全球治理》，《国际观察》2014 年第 1 期。

陈海燕：《浅论科索沃危机对大国关系的影响》，《山东教育学院学报》2000 年第 1 期。

陈泽伟、宫超、张程程、屈辰：《顶层设计依法治国整体方略——十八届四中全会公报解读》，《当代江西》2014 年第 10 期。

程道德、吴涛：《北约袭击我驻南使馆必须承担国际法律责任》，《法学杂志》1999 年第 4 期。

仇朝兵：《中美关系新态势下的台湾问题：走向与评估》，《统一战线学研究》2021 年第 1 期。

戴超武：《国家利益概念的变化及其对国家安全和外交决策的影响》，《世界经济与政治》2000 年第 12 期。

丁元竹：《大国心态：中国崛起必不可少的条件》，《学习月刊》2004 年第 10 期。

杜涛：《美国单边域外经济制裁的国际法效力问题探讨》，《湖南社会科学》2010 年第 2 期。

杜晓郁：《中国非市场经济地位的理性分析》，《国际经贸探索》2005 年第 4 期。

冯慧云：《防御性的中国战略文化》，《国际政治科学》2005 年第 4 期。

冯予蜀：《"法律外交"小议》，《开放导报》1993 年第 1 期。

谷昭民：《中国开展法律外交的现状与发展趋势研究》，《现代法学》2013 年第 4 期。

郭清水：《中国参与东盟主导的地区机制的利益分析》，《世界经济与政治》2004 年第 9 期。

韩召颖、黄钊龙：《对冷战后美国大战略的考察：目标设置、威胁界定与战略实践》，《当代亚太》2019 年第 5 期。

何志鹏、孙璐：《中国的国际法观念：基于国际关系史的分析》，

《国际关系与国际法学刊》2015 年第 1 期。

胡键：《中国国际角色的转换与国际社会的认知》，《现代国际关系》2006 年第 8 期。

黄惠康：《通往德班之路：气候变化谈判前景展望》，《外交季刊》2011 年第 2 期。

黄易宇：《全球化与中国的"一国两制"》，《中央社会主义学院学报》2011 年第 4 期。

江忆恩：《中国参与国际体制的若干思考》，《世界经济与政治》1999 年第 7 期。

江忆恩：《中国外交政策研究：理论趋势及方法辨析》，《世界经济与政治》2006 年第 8 期。

焦健：《论国家利益的概念及其判定标准》，《欧洲》1999 年第 3 期。

金永明：《论海洋法解决南海问题争议的局限性》，《国际观察》2013 年第 4 期。

蓝瑛珲：《试论我国在反倾销中的非市场经济地位问题》，《法制博览》2017 年第 25 期。

李捷、杨恕：《遏制与干涉：美国涉华核心利益法案分析》，《亚太安全与海洋研究》2020 年第 4 期。

李双双：《WTO "特殊和差别待遇" 透视：改革争议、对华现实意义及政策建议》，《国际贸易》2019 年第 8 期。

李晓、李俊久：《"一带一路" 与中国地缘政治经济战略的重构》，《世界经济与政治》2015 年第 10 期。

李义虎：《特朗普执政后美国对台政策调整的特点及原因——兼论大陆方面的应对之策》，《台湾研究》2019 年第 2 期。

林毅夫：《一带一路与自贸区：中国新的对外开放倡议与举措》，《北京大学学报》（哲学社会科学版）2017 年第 1 期。

刘畅：《中国的外交危机决策机制与过程分析——以 1999 年"炸馆"事件为例》，《国际关系研究》2018 年第 2 期。

刘伟、蔡志洲：《如何看待中国仍然是一个发展中国家?》，《管理世界》2018 年第 9 期。

马莹：《WTO 改革视角下再论中国的发展中国家地位》，《上海对外经贸大学学报》2019 年第 6 期。

门洪华：《"一带一路"与中国–世界互动关系》，《世界经济与政治》2019 年第 5 期。

倪世雄：《江泽民与中美关系》，《毛泽东邓小平理论研究》2009 年第 6 期。

泮伟江：《法律全球化的政治效应：国际关系的法律化》，《求是学刊》2014 年第 3 期。

彭德雷、周围欢、屠新泉：《多边贸易体制下中国发展中国家地位问题研究——基于历史、现实与规范的多维考察》，《太平洋学报》2010 年第 1 期。

钱锦宇：《中国国家治理的现代性建构与法家思想的创造性转换》，《法学论坛》2015 年第 3 期。

求稗：《"使馆事件"中的若干国际刑法问题研究》，《福建法学》2000 年第 3 期。

时殷弘：《中国的变迁与中国外交战略分析》，《国际政治研究》2006 年第 1 期。

苏长和：《周边制度与周边主义——东亚区域治理中的中国途径》，《世界经济与政治》2006 年第 1 期。

陶平生：《全球治理视角下共建"一带一路"国际规则的遵循、完善和创新》，《管理世界》2020 年第 5 期。

屠新泉、李帅帅：《非市场经济地位对中国对外贸易影响的量化分析——以美国对华反倾销为例》,《国际经贸探索》2019 年第 8 期。

汪曙申:《美国"台北法案"的内容、影响与应对》,《统一战线学研究》2020 年第 5 期。

王明国:《"一带一路"倡议的国际制度基础》,《东北亚论坛》2015 年第 6 期。

王田田:《国际反腐败合作的中国经验》,《中国社会科学报》2017 年 3 月 29 日。

王一栋、张庆麟:《对〈中国入世议定书〉第 15 条的法律解读、实践分析与对策建议》,《国际贸易》2017 年第 4 期。

王逸舟:《新视野下的国家利益观》,载王逸舟主编《中国学者看世界·国家利益卷》,新世界出版社,2007。

王志民、陈宗华:《"一带一路"建设的七年回顾与思考》,《东北亚论坛》2021 年第 1 期。

王志民:《"一带一路":新时代新布局》,《国际贸易问题》2018 年第 2 期。

吴白已:《中国对"炸馆"事件的危机管理》,《世界经济与政治》2005 年第 3 期。

邢广程:《海陆两个丝路:通向世界的战略之梯》,《人民论坛·学术前沿》2014 年第 7 期。

许崇德:《"一国两制"是我国的基本政治制度》,《法学》2008 年第 12 期。

杨公素:《对新中国"革命外交"的几点回顾》,《国际政治研究》2000 年第 3 期。

杨双梅:《制度地位、"退出外交"与美国的国际制度选择》,《外交评论》2020 年第 4 期。

姚为群:《中国还是发展中国家吗?》,《中国报道》2018 年第 8 期。

张北根：《中国政府应付中国驻南斯拉夫大使馆被炸后的危机问题研究》，《北京科技大学学报》（社会科学版）2007 年第 3 期。

张川华：《世界政治法律化理论：兴起背景、成就以及局限》，《国际关系与国际法学刊》2012 年第 1 期。

张海滨：《中国与国际气候变化谈判》，《国际政治研究》2007 年第 1 期。

张劲松：《论欧盟对美国经济法域外效力的法律阻却》，《欧洲》2001 年第 2 期。

张琏瑰：《国家利益辨析》，《中共中央党校学报》1998 年第 4 期。

张清敏：《外交学的学科定位、研究对象及近期研究议程》，《国际政治研究》2012 年第 4 期。

张清敏：《中国的国家特性、国家角色和外交政策思考》，《太平洋学报》2004 年第 2 期。

张文显：《法律外交：处理对外关系的新维度》，《中国社会科学报》2013 年 1 月 23 日，第 B03 版。

张向晨、徐清军、王金永：《WTO 改革应关注发展中成员的能力缺失问题》，《国际经济评论》2019 年第 1 期。

赵斌：《全球气候治理困境及其化解之道——新时代中国外交理念视角》，《北京理工大学学报》（社会科学版）2018 年第 4 期。

赵星：《美国退出〈巴黎协定〉影响及气候治理的中国对策》，《青年与社会》2019 年第 23 期。

朱峰、张乐磊：《美国对华遏制与秩序重塑背景下的中美关系》，《唯实》2020 年第 2 期。

朱海梦：《从韩非的外交术中探索法律外交路径》，《今日湖北（下旬刊）》2015 年第 9 期。

朱立群：《观念转变、领导能力与中国外交的变化》，《国际政治研究》2007 年第 1 期。

庄去病、张鸿增、潘同文：《评美国的"与台湾关系法"》，《国际问题研究》1981 年第 1 期。

**六、学位论文**

谷昭民：《论法律外交》，博士学位论文，吉林大学，2015。

李波：《中国在全球气候治理中的角色研究》，博士学位论文，山东大学，2020。

刘智勇：《中国国家身份与外交战略的选择（1949—2004）》，博士学位论文，外交学院，2005。

魏志朋：《中美贸易战背景下美国长臂管辖适用研究》，硕士学位论文，辽宁大学法律系，2020。

## 外文部分

**一、数据库文献**

英国海外政策文件数据库（DBPO）系列一·卷八：英国与中国，1945—1950（Series 1-Volume 8: Britain and China, 1945-1950），http://dbpo. chadwyck. co. uk/browse/collection. do?selectedNode=Documents+on+British+Policy+Overseas%23Series+1+-+Volume+8%3A+Britain+and+China%2C+1945-1950%23Volume+body%23Chapter+V+1949#here。

英国外交部对华政策解密档案（1949—1956）（Foreign Office Files for China, 1949-1956），SAGE 数据库，http://archivesdirect. amdigital. co. uk/Contents/Contents. aspx?sec=FO_ China。

**二、著作**

Alastair Iain Johnson, *Cultural Realism: Strategic Culture and Grand Strategy in Chinese History* (Princeton: Princeton University Press, 1995).

Avery Goldstein, *Rising to the Challenge: China's Grand Strategy and*

*International Security* ( Standford: Standford University Press, 2005) .

Bruce Cronin, *Community Under Anarchy: Transnational Identity and the Evolution of Cooperation* ( Columbia University Press, 1998) .

Bryan A. Garner ( ed. ) , *Black's Law Dictionary*, 10th ed. ( West Group, 2014) .

Carl Q. Christol, *International Law and U. S. Foreign Policy*, 2nd edition ( University Press of America, 2006) .

David A. Welch, *Painful Choices: A Theory of Foreign Policy Change* ( Princeton: Princeton University Press, 2005) .

Harry Harding ( ed. ) , *China's Foreign Relations in the 1980s* ( New Haven and London: Yale University Press, 1984) .

H. H. Gerth and C. Wright Mills ( eds. ) , *From Max Weber* ( Oxford: Oxford University, 1946) .

H. Notter, *The Origins of the Foreign Policy of Woodrow Wilson* ( Russell & Russell, 1965) .

Irving Janis, *Groupthink: Psychological Studies of Policy Decisions and Fiascoes* ( Boston: Houghton Mifflin Company, 1983) .

James N. Rosenau ( ed. ) , *International Politics and Foreign Policy: A Reader in Research and Theory* ( New York: The Free Press, 1969) .

John M. Collins, *Grand Strategy: Principles and Practices* ( Anapolis: Naval Institute Press, 1973) .

John O'Brien, *International Law* ( Cavendish Publishing Limited, London/ Sydney, 2001) .

Jürgen Basedow, et al. ( eds. ) , *Encyclopedia of Private International Law*, volume 2 ( Cheltenham: Edward Elgar Publishing, 2017) .

J. A. Rosati, J. D. Hagan, and M. W. Sampso ( eds. ) , *Foreign Policy*

*Restructuring: How Governments Respond to Global Change* ( Columbia: University of South Carolina Press, 1994) .

J. C. Baker, *International Law and International Relations* ( Continuum, 2000) .

Kenneth W. Abbott, et al. , "The Concept of Legalization, " in *Legalization and World Politics*, eds. Judith L. Goldstein, et al. ( The MIT Press, 2001) .

K. Hutchings, *International Political Theory: Rethinking Ethics in a Global Era* ( Sage Publications, 1999) .

K. J. Holsti ( ed. ) , *Why Nations Realign: Foreign Policy Restructuring in the Postwar World* ( London: George Allen & Unwin, 1982) .

Louis Henkin, *How Nations Behave: Law and Foreign Policy* ( New York: Columbia University Press, 1979) .

Michael Yahuda, *Towards the End of Isolationism: China's Foreign Policy After Mao* ( London and Basingstoke: The Macmillan Press LTD, 1983) .

Nancy Snow and Philip M. Taylor ( eds. ) , *Routledge Handbook of Public Diplomacy* ( Routledge, 2009) .

O. Jütersonke, *Morgenthau, Law and Realism* ( Cambridge University Press, 2010) .

Peter J. Katzenstein ( ed. ) , *The Culture of National Security: Norms and Identity in World Politics* ( New York: Columbia University Press, 1996) .

Quansheng Zhao, *Interpreting Chinese Foreign Policy* ( Oxford and New York: Oxford University Press, 1996) .

Robert G. Sutter, *Chinese Foreign Policy: Developments after Mao* ( New York: Praeger Publishers, 1986) .

Samuel S. Kim ( ed. ) , *China and the World: Chinese Foreign Policy Faces the New Millennium* ( Boulder: Westive Press, 1984) .

Sanqiang Jian, *Foreign Policy Restructuring as Adaptive Behavior: China's Independent Foreign Policy 1982–1989* (Lanham, New York, London: University Press of America, Inc. , 1996).

Suisheng Zhao, *Chinese Foreign Policy: Pragmatism and Strategic Behavior* (New York: An East Gate Book, 2004).

William Bloom, *Personal Identity, National Identity and International Relations* (Cambridge University Press, 1990).

William Wallace, *Foreign Policy and the Political Process* (London: Macmillan, 1971).

Yong Deng, *China's Struggle for Status: The Realignment of International Relations* (Cambridge Press, 2008).

Yongjin Zhang and Greg Austin, *Power and Responsibility in Chinese Foreign Policy* (Australian National University: Asia Pacific Press, 2001).

三、论文

Alastair Iain Johnston, "Is China a Status Quo Power?" *International Security* 27, no. 4 (2003).

Alex Mintz, "How Do Leaders Make Decisions? A Poliheuristic Perspective," *The Journal of Conflict Resolution* 48, no. 1 (2004).

Alvin So, "One Country, Two Systems and Hong Kong–China National Integration: A Crisis–Transformation Perspective," *Journal of Contemporary Asia* 41, no. 1 (February 2011).

Anne–Marie Slaughter Burley, "International Law and International Relations Theory: A Dual Agenda," *American Journal of International Law* 87, no. 2 (1993).

Anne–Marie Slaughter, Andrew S. Tulumello, and Stepan Wood, "International Law and International Relations Theory: A New Generation of

Interdisciplinary Scholarship," *American Journal of International Law* 92, no. 3 (1998).

Bown C. , "China's WTO Entry: Antidumping, Safeguards, and Dispute Settlement, " *NBER Working Paper* (2007).

Charles F. Hermann, "Changing Course: When Government Choose to Redirect Foreign Policy?" *International Studies Quarterly* 34, no. 1 (1990).

Christopher L. Blakesley, "United States Jurisdiction over Extraterritorial Crime," *The Journal of Criminal Law and Criminology* 73, no. 3 (1982).

David C. Wolf, "'To Secure a Convenience': Britain Recognizes China—1950," *Journal of Contemporary History* 18, no. 2 (April 1983).

Evan S. Mederios and M. Taylor Fravel, "China's New Diplomacy, " *Foreign Affairs* 82, no. 6 (November/December 2003).

Gary Clyde Hufbauer, "The Competition of 'Market Economy Status' in China, " *China Policy Review*, no. 6 (2016).

H. J. Morgenthau, "An Intellectual Autobiography, " *Society* 15 (1978).

H. J. Morgenthau, "Positivism, Functionalism, and International Law, " *American Journal of International Law* 34, no. 2 (1940).

Jack S. Levy, "Learning and Foreign Policy: Sweeping a Conceptual Minefield, " *International Organization* 48, no. 2 (Spring 1994).

K. W. Abbott, "International Relations Theory, International Law, and the Regime Governing Atrocities in Internal Conflicts, " *American Journal of International Law* 93, no. 2 (1999).

Peter Symonds, "Mounting US Pressure on China over South China Sea, " *World Socialist*, February 24, 2016.

Ralf Michaels, "Two Paradigms of Jurisdiction, " *Michigan Journal of International Law* 27, no. 4 (2006).

Raymond W. Konan, "The Manhattan's Arctic Conquest and Canada's Response in Legal Diplomacy," *Cornell International Law Journal* 3, no. 2 ( Spring 1970) .

Robert B. Zoellick, "Whither China: From Membership to Responsibility? Remarks at National Committee on U. S. – China Relations," *New York City* ( September 21, 2005) .

R. Ovendale, " Britain, the United States, and the Recognition of Communist China," *The Historical Journal* 26, no. 1 ( March 1983) .

S. Besson & J. Tasioulas, *The Philosophy of International Law* ( Oxford University Press, 2010) .

S. D. Krasner, "International Law and International Relations: Together, Apart, Together?" *Chicago Journal of International Law* 1, no. 1 ( 2000) .

Walte Carlsnaes, "On Analysing the Dynamic of Foreign Policy Change: A Critique and Reconceptualization," *Cooperation and Conflict* 28, no. 1 ( 1993) .

William E. James, "The Rise of Anti-dumping: Does Regionalism Promote Administered Protection," *Asian-Pacific Economic Literature* 14, no. 2 ( 2000) .